少数民族传统文化
对生态资源维护的价值研究

皇甫睿◎著

吉林大学出版社

·长春·

图书在版编目（CIP）数据

少数民族传统文化对生态资源维护的价值研究 / 皇
甫睿著 . -- 长春：吉林大学出版社，2025. 1. -- ISBN
978-7-5768-3302-7

Ⅰ . K280.743；X171.1

中国国家版本馆 CIP 数据核字第 20247E9A58 号

书　　　名	少数民族传统文化对生态资源维护的价值研究
	SHAOSHU MINZU CHUANTONG WENHUA DUI SHENGTAI ZIYUAN WEIHU DE JIAZHI YANJIU
作　　　者	皇甫睿　著
策划编辑	殷丽爽
责任编辑	殷丽爽
责任校对	李适存
装帧设计	张秋艳
出版发行	吉林大学出版社
社　　　址	长春市人民大街 4059 号
邮政编码	130021
发行电话	0431-89580036/58
网　　　址	http://www.jlup.com.cn
电子邮箱	jldxcbs@sina.com
印　　　刷	天津和萱印刷有限公司
开　　　本	787mm×1092mm　1/16
印　　　张	15.5
字　　　数	270 千字
版　　　次	2025 年 1 月　第 1 版
印　　　次	2025 年 4 月　第 2 次
书　　　号	ISBN 978-7-5768-3302-7
定　　　价	72.00 元

　　人类的生存繁衍不能摆脱一个客观现实，即脱离了动物性而存在的人类，是无法凭借个体力量独立存活于自然生态系统之中的。人类是社会性和整体性的存在。人类以一定的社会组织为群体基础，共同从自然生态系统中获取一定的生态资源，以满足特定社会群体的生存繁衍需要。从最早期以血缘关系为纽带缔结的自然共同体（氏族部落）到以地缘关系为纽带缔结的社会共同体，再到现代社会以全球经济一体化关系为纽带而缔结的世界共同体，无不体现了人类社会生存和发展的社会性和整体性。人类为了追求更高品质的生活，为了社会群体有更好的发展，不断推动科技的发展与创新，也不断推动学科体系的专门化、专业化发展。从某种程度上说，这使得相关研究得以深入，促使人类社会不断执着追求生存方式的同一性，追求获取生态资源的单一性。与此同时，也在不断淡化对人类社会整体性的关注程度，以及忽视了自然生态系统的异质性和生态资源的有限性。人类社会的存在必须依赖于其所处的自然生态系统，人类社会所具有的合类性本质决定了人类社会必然选择以群体社会组织的方式在该系统中生存。所以，看待人类社会的发展，应该站在文化整体观的视角上。与其说人类社会是整体性存在，不如说人类社会与其所处的自然生态系统是一种整体性存在，具体表现在以下方面。

　　其一，文化与生态互动的整体性。自然生态环境有其自身的运行规律，是一个相对独立、完整的自为组织系统。人类的生存离不开其所处的自然生态系统，人类又无法完全控制自然生态系统。因此，人类选择以群体组织的方式，通过与自然生态系统的不断互动，最终达到与其长期适应的状态。人类社会和自然生态系统是两个相对独立、完整，而又相互关联的自为组织系统，各自有着不同的运行规律。那么，两个系统之间的互动过程必然是整体性的，而非系统组成要素之间的单一互动。蒙古族的游牧文化是蒙古族适应温带草原生态系统的产物；藏族的游牧文化是藏族适应青藏高原、草原生态系统的产物；苗族的游耕文化是苗族适应山地生态系统的产物；汉族的农耕文化是汉族适应平原生态系统的产物；等等。所有民族文化都是与其所处自然生态系统通过整体性互动而达到相互适应的产物。

其二，文化生态共同体结构的完整性。文化与其所处的自然生态系统有着长期的互动关系，在这一过程中必然存在人类社会凭借其特有文化对其所处自然生态系统进行的加工、改造和利用。这样的互动过程一旦趋于相对稳定的阶段，经过人类文化干预后的次生生态系统则得以形成。这样的次生生态系统实质上是文化和生态两个相对独立的自为组织系统通过互动和适应而形成的一个全新的、完整的自为组织系统，被称为"文化生态共同体"。该文化生态共同体之所以能够独立形成，是因为其内部已经发育成完整的自为组织系统结构，有其自身的系统运行规律。人类社会的任何民族团体都归属于各自的"文化生态共同体"。因此，无论处于哪种阶段，包括过去、现在和未来，只要探讨人类社会的发展，都不能脱离各自的"文化生态共同体"。人类社会的发展不能只关注经济的增长，不能只考虑从大自然中获取生态资源，否则将会破坏共同体结构的完整性，使其系统残缺不全。人类社会的发展，实际上应该是"文化生态共同体"的整体性发展，包括该共同体中的所有组成部分。

其三，生态资源利用的多样性与多元性。生态资源在自然生态系统中的分布并不均匀，表现为种类繁多、数量有限。人类社会如果对生态资源的选择仅仅只涉及一种或几种资源类型，那么人类的生存繁衍也必然面临危机。石油、天然气等都是不可再生资源，人类社会对其依赖性越来越大，不仅导致了这些资源的紧缺，还导致了国家之间的争夺。此外，生态资源都是着生于其所处自然生态系统之中的，而全球的自然生态系统类型又是丰富多样的。人类社会如果一味追求采取同样的资源利用方式，必然导致与一些自然生态系统类型的不相兼容，一旦触碰自然生态系统的生态脆弱环节，就很容易引发生态问题。生态系统运行不稳定，也必然威胁到人类社会的生存繁衍。不同的民族为全人类提供了不同的资源利用方式，这应该是各个民族给人类社会留下的最为宝贵的经验和财富。

　　因此，本书的撰写正是基于上述文化整体观，通过阐述"文化生态共同体"的形成过程，进而揭示文化与生态两个自为组织系统的内在关联。中国是传统的农业大国，也是一个统一的多民族国家，各民族丰富多彩的民族文化与传统农业是密不可分的。中国的三大类农业体系均体现出"文化整体观"的突出特点，系统农业表现出对生态资源利用的整体性，粪肥农牧业表现出对生态资源利用的循环性，漂浮农业则表现出对生态资源利用的仿生性。正是由于各族人民在这样的生态观的指引下，创造了一个美好的世界，不仅贡献了琳琅满目的民族文化，还留给人类一个稳态运行的生态系统。然而，当代社会出现的生态问题，让人们不得不去反思人类的行为。集约化规模种养模式导致了不同程度的生态退化和生态破坏，以技术为主要手段的粪污治理导致了不同程度的生态污染，公共生态资源治理制度的现代变革加速了公共生态资源的濒危。因此，任何生态资源的利用与维护都要始终坚持"因地制宜"的基本原则，对生态资源维护的现代建构都应该立足于本土模型的文化整体观。

皇甫睿

2023 年 11 月

目 录

目 录

第一章 绪论

人类以一定的社会组织为群体基础，共同从自然生态系统中获取一定的生态资源以满足特定社会群体的生存繁衍需求。本章为绪论，主要介绍三部分内容，分别是问题的由来、"文化生态共同体"的形成、文化与生态资源。

第一节 问题由来

当前，生态问题不仅对中国，而且对整个世界都已构成一定的挑战，追求"生态安全"已经成为全人类共同关注的热门话题。人类的生存、繁衍与发展，必须依托人类所处的自然与生态系统，并从中获取资源、能量与信息。这一点是由人类的生物属性所决定的，永远都不可能改变。但是，人类对获取生存、繁衍、发展所需资源的路径与资源利用的方式和手段可以作出能动的选择。生态问题正在日益恶化，人们虽然已经开始关注生态安全问题，但是对于生态灾变与退化的成因与归责，总是站在共时态的视角上，有时候得出的结论不免陷入以偏概全或者因果倒置的"怪圈"，进而对生态治理措施的选择往往容易走入治标不治本，头痛医头、脚痛医脚的误区，甚至还会在不深入了解某地区的生态系统与文化内涵时，随意作出类似于摒弃传统、完全引进外来高科技手段的决策。外来的不一定是最好的，合适的才是最好的，尤其是针对生态问题的治理。

回望历史，不难发现，生态问题的逐渐凸显实际上是人类社会进入工业革命之后才出现的。进入 20 世纪以后，中国的生态问题也逐渐暴露。中国是一个统一的多民族国家，各民族所处的自然与生态系统千差万别、极为复杂。我国古代文献对旱灾、水灾、雪灾等自然灾害偶有记载，但几乎没有专门记载"生态"的。"生态"这一概念是近代才在中国出现的。人们当前所面临的生态退化、生态灾变多是人为原因所致。自古以来，任何民族成员都得与生态系统打交道，甚至比现代社会的人群更加依赖其所处的生态系统。然而几千年来，在漫长的历史岁月中，这些民族成员在各自所生活的生态系统中，不断地与之磨合，逐步认识到所处生态系统的特征与规律，并经过世代积累而逐渐形成了一个个稳态延续的"文化生态共同体"，这才有了今天中国"多元一体"多民族融合的格局。因而，人们更应该从历时态的视角去审视，去重新评估各民族的传统文化对于生态系统稳态运行所作出的贡献。我国正处于"生态文明"的建设时期，我们提出新的生态治理思路与生态维护模式，不仅需要与社会现实合拍，也需要凸显生态的地位。

生态资源为人类所使用，按照人类的需要进行加工、改造和利用，从而满足人类的生存、繁衍与发展需要。人类对生态资源的利用意味着对其的不断消耗，生态资源终有一天会耗尽。如果不能确保生态资源的可再生和自我更新能力，就不能化解利用与消耗之间的矛盾，也不能保证对它们的可持续利用和生态环境的良性循环。对生态资源的保护，固然可以在一段时期内、一定程度上限制人们的过度利用或利用不当行为，但保护仅仅是限制使用，并没有解决利用与消耗之间的矛盾。因此，光提保护是不够的，只有对生态资源加以维护，才能化解利用与消耗之间的矛盾，同时兼顾生态资源的可持续利用和生态屏障功能。

各民族处于不同的自然与生态系统之中，民族文化持有者是该区域生态资源的利用者，同时也是天然的维护者，或者说是维护体系的重要组成部分。生态资源又与民族文化中的传统资源利用方式具有相互依存、共生共养的关系。如果割裂或者忽视它们之间的这种依附关系，生态资源利用方式就会出现问题，生态环境也会恶化。鉴于民族文化中所蕴含的生态维护价值，本书提出生态资源维护的目的在于从民族文化视角去审视如何做到可持续利用生态资源这一现实问题。因此，生态资源谁来维护、维护什么、如何维护，是必须认真思考的课题，也是当下我国少数民族地区未来发展道路的必然趋势与重大使命。

一、国外研究现状

从 20 世纪 50 年代开始，人类面对日益严重的环境污染和生态资源短缺的问题，在世界范围内展开了对人类发展的反思。目前，学术界多将生态资源的保护与利用作为两个相对独立的主体分别研究，将二者作为一个整体来研究的内容较少。

（一）生态资源保护

1. 可持续发展理论

"持续性"一词最早由生态学家提出，意在说明自然资源及其开发利用程序间的平衡。蕾切尔·卡尔森（Rachel Carson）在《寂静的春天》中阐述因农药污染对鸟类和生态环境带来的毁灭性危害，环境问题开始从一个边缘问题逐渐走向全球政治、经济的中心问题。[①] 德内拉·梅多斯（Donella Meadows）《增长的极限》中明确提出"持续增长"和"合理持久的均衡发展"概念。[②] 1987 年，以挪威首相格罗·哈莱姆·布伦特兰（Gro Harlem Brundtland）为主席的联合国世界与环境发展委员会发表报告《我们共同的未来》，正式提出可持续发展（Sustainable Development）的概念和模式。其中，布氏定义被国际社会普遍接受，并被广泛应用于经济学和社会学。1991 年，国际生态学联合会与国际生物科学联合会联合举行研讨会，将其定义为："保护和加强环境系统的生产和更新能力。"这类定义包含需要与限制两方面的内涵：需要是满足人类对生态资源的持续开发；限制则是限制人类对生态资源的过度利用，即通过对生态资源的限制使用达到保护的目的。

2. 恢复生态理论

20 世纪 80 年代以后，Jordan、Cairns、Jackson（1995）等学者分别提出"生态恢复"的概念，此后恢复生态学（Restoration Ecology）应运而生。该学科主要以自我设计和人为设计理论为基础（Vander Valk，1999），认为只要有足够时间，退化生态系统将根据环境条件合理地实现自我组织并会最终改变其组分，通过不同方式的工程方法和植物重建，可直接恢复退化生态系统。基于此，分别衍生出生态移民（XL.Du，1999）、构建自然保护区等生态恢复与生态治理措施。恢复生态理论的构建主要针对生态系统结构、功能和关系的破坏，旨在把受损的生态系统恢复到先前或类似或更好的状态。前者主要适用于纯自然生态系统，人类从中退出，依靠的是自然生态系统的自我恢复能力；后者是指通过人为干预和科学技术手段达到保护生态环境的目的。这类研究虽然满足了生态系统恢复的需求，但回避、转移了生态资源利用的问题。

---

① 蕾切尔·卡尔森.寂静的春天 [M].辛红娟，译.南京：译林出版社，2018.
② 德内拉·梅多斯，乔根·兰德斯，丹尼斯·梅多斯.增长的极限 [M].李涛，王智勇，译.北京：机械工业出版社，2013.

（二）生态资源利用

1. 生态资源资本化

Vogt（1948）、Adam（2003）等将生态资源称作自然资本或生态资本。他们肯定生态资源的天然价值、稀缺价值、服务价值，以及人工附加值，将其纳入资本范畴，通过对生态资本的价值估算与资本运营，即对生态资源资本化的过程，以实现经济的可持续发展。相关研究涉及生态资本的概念（Van，1998；Paul，2000）、功能（Barbier，1989；Pearce，1990）、特征（De Groot，1992）、价值评估（Johan；Rudolf，1998）等方面。资本属于经济学范畴，是指用于牟利的投资。将生态资源资本化的过程，即是先将生态资源转化为具有财富价值的资产，再将其所有权和使用权分离，并使之流通于市场的过程。资本化的根本目的是通过生态资源增值带来经济效益，其中包含了对生态资源的消费、利用，而保护的内容被排除在外。

2. 生态资源市场化

20 世纪 90 年代以后，国际社会普遍采用经济学意义上的"生态系统服务付费"来解释"生态补偿"，即为生态环境利益受益者与保护者之间基于市场行为，实现前者对后者的经济补偿。这显然是承袭生态资本理论而来的，实现生态环境资源的市场化运营，并应用于碳汇交易。基于碳汇隐藏的巨大经济效益，20 世纪 90 年代末，森林碳汇被列入《京都议定书》规定的清洁发展机制（CDM）。Michaelowa（2002）认为 CO_2 排放量小于 5 万吨的项目不会获得经济效益；Ben Jong（2000）以南墨西哥为例，分析得出森林经营管理水平的显著改善可有效提高森林碳汇潜力；Richard Newell（2000）认为对碳汇成本的影响因素包括管理、采伐制度、产品价格和折扣率等。

二、国内研究现状

（一）生态资源保护

1. 生态移民

以恢复生态理论为基础，国内的任耀武（1993）最早提出"可持续性移民"和"可承受开发性移民"。生态移民最早于 2001 年在内蒙古阿拉善盟黑河地区依托国家重点建设项目实行，随后在三江源、三峡生态移民等重大项目中践行。学界研究主要集中在生态移民目的、移民转型影响、移民安置与后续产业、风险分析等方面。乌力更认为生态移民是"为了保护生态环境，在不破坏迁入地的生态环境的前提下，将生态脆弱区的超载人口迁移到人口承载能力高的农业区域或城镇郊区的有计划、有组织的政府行为"①。相对于移民中和移民后，移民前的相关研究较少。移民中与移民后的相关研究多具有滞后性、补救性特征，一般多为出现生态问题以后的抢救性研究；但如果把更多的聚焦点放在移民前的相关研究上，可能会降低生态危机发生的概率。

2. 行政建制保护

研究主要包括制定政策法规、建立自然保护区等。国家针对少数民族地区出现的生态退化或生态灾变，先后出台退耕还林、封山育林、禁牧围栏等环境保护政策。关于自然保护区的研究，则多侧重对少数民族地区濒危物种所在区域划定自然保护区。在对已有自然保护区的特征描述、保护现状分析、保护成效评估等方面，宗秀虹等对贵州赤水桫椤国家级自然保护区桫椤群落特征及物种多样性进行了研究分析。②研究成果较少涉及实证性的保护措施或成功案例，缺少自然保护区与周边社区的互动。

3. 国家主导下的生态治理工程

陈永毕（2019）总结喀斯特石漠化治理的进展，指出理论研究在其生态脆弱系统结构与过程空间尺度耦合中的研究不足，应进一步发掘技术集成与模式提炼方面的应用研究。张健等（2018）研究表明，对科尔沁沙地进行生态修复，其植被覆盖度增高，修复效果明显。这类的治理工程的确在一定程度上取得了良好的生态治理效果，但是有关修复后的维护研究较少，而且中国各个区域的生态、经济等背景差异大，资源分布不均，其间人力、物力、财力的投入也是巨大的。

（二）生态资源利用

1. 工业化改造

工业化改造主要针对少数民族地区的农产品及其相关自然资源，主张用工

---

① 乌力更.试论西部民族地区生态移民跨省安置与生态无人区的划定问题 [J].贵州民族研究，2007，27（2）：47-53.

② 宗秀虹，张华雨，王鑫，等.赤水桫椤国家级自然保护区桫椤群落特征及物种多样性研究 [J].西北植物学报，2016，36（6）：1225-1232.

业化方式改造农业，一方面通过扩大规模来增加种植面积或增加养殖数量以获取绝对地租收益，另一方面则是通过资本深化和技术增密排斥劳动。但是，种植面积和养殖数量越大，品种越单一，就越无法避免农药化肥导致的环境污染，同时还会带来农产品过剩问题和市场风险。资本的增加和技术的增多，不仅有因外来技术与当地生态环境不兼容导致对环境破坏的风险，还会增加农民的生产成本。目前，国内相关研究已逐渐转向对生态资源工业化改造的反思。比如，温铁军（2018）指出，产业化思路下的农业改造导致乡村振兴面临资金、劳动力、土地等基本要素大规模净流出的困境。

2. 三产化转型

对少数民族地区生态资源的三产化转型研究，以生态资本理论为指导，主要聚焦生态旅游开发、商品市场交易和金融市场交易。葛荣玲认为城乡融合与三产融合已经成为乡村现代发展的重要实现路径，主客之间的关系也随着不断的升级转型而逐渐演变为"融合式交换"的新形态。① 孙九霞、黄凯洁以贵州屯堡周官村为例，分析乡村文化精英对旅游发展话语的响应，探讨以官方为主导的旅游发展项目是否会影响乡村本土文化的多元化和可持续。② 生态资源的市场化主要应用于生态补偿，国内一致认同生态补偿即政府与市场结合。郑季良（2018）以昆明市寻甸县 6 个村寨为例，运用经济模型得出结论：有无生态补偿对当地居民生态保护的意愿和行为均产生正面影响；但是现实中实施生态补偿对生态保护的激励效果不明显，甚至出现个别贫困户。温铁军（2018）通过构建促进农村生态资源价值实现的"三级市场"制度体系的"加杠杆"手段，使得长期沉淀的自然资源实现价值显化和增值。

综上所述，少数民族地区生态资源保护与利用是学术界关注的领域，上述研究成果为本课题奠定了前期基础，但若从生态民族学视角来看，相关研究也存在被疏忽的地方。其一，生态资源维护的缺失。生态资源只有利用，没有再生，只有保护，没有可持续利用。对生态资源进行维护，才能兼顾对其的保护与可持续利用。其二，民族文化的整体性。民族文化持有者是民族文化的重要组成部分，

---

① 葛荣玲. 交换与融合——乡村振兴战略背景下乡村旅游互动关系的发展与嬗变 [J]. 贵州社会科学，2023（3）：151-156.

② 孙九霞，黄凯洁. 乡村文化精英对旅游发展话语的响应——基于安顺屯堡周官村的研究 [J]. 西南民族大学学报（人文社科版），2019，40（3）：27-33.

是当地生态资源维护和利用的天然主体。天然主体的缺位必然会给生态资源的保护与利用带来不利影响。其三，传统文化的特殊价值。传统文化是对生态资源维护与可持续利用的典范。生态资源的可持续利用并不局限于对资源本身的认识、保护与利用，本课题将生态资源纳入少数民族传统文化的分析框架，探寻生态资源与传统文化的关联性、维护的必要性、维护主体的确定性，通过对生态资源的维护，达到少数民族地区生态资源可持续利用的目标。

第二节 "文化生态共同体"的形成

一、"文化生态共同体"的概念

美国著名人类学家朱利安·斯图尔德（Julian H. Steward）最早提出"文化生态"[①]（Cultural Ecology）一词。该词提出的初衷是区别于"生物生态""人文生态"以及"社会生态"等概念所蕴含的目的与方法。在生物学上，"生态"的意思是指有机体对环境的适应。作为一类有机体的人类，也自然被包括在这样的"生态"之中。斯图尔德认为，人类登上"生态"的舞台，并非只扮演一类有机体的角色，而是同时引入了"文化"这一项超有机体因素，影响着整个地球生命体系，同时被地球生命体系所影响。他所创建的"文化生态学"的理论本质是，"文化与自然环境虽然是相互作用的，但是自然环境起着最终的决定作用，它不仅允许或阻碍文化发明的运用，而且还会引起具有深远后果的社会适应"[②]。显然，对于斯图尔德的"文化生态"既不能简单地理解为"文化的生态"，也不能理解为"生态的文化"，或者是"文化加生态"。"文化的生态"，是要强化文化的主体意识。对于特定的民族来说，文化当然是其主体；但对于特定的生态系统而言，文化则不一定能够成为其主体。相关民族所持有的文化如果与所处生态环境和谐共荣，则可将该文化视为所处生态环境的主体；反之，相关民族成员所采用的资源利用方式、手段等不当，导致其与所处生态环境不能兼容，该文化则不可能成为生态环境的主体。"生态的文化"则是强化生态的主体地位，从某种意义上说，是对

---

① 史徒华.文化变迁的理论 [M].张恭启，译.台北：新桥译业·吴氏基金会，1989.

② 夏建中.文化人类学理论学派：文化研究的历史 [M].北京：中国人民大学出版社，1997.

20世纪初流行的"地理决定论"在学理上的传承，在无意中淡化甚至抹杀了人类与文化在其间所发挥的主观能动作用。但这样的认识也失之偏颇。"文化加生态"则是将文化与生态机械地组合在一起，很容易将二者看作完全相互独立的个体。文化与生态绝对不是简单的"1+1=2"的问题，二者之间相互作用、相互制约，形成一个个全新的个体。斯图尔德"文化生态"强调的是人类特有的文化对生态环境的适应，以及生态环境对人类文化的制约，即生态环境、生物有机体与文化三者之间的互动关系。斯图尔德建立此理论的目的是探寻和发现随时间推移而呈现出来的世界文化发展规律。但是，关于世界文化的发展规律是什么、文化变迁的原动力是不是文化生态的适应等问题，学术界一直对此颇有争议，这不是我们在此讨论的重点。

该概念的提出，从另一个角度说明，斯图尔德首先注意到了不同地区和不同民族文化所具有的差异性，他也是第一位注意到生态环境与文化有着密切关联的人类学家。他将作为人类特征性存在的文化与文化所处的自然与生态系统纳入同一个平台，在同一个框架内去加以考量，使双方的难以兼容得到符合逻辑的认识。这样的"文化生态"是指文化与生态之间经过长期磨合与适应，最终得以实现二者之间的和谐共荣，并以一种实体性的存在而呈现出来，成为可以直接研究的对象。这样的实体性存在即为斯图尔德所称的"文化核心"（cultural core）。"文化核心"（cultural core）的概念，是指与生产及经济活动最有关系的各项特质之集合。实际证明与经济活动有密切关联的社会、政治，与宗教模式皆包括在文化核心之内。"[①] 显然，斯图尔德对于"文化内核"的理解是指人类经过长期经验的积累与磨合，凭借人类所持有的特定文化能动地构建人与生态环境的和谐，而形成的一个共同体实体。杨庭硕将其称为"民族生境"[②]，又称为"文化生态共同体"[③]。

"文化生态共同体"是一个实体存在，可视为一个整合的系统。它既不是一个纯粹的生态系统，也不是一个纯粹的文化系统，而是经由各民族成员凭借其文化，在所处的生态系统中，在漫长的历史岁月中不断利用改造、适应磨合、积累而成的复合系统。拉德克利夫·布朗（Alfred Reginald Radcliff-Brown）认为，文化人类学的研究应该强调对文化的本质和结构功能的研究。他认为，文化应被看

① 史徒华. 文化变迁的理论 [M]. 张恭启，译. 台北：新桥译业·吴氏基金会，1989.
② 杨庭硕，罗康隆，潘盛之. 民族·文化与生境 [M]. 贵阳：贵州人民出版社，1992.
③ 杨庭硕. 生态扶贫导论 [M]. 长沙：湖南人民出版社，2017.

作一个整合的系统，在这个系统中，文化的每一个因素都扮演特定的角色，都具有一种功能。研究文化就是要研究一种文化中各要素之间的关系、文化的整体结构、各文化要素在这个整体系统中对于外界调适和内部调整所具有的功能。在"文化生态共同体"中，存在文化、人类和生态系统三种既相互独立又相互关联的自为体系。布朗对文化系统的研究，虽然没有专门涉及对生态系统的研究，但是，他对文化结构功能研究的理论思想在对"文化生态共同体"的研究中，具有借鉴价值。布朗指出，"一切文化现象都具有特定的功能，无论是整个社会还是社会中的某个社区，都是一个功能统一体。构成统一体的各部分相互配合、协调一致，研究时只有找到各部分的功能，才可以了解它的意义"[1]。要想找到各部分的功能，就必须先明确社会的结构。社会结构，是"在由制度即社会上已确立的行为规范或模式规定或支配的关系中，人的不断配置组合"[2]。换句话说，社会结构是指在一个文化统一体中的人与人之间的关系，这包括人与人组合的各种群体及个人在这种群体中的位置。如果将"文化生态共同体"视为这样的统一体，那么它必定存在自己的结构。研究"文化生态共同体"的结构，也就是要研究其各构成部分的特点，以及各部分相互之间的互动关系。于是，人们不可避免地要去关注和研究文化、自然生态系统和人类之间的互动关系，特别是人类和文化在"文化生态共同体"中所起的主动作用，即文化生态的适应。文化生态的适应是文化变迁中最有创造性的过程之一。所以，"文化生态共同体"已经不再是原生生态系统，而是人类凭借其文化加工、利用和改造后形成的一个个互有区别的次生生态系统。

二、"文化生态共同体"的特征

"文化生态共同体"不是纯客观的自然环境，也不是原生的生态系统，而是在社会模塑作用下形成的人为体系，是一个纷繁复杂的物质与文化的组合体，一般具有以下四重特性。

第一，"文化生态共同体"具有整体性。它是民族成员、民族文化和所处生态系统共同作用的结果。对于文化而言，它是民族成员经过世代积累和磨合，逐

---

① 夏建中.文化人类学理论学派：文化研究的历史 [M].北京：中国人民大学出版社，1997：122.

② 夏建中.文化人类学理论学派：文化研究的历史 [M].北京：中国人民大学出版社，1997：123.

渐形成的对所处生态系统的认识和理解，并按照这样的文化对所处生态系统进行干预，以保持其与所处生态系统的互动和运行。文化当中已经渗入了生态系统的内容。对于生态而言，与原生生态系统有着本质的区别，它并不是完全遵循自然界的运行规律。文献资料和田野调查均可以证明，它除了按照自然界的一般规律运行外，同时还受到文化的作用和影响，甚至发生生态改性，而演变成为次生生态系统。"文化生态共同体"中的生态系统，也已经渗入了文化的内容。可见，在"文化生态共同体"中，民族成员、民族文化和所处生态系统三者之间是你中有我、我中有你的关系，进而形成了一个可以相互兼容，并能够稳态延续的、新的复合实体。

第二，"文化生态共同体"具有特殊性。世界上民族成员所处的生态系统和民族成员共同持有的民族文化都是千差万别的，这也是各民族相互区别的重要标志。当不同的民族成员面对多种多样的生态系统时，凭借该民族团体特有的文化对其进行加工、利用和改造，且在这一文化生态适应过程中，所采用的方式和手段也会表现出一定的差异。斯图尔德的多线演化理论追踪的是，某些文化之间是否存在任何真正的或有意义的类似之处，以及这些类似之处是否可以由一般性、普适性的规律总结出来，但其理论的前提正是承认了"不同地区的文化传统可能具有完全的或局部的独特性"①。各民族所处的自然生态系统具有独特性，各民族所持有的文化具有独特性，必然导致其在适应自然生态系统过程中所采用的资源利用方式也具有独特性。这里的"独特性"即为"文化生态共同体"的特殊性，同时也是各民族"文化生态"所来意生存的基点。同样是游牧民族，我国内蒙古的蒙古族居民生存于温带大陆性气候、温带季风气候的气候地带，从东向西由湿润、半湿润区逐渐过渡到半干旱、干旱区，草地面积占全自治区总面积的 59.86 %。我国西藏的藏族居民生存于高原地带，其地势随东南向西北迭次增高，气候类型分为热带山地季风湿润气候（海拔 1 100 米以下），亚热带山地季风湿润气候（海拔 1 100～2 500 米），高原温带季风半湿润、半干旱气候（海拔 500～4 200 米），高原亚寒带季风半湿润、半干旱、干旱气候（海拔 4 200～4 700 米），高原寒带季风干旱气候（海拔 4 700～5 500 米）等，集中表现出"海拔高""温度低""气候干"等特点，牧草地面积占全区总面积的 56.72 %。由于两个民族具有地理环境和民

---

① 史徒华. 文化变迁的理论 [M]. 张恭启，译. 台北：新桥译业·吴氏基金会，1989.

族文化方面的差异，二者以游牧为主的传统生计方式也存在很大的区别，包括游牧方式、游牧的季节变换、游牧对象的种类、以此为中心形成的文化风俗等都有很大不同，分别在其民族文化中体现出各自的特殊性。

第三，"文化生态共同体"具有自为性。生物学用"自组织性"来描述共时态的生命行为，用"进化"来描述历时态的生命现象。这两个术语皆体现了生命行为具有保持生命和创新生命的功能，实际上揭示了生命的本能特征。将两种功能综合在一起的实体，则可被称为"自为体系"。一切自为体系都是物质、能量与信息的特殊存在方式，特殊之处在于构成自为体系的物质与能量不是随机的拼合，也不是按耗散规律作单一的耗散运行，而是在其特有信息系统的节制下，物质与能量都作有序的运行，并依赖这种有序性建构起一个个具有内聚能力的物质与能量实体。原生生态系统具有维持和创新生命的功能，人类的文化本身也具有自我维持和自我创新的功能，进而使得由原生生态系统与文化系统在相互适应过程中而形成的"文化生态共同体"同样也具有自为体系的特质。此外，如果把"文化生态共同体"所处的环境分为生态环境和社会环境，其生态环境的各组成部分与社会环境中的各文化因子必然呈现出亲密、疏远、无关等层次性的差异，但绝非杂乱无章地随意拼合，而表现出各种物质与能量之间进行的有序、有节、按比例的交换与重组。作为"文化生态共同体"的构建法则，一方面，共同体中的物质、能量与信息为其有机体提供维系生命的能源；另一方面，该共同体不仅可以对自身，而且还可以对外能动地发送、接收和利用特有信息，在一定程度上针对局部缺损进行自我修复、自我更新。

第四，"文化生态共同体"具有稳态延续性。共同体中的物质、能量与信息通过一系列的物理、化学反应不断进行交换，是一个动态的过程。糅杂于共同体中的人与人之间所构成的社会关系，也是不断变动的。因此，整个"文化生态共同体"实际上是一个动态变化的过程。但是，这种动态并不是无序的、随机的，共同体中的各个部分和要素共同构成一个有机的文化生态结构，并在其间发挥着各自的功能和作用，该结构由自然规律和社会制度共同协调支配，使得该结构在形式上始终保持着相对稳定性。犹如人体结构一样，人体成熟以后，身体中各器官的结构和功能在很长时段内保持一定的稳定性，而其中各种细胞却时刻在发生变化或者新陈代谢。人体的细胞几乎每隔七年就全部更新换代一次。人类社会个体的生存繁衍，正如这些更新换代的细胞一样，维系着"文化生态共同体"的生命延续，生生不息。"文化生态共同体"中的各种要素或组成部分在一定的自然规律与社会制度的协调支配下，一直不间断地发生有机和无机的组合、重组，只要"制度"不变，这种变化在超长时段内都能维系共同体结构的稳定；一旦这种变化累积到质变的发生，"制度"可能出现变动，随之共同体结构在一定时期内也出现不稳定的情况，但经过相互适应和磨合后，新制度又会与自然规律一起作用，使得共同体再次趋于相对稳定的状态。所以，"文化生态共同体"正是遵循着这样的变化过程与规律，在超长时段内一直保持着稳态延续。

三、"文化生态共同体"的研究方法

（一）历时与共时结合法

阿尔弗雷德·拉德克利夫·布朗认为文化人类学的研究主要包括历时和共时两种方法，但他更倾向于强调共时研究。历时性研究主要研究文化的历史起源。布朗认为历时研究存在历史资料残缺不全、得出结论无可验证、更不能准确地推测未来等缺陷，不利于文化人类学的科学研究；而共时性研究不必考虑文化的历史起源和历史过程，仅需将文化视为一个有机整体，弄清楚文化系统之中的各要素或组成部分在其中所发挥的功能作用、它们之间的关系和运行机制，以及其与内外部环境的互动与调适。比如，在一个相对独立的文化生态共同体中，社会组织、文化习俗、本土生态知识与技术等在维系该共同体稳态延续的过程中都发挥着各自的作用。所以，用共时方法来研究文化生态共同体至关重要。

此外，尽管历时研究方法存在以上缺陷，但是，文化变迁的研究可以从纵向研究的视角为共时性横向视角的研究提供更为精准的文化解读，使得对文化生态共同体的研究更富有立体视角以及纵深度。虽然文化在特定时段内是相对稳定的，但是从超长的历史时段来看，文化是不断发展演化的。故而，通过梳理文化变迁的脉络，可以帮助人们更为深刻地理解文化生态共同体在不同历史时段的结构特征以及功能演化过程。两种研究方法应该相互结合、配套使用。

（二）田野调查法

英国著名人类学家布罗尼斯拉夫·马林诺夫斯基（Bronislaw Malinowski）在

1914 年前往新几内亚进行田野调查，从而开创了人类学民族学田野调查法的先例。"没有调查就没有发言权。"田野调查对于研究者而言，是一种展开研究的具体方法，目的是获得第一手资料，从而将理论与实践充分结合、印证，获得更为可靠、有效、客观的研究结果。"民族学实地调查是民族学研究的基础，是民族学研究最主要最基本的方法，指经过专门训练的民族学工作者亲自进入民族地区，通过直接观察、具体访问、住居体验等方式获取第一手研究资料的过程。"① 虽然民族学在其一个多世纪的发展过程中产生过很多理论流派，但是田野调查方法一直以来都是民族学学科的传统研究方法，也被视为民族学学科发展的生命力所在。民族学的发展创新不能仅限于书本文献，需要立足广阔的田野，才能产生源源不断的动力。完全可以说，没有田野调查就没有民族学。本书研究的每一个专题，均是以田野调查法为前提而展开的。要了解各民族传统文化与生态资源之间的内在关联性，就必须深入相关民族地区，充分搜集当代田野资料，并进行观察与分析研究。长时段内的跟踪、深入、参与性调查，不仅有利于对特定研究对象文化变迁的追踪调研，还可为共时性研究提供田野依据。在深入田野调查的过程中，首先，力求厘清研究对象的社会组织和文化结构；其次，将调查到的实际生活细节、行为、习俗、宗教、生态环境、土产等内容全方位地、详细地记录下来；最后，稍作分类整理，以备研究所需。

（三）历史文献研究法

民族学和历史学都以"人类社会"为研究对象，在研究方法上，其区别在于，民族学是"读社会"，而历史学则是"读文献"。早期民族学主要针对一些没有历史文献、文字的民族和社会展开研究。然而，民族学发展到今天，这一研究对象已经发生了巨大改变。历史文献资料包括各种史书类书籍、档案文件类资料、史部以外的群籍、少数民族古文字文献等。对于本书研究对象而言，主要是从生态人类学的视角来揭示少数民族传统文化与生态资源之间的关系，但是整个研究过程不可避免地要借助历史文献研究法。理由如下：

一是其间所涉及的很多少数民族本就拥有本民族文字和文献，而且其历史文献极为丰富，比如藏族、蒙古族。藏族先民们早在公元 7 世纪中叶就已创制了本

---

① 宋蜀华，白振声．民族学理论与方法 [M]．北京：中央民族大学出版社，1998：172．

民族文字，至今积累了浩如烟海的藏文文献，包括金石铭刻、藏文手卷、藏文木简文书，内容涉及历史、语言、宗教、政治、艺术、诗歌、社会习俗等。上文虽提到历时研究过程中存在历史文献资料残缺不全的事实，但并不意味着不利用，残缺不等于没有。

二是民族学历来有重视历史学的传统。各民族传统文化的形成本来就不是一蹴而就的，也不是某一个历史时段的产物，而是从古至今的连续性发展过程，从未中断过。研究各民族传统文化必然离不开其历史过程，而且民族学在研究当代各种文化现象时，往往还能从历史文献中找到相关记载或者历史启示。

三是提供了新的研究视角。我国民族学家梁钊韬先生曾指出："民族学的研究对象，是否可以概括成一句话，就是历史上形成的民族内部和民族之间的各种矛盾现象。比较具体一些来说，就是研究现代民族的社会现状和历史，包括它们的生产方式与上层建筑的现状和历史，民族分布、迁徙、互相交往、同化、融合与混血的历史，各民族关系的历史。"① 这是一种从历史的角度来观察、审视和分析相关民族文化现象的研究方法。

人们所需要的文献资料往往零碎地散落于各种文献和书籍中，这就需要人们对搜集到的各种碎片化的文献资料进行归类、整理，以及梳理相关信息脉络。有些记载还需要去伪存真，对文献资料进行分析，要以了解和还原史实为前提，透过史料表面，深入探究史料本质。不仅如此，还需要透过历史表象、跳出历史框架，来捕捉隐藏其中的历史信息，为当代研究服务，做到古为今用，以期为相关研究提供全新的视角。

（四）跨文化比较研究法

民族学从其诞生之初就是以异己文化为研究对象，其研究过程无可避免地会将异民族文化和己民族文化做比较，以获得对异民族更为深刻的认识，比较方法贯穿于研究的始终。从某种意义上说，民族学本就是一种对民族文化的比较研究。阿尔弗雷德·拉德克利夫·布朗开创了比较社会学研究方法，其目的是通过对不同民族文化的比较研究，从而探索制约人类社会行为的普遍规律。乔治·默多克（George Peter. Murdock）开创了跨文化比较研究方法，其目的是规模性地搜集来自全世界各民族的文化变量，采用统计分析手段，归纳出具有普适性的理论，

---

① 梁钊韬. 民族学人类学研究文集 [M]. 北京：民族出版社，1994：290-292.

以充实民族学理论体系。我国著名学者李亦园指出："（跨）文化比较研究法的基本前提是利用全世界各种不同文化为样本，以其资料做比较研究，以便验证对人类行为的假设。这一前提并非仅仅是由于人类学家着眼于全人类不管是原始或文明的文化之偏好，而是有其理论上的重要意义。"[1] 中国是一个统一的多民族国家，蕴含着多种民族文化，在对不同民族地区的"文化生态共同体"进行研究时，跨文化比较研究法就显得无比重要。以中国的多民族文化为样本，通过比较样本之间的异同，可以帮助人们快速、准确地把握不同文化的实质与结构，为研究提供整体性的视野。

本书采用跨文化比较研究法的目的在于，将传统生计方式和与传统文化相似的民族的文化生态背景进行比较，分析其利用和维护生态资源方式的差异，进而归纳和记录这些民族在历史进程中，对生态资源维护所作出的贡献，旨在为当下生态文明建设提供借鉴。比如，同为游牧民族的藏族和蒙古族，由于其所处生态系统不同、地理位置不同、气候特征不同等，其对牛粪的处理方式以及背后相关的文化系统也存在很大差异。进行比较后发现，牛粪作为这两个民族传统的生态资源，在他们加工、利用、改造的过程中，要充分将各自的时间、空间和文化对接，对其采取的资源利用方式不可随意混淆或套用。

（五）跨学科综合研究法

民族学研究的民族与文化千差万别，研究者需要具备广博的知识，这就注定了民族学的研究必然要与其他学科相结合，而形成跨学科的综合研究法。在对"文化生态共同体"的研究中，可能涉及语言学、考古学、社会学、生态学等。近些年来，由于生态资源短缺、生态问题日趋严重，生态学的研究对象已经逐渐从以生物为主体转变为以人类利用生态资源的方式为主体，由研究自然生态系统转向研究文化生态系统。20世纪60年代开始，人类学的一门分支学科——生态人类学诞生。美国人类学家朱利安·斯图尔德认为文化生态学"是从人类生存的整个自然环境和社会环境中的各种因素交互作用研究文化产生、发展、变异规律的一种学说"[2]。随后，"文化生态学"成为20世纪60年代兴起的生态人类学理论产生的直接源泉。

---

[1] 李亦园.文化比较研究法探究 [J].思与言，1976，13（5）：277-289.

[2] 宋蜀华，白振声.民族学理论与方法 [M].北京：中央民族大学出版社，2014.

国内关于民族学与生态学结合的研究发展较晚。著名人类学家杨庭硕在其专著《民族·文化与生境》①（1992）和《相际经营原理》②（1995）中，已有涉及民族文化与生态环境的章节，并首次提出了"生境"的概念。自 2000 年起，杨庭硕教授改变研究方向，专门着手生态人类学的研究工作，并于 2007 出版了中国首部生态人类学理论专著《生态人类学导论》③，2010 年出版了中国首部生态人类学专题研究著作《本土生态知识引论》④。此后至今，杨庭硕一直坚持做个案研究系列，为中国生态人类学奠定了坚实的理论与实践基础。他认为，不同民族、不同区域的社群团体都拥有区别于普同性知识的"地方性知识"，是这些团体成员在改造和利用所处自然与社会背景的过程中，凭借其各自文化与世代积累逐渐形成和建构起来的知识体系；故而，民族文化的形成离不开特定的生态环境，文化与生态之间的关系密不可分，甚至已经演化为相对稳定和独立的"民族生境"，即"文化生态共同体"。

为了拓宽研究视角和增强研究视角的客观性，本书主要采用人类学与生态学的跨学科研究方法，旨在通过研究特定民族群体在其各自所处的自然生态系统中的互动，从而揭示人类文化利用、改造与适应自然生态系统的方式和规律，探讨生态资源开发利用与生态系统良性循环的结合点，以寻求保护生态环境与利用生态资源高度耦合的正确方法和可持续发展的生态理念。

第三节　文化与生态资源

一、生态资源的产生

"生态学"一词最早出现于 1866 年，但在百年之后才被学界广泛应用。生态学，其实是一门关于人与自然关系的科学，脱胎于早期的生物学，后又衍生出生态经济学、生态政治学、文化生态学、城市生态学等众多分支学科。然而，经

---

① 杨庭硕，罗康隆，潘盛之．民族·文化与生境 [M]．贵阳：贵州人民出版社，1992.

② 杨庭硕．相际经营原理 [M]．贵阳：贵州民族出版社，1995.

③ 杨庭硕．生态人类学导论 [M]．北京：民族出版社，2007.

④ 杨庭硕，田红．本土生态知识引论 [M]．北京：民族出版社，2010.

历了几个世纪的发展演化，贯穿整个生态学学科的生态思想并不是始终如一的。而且，生态学思想的形成始于 18 世纪，早于其概念最早出现的年代。不同的历史阶段有不同的社会环境，由于受到所处历史阶段的社会环境的影响，在一定文化氛围的基础上形成了不同的生态观，"生态资源"也伴随着这一历史过程而不断被赋予不同的内涵。

　　第一阶段：生态学的两大传统。18 世纪，生态学领域出现两大学派传统。第一种传统是以塞尔恩的牧师、自然博物学者，被称为英国第一位生态学家的吉尔伯特·怀特（Gilbert White）为代表的对待自然的"阿卡狄亚式的态度"①。怀特在著作《塞尔伯恩博物志》中深入观察和记载了他居住的乡村小教区和邻近教区的各种动植物的生活习性与生活环境，还记录了鸟类迁徙等与气候相关的现象、民间生活、农耕等。怀特笔下的塞尔伯恩是田园牧歌式的典型代表，有力证明了自然与人类处于一种永久的和谐共生状态。怀特正是通过这种亲身体验的记录，积极倡导人们选择简单和谐的生活方式，向人们不断传递一种淳朴的田园主义生态思想。怀特学术思想的核心和目的在于希望人类社会与自然生态系统中的各种有机体恢复到和平共存的状态，稳态运行、生生不息。这种生态传统显然随着 19 世纪前半叶的浪漫主义运动兴起而日趋扩散，并在西方人的意识上打下了不可磨灭的烙印。第二种是以瑞典自然学者、现代生物学分类命名的奠基人卡罗勒斯·林奈（Carolus Linnaeus）为代表的"帝国"传统，又被称为"基督教式的田园主义"。它所理想化的不是人与自然的关系，而是主张人与自然界脱离，牧师引领人类通过理性的实践和艰苦的劳动进入一个全新的人工绿色牧场，以形成人对自然的绝对统治。林奈学派的逻辑起点是自然的主要功能就是满足人类的需求，而且造物主在大自然中早就设计好了一个有着内在联系的规则，这就像一部独特万能的润滑良好的机器在发挥功能，上帝则是这台机器不可解释的力量源泉，大自然的特点就在于它的仁慈、无私奉献。林奈学派认为上帝设计了对自然的保护和利用，保护通常留给了上帝，利用则理所当然留给了人类，因而其生态模式更多是讲人类进行开发的使命。这正好迎合了 18—19 世纪两次工业革命的需要，为"世界是个大工厂"提供了理论依据。此时，"生态资源"这一术语虽然没有出现，

---

　　① 唐纳德·沃斯特. 自然的经济体系：生态思想史 [M]. 侯文蕙，译. 北京：商务印书馆，1999：21-22.

但是其学派观点已经涉及了"生态资源"的内涵。

资源（resource），指的是一切可被人类开发和利用的物质、能量和信息的总称，广泛存在于自然界和人类社会中，一种可为人类创造和积累物质财富和精神财富的客观存在形态。生态资源是一个宽泛的概念，具有自然资源属性和生态环境资源属性的双重性。前者指生态系统中的单个要素，如森林、土地、动植物、河流等，是人类可直接获取的物质化资源；后者指各种要素或要素组合而成的环境空间，可为人类提供空气净化、气候调节、固土净水等具有生态屏障功效的各种生态服务。生态资源为人类的生存与繁衍提供基本物质和生存空间保障。显然，基于上述"帝国"传统的观点，生态资源是相对于人类而言的，是随着人类的出现而产生的，是为人类开发和利用的，同样也是为人类服务的。

第二阶段：浪漫主义生态学。以怀特田园思想的继承者亨利·戴维·梭罗（Henry David Thoreau）为代表的浪漫派观点实为"生物中心论"，更多地考虑自然界中各有机体之间的关系、依赖和整体性质。他们认为"自然界中的每个单独的有机体都不能像齿轮和螺丝一样可以被拆卸下来，而依然保持着它的同一性；整体也不能像一座钟一样可以被拆开后又装起来"①，"自然界是个广阔的平等的共同体，是一个宇宙血缘家庭"。大自然里"没有任何东西能完全自给自足……每个物体，尽管是个实实在在的个体，都对另外的物体负有某种义务，反言之，其他物体又是它生存的条件"②。人类只不过是自然界中一个平等的有机体，故而人类不是生来就有权利依照自己的需求去改造自然，去自然界攫取人类所需的生态资源。浪漫派的观点显然是由于西方工业文明发展导致人类与自然之间出现了不断增强的隔绝感而产生的。19世纪的工业革命，使得人类不断摆脱自然界的束缚，使人类逐渐丧失一切属于自然状态的意识，不可避免地使人类与自然之间的关系变得紧张。浪漫派认为，人类应该敬畏生命，敬畏自然。他们不反对人类从自然界获取资源，因为自然界各种有机体的生存繁衍过程都必然在不同的物种之间相互获取，这是由各物种具有的生物属性所决定的。但是，人类在生活中应该坚持简朴的原则，控制欲望。

第三阶段：达尔文的生态学。查尔斯·罗伯特·达尔文（Charles Robert

---

① 唐纳德·沃斯特.自然的经济体系：生态思想史[M].侯文蕙，译.北京：商务印书馆，1999：110.

② 侯文蕙.征服的挽歌[M].北京：东方出版社，1995：34.

Darwin）曾指出生物进化的机制，即"物种不是永远不变的，而是不断变化的；在变化过程中，生物的自然选择机制与高度的变异性起着重要作用；自然选择就是把有利的变异保存下来，把不利的变异淘汰掉，从而使自己能适应不同的环境而生存下来"①。故而，以达尔文为代表的生物进化理论派认为，自然界充满了忧郁和悲观的色彩，呈现的都是残酷和险恶。但达尔文并因此而否定自然界，仍然继承的是"生物中心论"。他始终相信自然界是一个完整的生物共同体，人类永远都是这个共同体的一部分，人类应该凭借自己的智慧和文化去宽容、慷慨地对待自然界和自然界的其他一切生命。

19世纪中叶以后，在达尔文生物进化论的基础上，文化人类学的第一个学派——古典进化论学派认为整个世界包括人类社会都是遵循自然法则运行的，各民族文化都遵循同一发展路线向前进化，每个民族团体都会经历相同的发展或进化阶段，故各民族文化的差异性是由各民族团体处于不同的发展进化阶段所致。被誉为"社会达尔文主义之父"的赫伯特·斯宾塞（Herbert Spencer）提出了一整套社会进化理论，并首次提出"适者生存"的概念。斯宾塞认为，社会是个有机体，与生物有机体之间有很多相似之处，包括生长过程中的种群规模由小变大，社会结构由简单向复杂进化，各部分之间相互依赖和制约，等等；二者之间最大的区别则在于，虽然二者都由部分与整体构成，但是生物有机体中的部分是为整体而存在的，而社会有机体中的整体是为部分服务的。显然，斯宾塞是将生物进化与社会进化视作两种本质相同的事物，他认为"影响人口变异的自然选择过程将导致最强竞争者的生存和人口质量的不断改进，这种竞争是人类进步的最有力的工具"②。一个民族的文化代表着该民族对生态资源利用和改造的方式，如果说全世界的民族文化都会沿着同一方向发展或进化，则将意味着世界各民族最终会走向同一种利用和改造生态资源的方式。然而，生态资源并不是由人类直接生产的，而是由人类以外的其他有机物生产出来的，很多生态资源还属于不可再生资源，有的有机物群落一旦遭到不可逆转的破坏也会导致生态资源的消亡。由于人类社会同样遵循适者生存、劣者淘汰的自然法则，在世界各民族发展或进化的过程中，强势民族则理所当然地率先消费生态资源。

---

① 周膺. 良渚文化与中国文明的起源 [M]. 杭州：浙江大学出版社，2010：170.
② 李玉杰，李景春. 心理学概论 [M]. 北京：人民日报出版社，2006：225.

第四阶段：边疆生态学。斯宾塞眼中的人类社会是一个自我进化的有机体，弗雷德里克·克莱门茨（Fredrick Clements）提出的"复杂的有机体"概念正是源于斯宾塞的这一思想。克莱门茨最熟悉的生物群落区就是北美大草原，在此基础上他提出了顶级理论。他坚信植被的演变过程与各种动植物有机体生长过程极为相似，逐渐演变为一个最终顶级结构，而植被单元正是这种顶级结构的复杂有机体。克莱门茨提出的"顶级群落"共同体甚至包括了印第安人，但不包括白人，白人是作为破坏者、外来者、掠夺者而来到北美大草原的。他把现代文明人从自然中完全隔离了出去。然而，西进边疆的"尘暴"却给克莱门茨的顶级理论蒙上了阴影。

当时的生态学家未曾预料到，西进的拓荒者仅仅花费了几十年的时间就完成了对西部大草原的征服，为随之而来的生态灾变铺平了道路。20世纪30年代，美国社会带着强势民族的优越感加快了西进拓荒的步伐，同时带来了被生态学家们称为"肮脏的三十年代"产生的"尘暴"生态灾害。《尘暴的历史》曾记载，大平原上的平均风速大约是每小时50英里（1英里≈1.6千米），以不可阻挡之势把草和成排的庄稼压下去，一场来自北方的巨大黑色尘暴翻滚着冲向得克萨斯州，随风而来的高达20英尺的沙尘遮盖了大地；其后不到一个月，另一场巨大的尘暴向东移到芝加哥，在这个城市倾泻了200万吨大平原的尘土；两天之后，这场风暴到达东海岸，尘土落入白宫，掉在航行的轮船上。[1] 在尘土弥漫的十年的前半期，约有150 000人迁出大平原，大平原的一半（约为500 000平方英里，1平方英里≈2.6平方千米）因遭受尘土的冲蚀而被严重破坏。飘动的尘土往往与经济破产和农业毁坏携手并进。至此，大部分生态学家开始反思，再不能把人类排除在生态模式之外了。他们分析尘暴纯属人为生态灾害，是由拓荒者的错误观念所致。早期的拓荒者认为自然资源是永不枯竭的，人类是靠征服自然才得以繁荣的，自然是可以随意按照人类的需求和意愿塑造的。现实却告诉人们，必须要想办法对生态和人类发展方式进行某种调和，让二者之间达成某种和解。

阿瑟·乔治·坦斯利（Arthur George Tansley）首次提出"生态系统理论"。克莱门茨的顶级理论并没有给人类留下空间，人类仅被视为生物群落的"干扰者"。而坦斯利则认为人类在"生态系统"中占据着显要的位置，"人类活动被视

---

① Fred Floyd. A History of the Dust Bowl[D]. Oklahoma: The University of Oklahoma，1950.

为一种异常强大的生物因素，它日益破坏原有生态系统的平衡，并最终摧毁它们，同时形成性质迥异的新生态系统，人类活动在自然界中找到了恰当的位置"[1]。"生态系统可以是自然的，也可以是人为的——一个由人类创造的系统，比如农业生态系统或城市生态系统——人为的生态系统和通过自然选择演化而来的生态系统一样运转良好。人类由此成为生态系统的缔造者"[2]。因此，生态学家应该研究的是这些由人类创造的生态系统，同时也为接下来十年发动的一场自然保护运动提供了理论依据。在这种生态学观点的影响下，人类对生态资源的理解也由"永不枯竭"转向了其可以被人类不恰当的资源利用方式耗竭或者破坏。

第五阶段：相互依存的生态伦理观。约瑟夫·伍德·克鲁奇（Joseph Wood Krutch）是完成新时代生态学转型的关键人物。在他的早期著作《现代趋势》中，曾强调人类应该得到全面发展，若要实现这一目标，人类就必须通过脱离大自然以追求自我个性；大自然却在集体生存的斗争中对人类的这一行为进行了严厉的惩罚。此后20年，克鲁奇的生态伦理观却发生了戏剧性的大逆转："我们不仅一定要作为人类共同体中的一员，而且也一定要作为整个共同体中的一员；我们必须意识到，我们不仅与我们的邻居、我们的国人和我们的文明社会具有某种形式的同一性，而且我们也应对自然的和人为的共同体一道给予某种尊敬。我们拥有的不仅仅是通常字面意义上所讲的'一个世界'。它也是'一个地球'。没有对这种事实的了解，拒绝承认文明世界各个部分之间政治上与经济上的相互依存关系，人们就无法更成功地生活。一个虽非感伤的，但却是无情的事实是：除非我们与除我们之外的其他生物共同分享这个地球，否则，就将不能长期生存下去"[3]。显然，克鲁奇已经意识到，现代人类与地球上的所有生物体之间虽然存在竞争与合作的关系，但是他们之间更应该是相互依存的关系，他们共同构成了一个巨大的生物有机共同体。

在这个生物有机共同体中，各种生物以不同的食物链形式出现，其中的植物

①Arthur Tansley.The Use and Abuse of Vegetational Concepts[J].Ecology, 1935, 16（3）：284-307.

②唐纳德·沃斯特，蓝大千.一匹"老马"的历史：生态系统概念的科学与文化根源[J].华中师范大学学报（人文社会科学版），202，59（02）：122-129.

③唐纳德·沃斯特.自然的经济体系：生态思想史[M].侯文蕙，译.北京：商务印书馆，1999.

主要通过光合作用把阳光转换成各种食物，从而形成各种食物链中的第一个环节。每一条食物链虽然都显示出共同的模式，每一条食物链中的生物均各自扮演着生产者与消费者的角色，但是世界上找不到两条一模一样的食物链。在任何一个生物群落中，不同的食物链汇聚到一起又构成了一个复杂的、纵横交错的食物链网络。食物链网络之所以能够在超长时段内稳定存在，主要归功于这样一个事实：食物链中的每一种生物都有着自己特定的"生态位"，都只以一定范围内的食物为生。这就是自然的规则，而唯有人类不遵守这样的规则。人类凭借文化与科学技术无限地扩大自己的生态位，无限扩充各种生态资源范围和种类，进而积累到一定程度时，消灭了一些物种，甚至打破了生物有机共同体的稳态运行。美国哲学家艾尔弗雷德·诺思·怀特海（Alfred North Whitehead）坚持把整个大自然视为一个有机生物共同体，其内部的每一个部分之间都是相互依赖而纵横交错在一起的生物网，其间的任何一部分如果脱离出来，其自身特征乃至原来的共同体的整体特征都会发生改变；可以说，每个部分并不构成一个巨大的机械组织共同体，而是从本质上已经融为一体进而形成的一个巨大的有机组织共同体。人们需要以这样的视角与深度去重新认识自然，才能给予大自然足够的尊重，才能还科学一个公正的态度。

20世纪50年代，随着人类的生态环境问题日益凸显，生态系统继续遭到破坏，已经严重威胁到人类的生存，人类学者开始将生态学观点与人类学相结合，斯图尔德把生态学中主要研究生物有机体与环境关系的内容引入人类学研究，进而开创了"文化生态学"。他认为文化生态学是"借用生态学的方法来分析特定社会环境之下文化的适应与变迁过程，研究生物性基础、文化形貌与自然生态环境三者之间的复杂关系"[①]。文化特征是在逐步适应所处生态环境的过程中形成的，文化与生态环境的互动过程体现出一种辩证式的相互作用关系。斯图尔德认为，人类的文化和生态环境虽然相互作用、相互影响，但是生态环境最终起着决定性的作用，更多地强调人类文化对生态环境的适应。受到斯图尔德观点的影响，美国人类学家安德鲁·维达（Andrew P.Vayda）和罗伊·拉帕帕特（Roy A.Rappaport）于1968年首次使用"生态人类学"一词，此后生态人类学逐渐发展演变为一门独立的学科。中国民族学家宋蜀华指出，生态人类学应着重研究"人类群体与周

---

① 戴代新，董楠楠.城市景观遗产保护与再生[M].上海：同济大学出版社，2019：26.

围环境之间的关系，它把人类社会和文化视为特定环境条件下适应和改造环境的产物。因而研究人类与生态环境相互影响的特点、方式及规律，并寻求合理地利用和改造生态环境，以及从生态学角度研究民族共同体的形成、发展及其和所处自然生态环境之间的关系"①。

现代生态学和生态人类学的观点已经向现代文明中的工业和农业均把大自然看作是可被利用的、永不枯竭的生态资源仓库的生态伦理提出了严厉的挑战。人类应该给予大自然和大自然中各生物有机体充分的尊重。生态资源不是人类的专属，也不由人类生产，人类更不能直接获取生态资源；人类只能通过自身所持有的文化去认识自然界中的能量、信息和物质，同时又凭借文化来加工、改造、利用这些能量、信息和物质，将其转化为人类所需的生态资源。总体而言，西方的生态人类学更强调人类对生态系统的适应，且人类的文化就是一个适应生态系统的体系，故提出了"文化适应"的概念。不可否认，当人类社会的生产力较低下时，必然更加侧重"适应"。人类的生物属性决定了人类只是生态系统的一部分，且必然从生态系统中获取生态资源以求生存和繁衍。但更应该看到，随着人类社会的生产力水平不断提高，人类改造生态系统以满足自身需求的能力就会不断增强，"适应"的比重自然降低。然而，仅强调"适应"，人类社会没有发展；仅强调"创新"，人类会濒临失去生存的基础。因此，如何处理好人类文化与生态系统的关系，把握好"适应"与"创新"的平衡度，则是人类正确看待和利用生态资源的关键所在。

二、文化的主动适应性

人类是具有生物属性和社会属性双重属性的特殊物种。人类的生物属性决定了其必然从自然界中获取生态资源，以满足自身的生存与繁衍。人类所具有的社会属性决定了其不会直接从自然界中获取，而是凭借其特有的文化去认识生态资源，并对生态资源加以利用、改造来满足自身需求。托马斯·哈定（Thomas G.Harding）认为，文化是在特定历史、环境条件下的一种与自然界和其他文化发

---

① 宋蜀华.人类学研究与中国民族生态环境和传统文化的关系 [J]. 中央民族大学学报（哲学社会科学版），1996（4）：62-67.

生相互联系的、开放的适应系统。① 新进化论学派把文化当作一个开放的适应系统，并认为"文化生态学"的研究应包括各文化之间的关系、超机体的环境和居住地的自然特征。② 也就是说，作为适应系统的文化，其适应过程是双向的。文化对"自然界的适应将造就一种文化的技术并由此造就该文化的社会和观念；而对其他文化的适应亦会造就社会和观念，后者又反过来影响技术并决定其进一步的发展"③。文化适应自然界和其他文化的全部结果就是产生一个有组织的文化整体，一种综合性的技术、社会和观念。朱利安·斯图尔德（Julian H. Steward）也非常强调文化与环境之间的相互作用和相互关系，但他始终坚持"自然环境起着最终的决定作用，它不仅允许或阻碍文化发明的运用，而且往往还会引起具有深远后果的社会适应"④ 这样的理解，与 20 世纪初流行的"地理决定论"存在学理上的传承关系。不可否认，该学派是第一个将生态环境纳入人类学的研究范畴，也是第一个明确提出文化与生态环境关联性的。毋庸置疑，任何作出违背自然规律、客观规律的行为都将付出沉重的代价，只不过这些代价往往会被强势文化与强势民族团体转嫁给弱势民族团体和相应的生态环境。因此，人类的任何文化行为不可超出自然生态系统所能承受的范围。但是，这样的认识存在一定缺陷，"它会在无意中淡化甚至抹杀人在社会中可以发挥的主观能动作用，从而曲解了人类社会得以延续和发展的认识基础"⑤，同时也忽视了文化在其适应过程中对生态环境的主动调适和影响。

其实，托马斯·哈定（Thomas G. Harding）在研究文化适应的机制时，早已提到文化适应过程中所具有的"创造"与"保持"两个特征。"创造"过程意味着文化遵循的是"持续变化原则"，即各种文化都在持续变化，"任何一种活的文化都不是固定不变的"⑥。"保持"则意味着文化在适应过程中遵循的是"稳定性原则"。文化的稳定性并不是指绝对的静止，一方面文化有保持现状的倾向；另

① 托马斯·哈定等. 文化与进化 [M]. 韩建军，商戈令，译. 杭州：浙江人民出版社，1987.

② 托马斯·哈定等. 文化与进化 [M]. 韩建军，商戈令，译. 杭州：浙江人民出版社，1987.

③ 托马斯·哈定等. 文化与进化 [M]. 韩建军，商戈令，译. 杭州：浙江人民出版社，1987.

④ 夏建中. 文化人类学理论学派 [M]. 北京：中国人民大学出版社，1997.

⑤ 杨庭硕. 生态扶贫导论 [M]. 长沙：湖南人民出版社，2017.

⑥ Herskovits, Melville J., The processes of cultural change.In The Science of Man in the World Crisis, Ralph Linton, ed, .New York, Columbia University Press, 1945：143.

一方面，"当一种文化受到外力作用而不得不有所变化时，这种变化也只会达到不改变其基本结构和特征的程度与效果"，即有限的改变。无论是文化的"创造"特征还是"保持"特性，其适应的对象主要是针对所处的生态环境和其他文化系统，但人们往往忽视了适应主体是持有文化的人类。虽然生态环境对人类某种文化的形成必然起到限制、模塑作用，但是人类会凭借其所持有的文化去主动认识生态资源、超机体环境和其他文化，进而对它们进行加工、利用和改造来为人类所用。同时，生态环境和其他外界环境会以特定的形式反馈出来，如果某种文化行为能与之相兼容，这样的文化行为就会在所属民族团体中通过社会组织、技术系统、观念认知等的综合作用稳定维系下去；如果某种文化行为不能与之兼容，相关人员便会及时调适其文化行为，以期寻找、磨合出能够相互兼容的最佳方式，进而形成前面所述的"民族生境"。所以，多样性的生态系统类型为文化的千姿百态提供了基础和前提，即便文化的形成会受到一定的生态环境类型的限制，人类还是可以在一定范围内根据自己所需，主观能动地选择自己的文化类型。

三、文化的主动维护与创新

（一）文化的主动维护

文化在适应所处生态系统的过程中，表现出明显的主动适应趋向。文化通过对生态系统的主动适应来获取生态资源，更加侧重的是对生态资源的有限利用以及对其所处生态系统的保护。然而，人们今天所面对的生态系统，"只能是一个以人居于主导地位的特定的生态系统；也就是由人作为历史性的主导者，操作与控制这些变量的过程而塑造出来的。我们也就不能脱离人的基点，把这一特定的生态体系外化于人去谈论它"①。实质上，人类凭借所持有的文化去适应生态系统的过程，是一个与生态资源交换的过程。也可以说，这是一个通过文化对生态资源创新利用的过程。人类根据自身的需求，根据文化对生态资源的认识，将生态资源分类为有害生态资源、无用生态资源以及有用生态资源。有害生态资源，比如"杂草"，对于某些民族而言，只不过"是指人类在不想要它们的地方长出来

①陈庆德，潘春梅，郑宇．经济人类学（修订版）[M]．北京：人民出版社，2012.

的随便什么植物"①。人类总是喜欢给不受自己欢迎的植物和动物加上"杂草""害虫"之类的标签。正如地质学家查尔斯·莱尔（Charles Lyell）所提及的："不论在动物还是在植物领域里，最没有意义和微小的物种在使自己遍布全球的过程中，每一物种可能都要杀掉别的千万个物种"②。人类也不例外，他们会凭借文化抑制或消灭他们认为的"有害生态资源"。对于"无用生态资源"，人类并不会将其纳入文化系统当中。有用生态资源则为人类所关注和使用，并按照人类的需要进行加工、改造和利用，从而满足人类的生存、繁衍与发展。这样的创新利用过程，实为想尽一切手段以消灭对人类"无用"物种的过程。

人类对"有用"生态资源的索取和利用意味着对其不断地消耗，进而逐渐形成某种相对稳定的资源利用方式。其他"无用生态资源"不断被消灭，自然生态系统中的众多食物链必然遭到破坏，可能导致自然生系统处于无序状态，甚至远远超出自然生态系统的承载能力，那么，人类自身的生存繁衍也将面临挑战。当下，在人类的生态环境正在面临这样的威胁时，人们提出了要保护生态资源的说法，比如大力推行"封山育林""退耕还林"等保护措施。不仅如此，作为所处生态系统中重要的生物链中的一部分，保留一定数量的这种"有用生态资源"也是该生态系能够良性循环和稳定运行的重要保障。现行的保护模式是一种静态的、不作为的模式，是通过限制甚至禁止对生态资源的利用来实现对自然生态系统的保护，最终导致了"利用"与"保护"的二元对立。只谈"利用"，必然导致对自然生态系统的破坏；只谈"保护"，固然可以在一段时期内、一定程度上限制人们的过度利用或利用不当行为，但保护仅仅是限制使用或禁止使用，并不利于人类社会的发展。因此，解决人们当下所面临的生态问题和发展问题的关键在于对生态资源加以维护。维护意味着在不破坏、不扰乱自然生态系统正常运行的前提下，对生态资源的创新利用以实现生态资源的可再生和自我更新。这样足以化解保护与利用之间的矛盾，同时兼顾生态资源的生态屏障功能和可持续利用。

各民族处于不同的生态系统之中，民族文化持有者是该区域生态资源的利用

---

① 艾尔弗雷德·W·克罗斯比. 生态扩张主义 [M]. 许友民，等译. 沈阳：辽宁教育出版社，2001.

② 唐纳德·沃斯特. 自然的经济体系：生态思想史 [M]. 侯文蕙，译. 北京：商务印书馆，1999.

者，同时也是天然的维护者，或者说是维护体系的重要组成部分。很多民族之所以能够活态传承至今，与其传统文化中所包含的对生态资源的维护与利用是密不可分的。美国国家土壤局局长富兰克林·H·金（F.H.King）在《四千年农夫》一书中指出，"东亚民族的农业在几世纪之前就已经能够支撑起高密度的人口。他们自古以来就施行豆科植物与其他植物轮作的方式来保持土壤的肥沃。几乎每一寸土地都被用来种植作物以提供食物、燃料和织物。生物体的排泄物、燃料燃烧之后的灰烬以及破损的布料都会回到土里，成为最有效的肥料。如果向全人类推广东亚三国（中国、朝鲜和日本）的可持续农业经验，那么全国人民的生活将更加富足"①。比如，中国汉族农耕文化中所蕴含的对土壤循环利用的认知观念与相关技术系统，就很好地保持了五千多年来土壤的肥力，这也就可以回应富兰克林·H·金的提问：美国农业不到百年就穷尽地力，而中国农耕却经历四千余年，为何其地力不仅不减，反而越种越肥沃？生态资源又与民族文化中的传统资源利用方式具有相互依存、共生共养的关系。如果割裂或者忽视它们之间的这种依附关系，生态资源利用方式就会出现问题，生态环境也会恶化。具体而言，中国各民族通过传统文化对生态资源的维护主要表现在以下三个方面。

1. 增强可再生能力

中国地大物博，总会让人们误认为拥有取之不尽和用之不竭的生态资源，所以也就很少会从国家整体资源储备的角度，以及时空角度去关注资源的可持续性利用。但是，这样的事实并不是自然生态系统无私地馈赠给中国人民的，而是世代中国人民共同努力创造的结晶。"中国耕地资源仅占世界的7%，水资源占世界的6.4%，而水土光热配比的耕地不足国土面积的10%。由于这种人口与资源配比的不平衡，导致2/3的中国人生存资源极度缺乏。何况，中国大部分国土位于干旱地带，若非太平洋季风带来季节性降水，中国大部分地区都不适宜作物生长。"② 在这样资源严重匮乏、总体自然条件不适宜农业生产的情况下，中国是如何养活占世界20%的庞大人口的？中国各族先民除了养成了勤俭节约、克制欲望的优良品质，更重要的是各族文化均形成一种对生态资源循环利用的基层逻辑，

① 富兰克林·H·金.四千年农夫：中国、朝鲜和日本的永续农业[M].程存旺，石嫣，译.北京：东方出版社，2011.

② 富兰克林·H·金.四千年农夫：中国、朝鲜和日本的永续农业[M].程存旺，石嫣，译.北京：东方出版社，2011.

几千年来都一直在践行"可持续发展"的理念。生活在三角洲平原的中国先民通过挖掘运河、建造堤坝、修建水库，建立了庞大的运河工程。河水改道、建造堤坝，在很大程度上控制了大河沿岸的洪水灾害；修建水库，将携带丰富养料和富含有机物质的淤泥引灌至农田，大大改善了灌溉系统，扩展了沿海平原的陆地面积，使得大河沿岸的土壤持久地保持肥沃；柴薪、秸秆等燃烧后的灰烬，以及动物、人类的粪便，经过不同民族文化的处理后，都用来制作肥料施于田间，持久地保持土壤肥力；变废为宝，不仅可以保持和改善土壤肥力，将"废"充分利用，进入人类社会的新的循环，还可以大大减少因"废"的堆积而导致的对生态环境的污染。

自然生态系统本就是一个非常精细的"自然经济体系"，花开花落，物种演替，食物链动态持恒，一年四季，白天黑夜，各种有机物都在其间扮演着生产者和消费者的角色。人类虽然是这个系统中的特殊存在，但凭借其文化维系着各种生物的可再生能力，通过"循环利用"的指导思想，让大自然为其提供源源不断的生态资源。

2. 规避生态脆弱环节

各民族传统文化在适应生态系统的过程中，总是能够凭借其文化正确地认识生态系统的脆弱环节。无论各民族所处的生态系统有多大差异，在所有生态系统的构成要素中，总有一些要素对人为干扰表现得异常敏感。当然，那些人类早已公认和明确的脆弱生态系统，也并非其所有构成要素都会表现出脆弱性，只是其中的部分要素会表现出脆弱性。所谓生态系统的脆弱环节，是指"在一个能够长期稳态延续的生态系统中，受到人类活动的干预和冲击后，最容易蜕变的那些生态构成要素，随着这些构成要素的蜕变，还必然引发其他要素的牵连性蜕变"[1]。各民族总能凭借其传统文化，利用生物学手段，在超长的历史时段内形成规避这些生态脆弱环节的观念、手段和技术。

生态脆弱环节并不是一个纯生态学概念，而是包含了民族文化在其中，与生态资源一样，离开了人类和文化，就没有这样的概念了。任何一个民族都不会容许其所处的生态系统发生牵连性的蜕变，以避免本民族成员的生存和繁衍遭受威胁，故确保本民族所处生态系统的稳态运行是各民族文化优先考虑的核心问题。

---

① 杨庭硕，田红. 本土生态知识引论 [M]. 北京：民族出版社，2010.

以某一生态系统的生态脆弱环节为切入点，不难发现，各民族文化都能正确认识其所处自然生态系统的生态脆弱环节；生态脆弱环节的客观存在以及其对各民族文化的反作用力也能配合各民族文化在正常运行的过程中形成规避生态脆弱环节的有效对策和手段，以顺利获取各民族所需的生态资源。这样的对策和手段恰好是各民族文化的精华所在。

3. 维持生物多样性

生物物种的多样并存是自然生态系统稳态延续和运行的基础。生物物种多样性的生态价值在于，生态系统中各种生物可以最大范围地利用无机物质和能量以拓展各自的生存空间。各种生物所形成的巨大生物网络可实现各物种间多层次、多维度、多渠道的物质、能量、信息的高效利用。各种生物之间相互竞争、合作、依存，促进整个自然生态系统不断进化，刺激整个生态系统不断发展，以使其更具生存能力和抵御风险的能力。

各民族凭借不同的民族文化以维持所处生态系统的生物多样性，其生态价值在于可以高效利用不同生态系统中的各种生态资源，使得人类对生态系统的压力减小。人类虽然已具备一定程度改造生态系统的能力，但对于庞大的自然生态系统而言显得微不足道。不管人类身处何种生态系统，来自无机环境和生态环境的风险无时无刻都会存在，维持生物的多样性可帮助人类社会提升抵御生态风险的能力。在人类历史的进程中，由于人类社会与生态系统之间存在信息隔膜，各民族成员也不免会采取一些不恰当的生态资源利用方式，导致生态系统受到不同程度的损害。历史事实告诉人们，维持生物的多样性可以帮助人类保持对受损生态系统和人类社会的自我修复能力。

（二）文化的主动创新

自然生态系统是具备创新能力的，以新物种的出现为创新的标志。因为任何新物种从出现到发展壮大，再到在生态系统中占据稳定的生态位，整个过程需要漫长的历史岁月才能实现，这在人类生命周期的范围内很难被觉察到，所以其创新速度较为缓慢。上文已有提及，托马斯·哈定（Thomas G. Harding）认为文化适应具有保持和创新两个层面。同样，文化也是具有创新能力的，其自我创新是各民族成员之间通过相互交流与磨合而实现的。由于文化的创新能力具有显著的主观能动性、针对性和目的性，不仅其创新的速度远远快于自然生态系统的创新速度，而且其创新能力也远超自然生态系统中的任何其他物种。在拥有几千年历史的传统农业社会中，中国的各民族祖先用勤劳和智慧创造了符合自然生态系统规律和顺应农业生产周期的"应时"、因地因物的"取宜"、天地人"和谐"的农耕文化，对中国乃至世界的历史进程和文明发展影响深远。

文化的主动创新能力还表现在它认识问题的能力和适时改变的能力上。从古至今，虽然文化的演化速度并不快，但不可忽略一个事实，即任何民族的文化都不是一成不变的、静止的，而是不断发展变化的动态过程。只是其间的某些文化因子变化得快，人们很容易感知到，而有些文化因子变化很慢，甚至很难改变。任何民族文化中文化因子的变与不变，皆是由其文化本身来决定的。一般文化的创新多聚焦于社会后果，往往忽略生态后果，只有在生态灾变发生，人类面临生态危机时，文化才会立即启动其主观能动功能，调整文化行为方式，改变资源利用方式。除此以外，当各民族外部的社会环境发生变化时，文化也会迅速自我定位，通过自我调节、适应来实现文化的变迁。

综上，文化是一个复合性的功能系统，而且不能独立于人类社会存在。由于人类无法摆脱自身生物属性的限制，必须着生和依附于其所处的自然生态系统。人类为了自身的生存与繁衍，只有通过文化的主动适应来获取所需的生态资源。从这个视角来看文化的主动适应，实质上蕴含着因受到自然生态系统限制而采用的适应手段。人类具有主观能动性，凭借其文化对其所处的生态环境有基本的、客观的认识，且深刻意识到，大自然提供给人类的生态资源不仅非常有限，而且资源分布极其不均。如果人类社会不采取相应行动，那么将会严重威胁到人类自身的生存。一方面，对生态资源进行精心维护或改造，可保证人类拥有源源不断的、可供利用的资源；另一方面，对生态资源进行主动创新，则可确保资源的种类多元化和资源利用方式的多元化，以大大缓解人类社会对自然生态系统的压力。从这一层面上来看，文化对生态资源的主动维护和主动创新则是一种主动适应的延展。人们必须清醒地认识到，"任何形式的科学技术都只是利用资源的手段，而不是制造资源的手段。人类社会所需要的生物资源，只能靠地球生命体系提供。因而，不管现代科学技术多么发达，都没有改变人类及其社会对地球生命体系的依赖，地球生命体系依然会对未来的人类社会发挥无法替代的重大作用。

而地球生命体系的无比复杂性，则要求人类社会必须以多元的资源利用方式和途径去获得食物和能源"①。地球只有一个，任何生态系统中的生态资源，包括可再生和不可再生的生态资源都有一定的定数，其承受的范围也是有限的，只有切实维护各民族利用获取生态资源方式的多样性，才能在更大程度上避免生态资源危机的发生。

---

① 杨庭硕等. 生态人类学导论 [M]. 北京：民族出版社，2007.

第二章　少数民族传统文化
与生态资源维护

　　英国人类学家阿尔弗雷德·拉德克利夫·布朗（Alfred Radcliffe-Brown）认为，"整个社会是一个功能统一体，首先要明确整个社会的结构，由哪些部分构成的，各部分受什么支配，有什么特点，这样才能弄清社会结构中的各部分在整个结构中所起的作用"[1]。每一种文化系统内部也是由若干部分组成的，每一个组成部分又可分为若干层次，每一个层次中又包含各种文化丛结，结成各层次的各种文化丛结皆置身于整个文化系统之中，与系统中的各文化因子或文化要素之间互相处于制约与依存的交错关系网络之中。一般而言，文化系统可以分为物质、组织、精神三个主要层面，各层面均蕴含不同的文化丛结。其中，精神层面是观念信仰、文艺；组织层面是组织制度、习俗；物质层面是生境类型、生计方式。

　　上述文化层面均属于民族生境的范畴，且皆与其所处的自然生态系统有着远近亲疏的关联。斯图尔德曾提出"文化核心"（cultural core）和"次文化"（即次要特质，secondary features）的概念。他认为，"文化核心"是指与生产及经济活动最有关联的各项特质之集合，而次要特质主要由纯粹的文化历史因素所决定，并使具有相同核心的各文化显出各自的独特性。[2] 这里借用其"文化核心"的术语，各文化丛结都是某种民族生境中不可分割的一部分，因而它们都与所处的自然生态环境有着不同程度的关联性，其间与自然环境关系最为密切的文化层面应该被视为该种文化的"文化核心"。

---

① 夏建中. 文化人类学理论学派：文化研究的历史 [M]. 北京：中国人民大学出版社，1997.

② 史徒华. 文化变迁的理论 [M]. 张恭启，译. 台北：台湾远流出版社事业股份有限公司，1989.

第一节　系统农业——整体性

一、系统农业概述

中国古代哲学从先秦到明清，围绕着天、地、人三要素形成了丰富多彩的自然观。其中，对中国传统农学影响非常深远的就是宇宙系统论。中国古代先哲一直以来是以系统观念来看待事物、看待自然，认为万物是一个相互影响、相互制约的整体系统。中国古代哲学与中国古代农学思想血脉相连，中国哲学思想源于农耕，农耕实践孕育哲学思维。农业是人直接参与自然的过程，人类有着什么样的宇宙自然观，就必然形成什么样的干预方式，最终形成特定生态系统中的特定农业体系。农业本身是由自然环境、生物、人类社会构成的复杂系统，系统中各要素是相互联系、不可分割的整体。然而，近代自然科学产生后，开始引导人们把生态环境、生物各要素从农业系统中分离出来，对农业系统分门别类，割断各要素与系统整体的联系，进行孤立成分的研究和分析，获得了大量的细节知识，培育出一批又一批的"专家"。这样的研究思路，是否能够真正促进农业的可持续发展，是否能够真正建设一个生态文明的世界，不妨将近30年来全世界的生态灾变与古代世界的生态环境进行对比，答案不言自明。

2002年，由联合国粮农组织发起了"全球重要农业文化遗产"（Globally Important Agricultural Heritage Systems，GIAHS）保护项目。联合国推行这项行动的目的并不仅是肯定"重要农业文化遗产"的历史价值，而且要借此指明未来农业的发展走势，特别是要强化人与自然和谐共荣的关系，大力倡导可持续发展和生态文明，同时获得生物多样性保护和非物质文化遗产保护的多重功效。从项目名称看，汉语翻译名称中没有"系统"二字，但此处的英文缩写"S"代表"系统"（system）。截至2022年5月底，联合国粮农组织已经认定65项全球重要农业文化遗产，分属于22个国家。其中，中国有19项，位居世界之首。

针对该项国际行动，联合国对"全球重要农业文化遗产"的名称给出了定义："农村与其所处环境长期协同进化和动态适应下所形成的独特的土地利用系统和农业景观，这种系统与景观具有丰富的生物多样性，而且可以满足当地社会经济与文化发展的需要，有利于促进区域可持续发展。"结合上述列举的各立项项目，有复合种养型、综合套种型、和谐共生型等。不管何种类型，显然，全球对未来农业的走向更加关注农业的复合性、系统性和整体性趋势。因为全球各民族的历史早已用铁的事实证明了系统农业的有效性、科学性和可持续性。在历史的长河中，中国各民族民众为此作出了巨大贡献，为人们提供了丰富的系统农业案例和智慧。他们用各种不同的复合农业系统告诉、警示人们：一方面，"构成农业生态系统的绿色植物、动物和微生物等生物因子和光、热、气、水、肥、土等非生物因子是相互联系、不可分割的整体。在这种联系中才能实现物质的合成、转化、分解和循环，实现能量的固定、传递和消散。每项农业技术本质上是一种生态技术，它要求对农作物进行最佳生态调控。因而农学技术也具有系统整体性，单项技术要考虑到整体。改善农业生态条件，各项技术综合则形成技术系统"[①]。另一方面，复合农业系统主要是从固定农耕的视角着眼，总体上表现为农业、林业、畜牧业、狩猎采集的综合农业系统。

2012 年 4 月，农业部首次在《农业部关于开展中国重要农业文化遗产发掘工作的通知》中提到了农业文化遗产的活态性、适应性、复合性、战略性、多功能性和濒危性等特征，并对"具有悠久的历史渊源、独特的农业产品，丰富的生物资源，完善的知识技术体系，较高的美学和文化价值，以及较强的示范带动能力"进行保护，开始启动"中国重要农业文化遗产（China-NIAHS）"评选工作。截至 2022 年 12 月，农业农村部公布了第一批 China-NIAHS（19 项）、第二批 China-NIAHS（20 项）、第三批 China-NIAHS（23 项）、第四批 China-NIAHS（29 项）、第五批 China-NIAHS（27 项）、第六批 China-NIAHS（20 项），一共 138 项。人们应该把更多的目光和研究目标投向这些已经立项的、尚未立项的复合系统上来，建立庞大的农业文化遗产资料宝库，为未来农业发展走向提供全新思路。

二、湘西苗族古茶园复合系统

（一）黄金寨基本情况

黄金村，位于湖南省湘西土家族苗族自治州保靖县东南部，处于武陵山脉中

---

① 赵敏. 宇宙系统论与农业科学的本质 [J]. 求索，2003（2）：155-157.

段。2015 年，黄金村由原来葫芦镇的行政村划归为吕洞山镇管辖。全村辖境面积约 2.7 万亩，除了村庄占据了小部分面积，村内其他地方，包括山上、峡谷等全部被开垦为茶园，茶园总面积 3.69 万亩（包括在邻村茶岭村租用土地开垦的茶园）。黄金村是典型的苗族聚居村，由原黄金村、排吉村、傍海村、黄陂村的上下贝土组合而成，共有 13 个自然寨、12 个村民小组。其中的原黄金村包括黄金上寨、黄金下寨、两岔河寨、冷寨河寨 4 个自然寨。七片黄金茶古茶园基本上分布于黄金下寨、两岔河寨、冷寨河寨三个自然寨，本书涉及的研究对象主要是针对这三个自然寨的区域范围。故为了表述的方便，以下内容将这三个自然寨合称为"黄金寨"。

黄金寨辖境面积约为 12 363 亩，茶园总面积约 9 500 亩。黄金寨地处亚热带山地季风气候区，其辖境最高海拔 970 米，最低海拔 280 米。冷寨河从西北向东南斜贯全村，三个自然寨正好分布于这条峡谷地带。峡谷开口处位于黄金寨东南部，地貌特征表现为西北高、东南低，东、北、西三面都被石灰岩山体环抱。这样的地貌结构，使得峡谷中北方南下的干冷气流需要翻越北部的山地才能进入峡谷，以至于冬季的严寒和干冷在峡谷内比在其周边地区来得迟，而夏季暖湿气候的进入则早于周边地区。另外，冷暖气流在峡谷内交汇，这便使得黄金寨的阴天、雾天比周边地区要多、要长，阳光的照射天数比周边地区要短。[1] 黄金寨由于受所处地形、地貌等自然条件影响，自成独特的小溪谷气候，故黄金寨的气温在寨内不同的地方也会呈现出明显差异。

现在黄金寨的生态景观以万亩矮化茶园为主，生态系统结构也较为单一，其原生生态系统几乎被彻底改变。在人类未做过分干预之前，黄金村的自然生态系统主要有三种类型，即河谷坡面的亚热带常绿阔叶林系统，约占总面积的 85 %；冷寨河洪范带的典型亚热带湿地生态系统，约占总面积的 5 %；高海拔土层薄的石灰岩山脊区段的疏树草地生态系统，约占 8 %。[2] 总体来说，其原生生态系统特点表现为物种多样、植被覆盖率高、结构复杂。

---

① 皇甫睿.从传统到现代：生态扶贫语境下的生计变迁研究——以湘西保靖县黄金苗寨为例 [D]. 张家界：吉首大学，2018.

② 皇甫睿.从传统到现代：生态扶贫语境下的生计变迁研究——以湘西保靖县黄金苗寨为例 [D]. 张家界：吉首大学，2018.

（二）黄金寨古茶园与黄金茶

武陵山区早在西晋时，就已成为中国主要的茶叶产区。这在很多历史文献中都能找到相关记载。

查阅很多历史文献后发现，只有关于武陵山区、湘西地区产茶的记载，鲜有专门提及"保靖茶"的记载。《同治·保靖县志》中提及"保邑少艺此者"的记载，说明保靖县应该有茶树存在，但是制茶工艺并不突出，且作为一项产业发展的规模也很有限，说明"保靖茶"进入人们视野的时间很晚。但是，根据黄金寨现存七片古茶园的活态遗存，或许可以大致推断黄金寨按规模种植茶树，并将其发展为一项产业的历史时段（表2-1-1）。

表2-1-1　黄金古茶园普查数据（2016年）

古茶园名称	茶园面积（亩）	树龄（株）			
		400年以上	300～400年	200～300年	100～200年
龙劲坳	20	/	/	3	79
格寨麦	160.8	/	/	147	1312
德让拱	152.8	2	13	107	1112
库鲁古	123.6	/	1	2	105
夯纳乌	67.5	/	/	9	647
团田	9.4	/	1	46	2133
冷寨河	0.8	/	/	5	219
合计	534.9	2	15	318	5607

从上表中的统计数据来看，树龄在400年以上的茶树仅零星几株，一方面说明，在400多年前黄金寨就有茶树存在，只是这些茶树到底是当地的原生物种，还是从外地引种而来，需要进一步考证；另一方面，说明茶树在当时的黄金寨并没有规模种植，仅被当地苗民视为山上众多植物中的一种普通生物而已。这与400多年前的苗族并没有饮茶习惯的历史实情是相吻合的。明代以前，中央王朝将湘西苗民视为"化外之民"，当地与中央的互动交往非常少。虽然汉族饮茶历史悠久，但是明代以前的当地苗民很难有机会将茶叶发展为一项产业。从明代开始，黄金寨苗民归属保靖宣慰司管辖，由于各地土司兼有朝贡的职责，茶叶就是湘西地区上贡的贡品之一。因此，湘西地区开始大规模种茶并将其发展为一项产

业应该是在这样的背景下完成的。但是，黄金寨的茶树规模种植史应该晚于这一时期。上表中 100～200 年间的 5 607 株古茶树占了七片遗存古茶园总植株数中的绝大部分，说明当地规模种植茶树的时间段大致在清朝中后期。清高宗乾隆时期（1736—1795 年），中国的茶叶大量输向海外，外来资本大大刺激了国内的茶叶生产。这一时期，全国许多地区都开辟新茶园，不断扩大茶园规模，设立茶厂。清光绪十二年（1886 年），茶的出口数量达 1 340 940 公担（约合 13.4 万吨），为茶叶出口的历史最高纪录，清末茶叶的年总产量至少可达 4 500 000 公担左右[①]（约合 45 万吨）。100～200 年间的 5 607 株古茶树正是在清朝晚期大量补种的。从现在残留的古茶树分布来看，当时的茶园面积至少有 500 多亩。民国以后的时局动荡，使得黄金寨的茶产业逐渐开始退出历史舞台，慢慢走出了人们的记忆。中华人民共和国成立后，湖南省政府发出"迅速恢复茶叶、油桐生产"的通知，湘西地区的茶叶产业开始逐渐恢复，但其发展速度一直较为缓慢。改革开放以后，中国在农村的改革主要实行"分田到户，自负盈亏"的家庭联产承包责任制，黄金寨黄金茶产业获得了新的发展契机。20 世纪 90 年代，保靖县农业局高级农艺师张湘生组织茶树种植技术科研团队，并在湖南茶科所专家的帮助下，采用扦插育苗技术，攻克了技术难关，并将其大力推广。黄金寨 90 % 的农户都掌握了短穗扦插无性繁殖技术，使得黄金寨的茶产业再次登上历史舞台。

此处需要特别说明的是，2005 年，湖南省农作物品种审定委员会通过了当地的茶树品种登记，这才将过去所称的"冷寨河茶"改名为"保靖黄金茶"，同年其还被农业部列入国家级种子名录库。"黄金茶"的名称除了代表一种茶树品种外，更多代表的是一种品牌，具有明显的营销内涵和功能。而过去所称的"冷寨河茶"其实并不是一个茶树品种，强调的是一种地域属性，代表的是黄金寨群体茶的统称。相关农业科研人员和部分村民一起对黄金寨现存七片古茶园的 5 000 多株茶树做了深入调研，发现古茶园内古老的地方品种茶树中约 260 多个单株性状优良，并将这些优良单株样本保存于湖南茶科所，建立了保靖黄金茶种子基因库。随后又从这些单株中优选出"黄金 1 号"（HJ0301）、"黄金 2 号"（HJ0302），以其为母株，通过短穗扦插技术，规模推广种植"黄金 1 号"和"黄金 2 号"。

---

① 朱先明 . 湖南茶叶大观 [M]. 长沙：湖南科学技术出版社，2000.

（三）黄金寨古茶园复合系统构成

前文已有提及，黄金寨原生生态系统是由河谷坡面的亚热带常绿阔叶林生态系统、冷寨河洪范带的典型亚热带湿地生态系统、高海拔土层薄的石灰岩山脊区段的疏树草地生态系统三种生态系统类型构成的。黄金寨所处生态系统河谷深切、山高坡陡，最大的生态隐患就是很容易发生重力侵蚀而导致水土流失。山体为石灰岩质山体，成土速度慢、土层薄，从山脊区段的疏树草地生态系统的景观就能观察到。当时，山顶、悬崖处因常年暴露在阳光下和受到地表径流的冲刷而稍显贫瘠，河谷坡面却是丛林密布，地表也被各种植物彻底覆盖，覆盖率几乎为100%，致使易于水土流失的生态隐患隐而不显，几乎无法被观察到。反而河谷坡面的保水能力极强，历史上很少发生季节性干旱或山体滑坡等自然灾害。古代黄金寨苗民一直以来在这样的生态系统中进行围绕冷热季①变化、物候变化的游耕生计。河谷坡面的常绿阔叶林生态系统是他们热季狩猎采集、耕种多种旱地粮食作物的主要场地；山脊区段的疏树草地生态系统是他们刀耕火种的烧畲地和夏季牧场；河谷湿地生态系统则是他们冷季狩猎采集和饮用水源供应的重要场所。他们这样的生计方式，对当地生态系统的生态改变并不明显，主要还是更多地去顺应其本质特征，不仅与生态系统和谐共存，还世代维护着生态系统。

清朝"改土归流"后，黄金寨苗民逐渐摆脱了土家族土司的统治，接受中央王朝的统一管理。赋税方式也由过去经土司规定征收内容与份额转为以稻米和银两作为赋税内容的国家统一税收。加之清朝积极鼓励推进茶产业的发展，黄金寨苗民的生计方式也不得不发生改变：开辟茶园，开垦水田种植水稻。

茶树在自然生长的条件下，寿命一般短则几十年，长则数百年，有的甚至可以达千年之久。但是，茶树的经济学年龄并不会太长，管护得好可达40～50年，管护得不好就只有20年左右，甚至更短。茶树的生命周期一般包括幼苗期（4～8个月）、幼龄期（3～4年）、成年期（20～30年）、衰老期（10年），其中成年期的时间长短还有很大延长的空间，主要依赖管护水平。虽然有上百年、上千年的野生茶树，但其毕竟是罕见的，也不会集中分布。更何况，黄金寨目前残存的七片集中非连片的古茶园中（库鲁古茶园、夯纳乌古茶园、德让拱古茶园、格寨

---

① 注：苗族所处生态系统四季变化不太明显，一般苗民分为冷、热两季，热季劳作，冷季祭祀、休闲、娱乐。

麦古茶园、龙颈坳古茶园、团田古茶园、冷寨河古茶园）尚有 5 942 株古茶树单株存活至今，寨内最古老的"茶树王"目前每年都有产量；而且面积仅仅 500 多亩的古茶园中还能挑选出至少 260 个不同变异的、具有优良性状的典型单株，足可称得上是一个世界罕见的基因宝库。这一定离不开当地苗族民众精心创造的一套管护系统。

1. 茶树种植

茶树生长的自然条件包括气候、水分、阳光、土壤等。茶树生长"喜温耐阴、喜湿耐酸"。根据历史文献记载，野生茶树往往生长在深山、高山，人工培植的茶树往往生长在低山或坡地，说明茶树的原生生长环境就在云雾缭绕的、植被茂密的深山之中。过寒、过热、过干的环境都不适宜茶树生长。

根据黄金寨现存的七片古茶园所处位置可知，大部分位于原河谷坡面的亚热带常绿阔叶林生态系统，这里属于亚热带季风湿润气候。黄金村至今还没有建立气象站，周边的保靖县气象站、故障气象站和吉首气象站设立位置刚好排列为三角形，黄金寨辖境刚好位于这个三角形的中心位置。因此，关于黄金寨的气温数据就只能参考这三个气象站的气温数据（保靖县年平均降水量约为 1 332.9mm，年平均气温约为 16.3℃）。鉴于黄金寨特殊的小气候特征，对其不同区域的温度有必要作出说明。海拔最高的山脊区段最高温度要比三个气象站的最低温度高出 1~3℃，而海拔最低的河谷区段最高温度要比三个气象站的最低温度低 1℃左右。黄金寨刚好处于一个封闭的山谷中，其相对湿度会偏低 5%~10%。黄金寨的降雨量与三个气象站的差别不大，但是其蒸发量有所不同。山顶风口处的蒸发量偏大，峡谷处蒸发量偏低。可见，这样的小气候差异，正好是不同品种资源单株茶树在这里都能找到生长带的重要原因。

《茶经·一之源》，载"阳崖阴林，紫者上，绿者次；笋者上，芽者次；叶卷上，叶舒次。阴山坡谷者，不堪采掇，性凝滞，结瘕疾。"[①] 此处的"阳崖阴林"指茶树最佳的生长环境是在有充足阳光照射但又有高大乔木遮阴的林中，"阴山坡谷"是指在没有阳光照射的坡谷地带生长的茶树品质最差。没有阳光，茶树无法充分进行光合作用，而且在阴湿环境下容易滋生病虫害。但是，如果阳光过于充足，则茶树会被直接暴晒，茶树光合作用程度过快，水分容易蒸发，会导致茶

① 陆羽. 茶经 [M]. 北京：民主与建设出版社，2021.

树快速干死、老化。故透过高大乔木的枝叶,太阳的闪射光照到茶树,既可遮阴,又可使茶树接受短时、柔和的光照,使得茶树光合作用过程缓慢,进而保证茶叶柔嫩状态持久、不易老化。古茶园所处的生态系统中植被结构层次多达 5~6 层,高大乔木可帮助茶树抵挡阳光直射,接受闪射光照射,加之浓雾盖于山体之巅,保持了一定的湿润度,非常适宜茶树的生长。

土壤是茶树生长最基础的条件,茶树生长所需的养分和水分都是从土壤中来的。《茶经·一之源》:"其地,上者生烂石,中者生砾壤,下者生黄土。"[①] 此处陆羽把可供种茶的土壤烂石、砾壤和黄土分别划分上、中、下三个等级。"黄土"是指黏性很重的黄壤,透气、透水性能较差。"砾壤"指含砂粒多、黏性小的砂质土壤,也就是指在山麓风化完善、发育良好的坡积土。这种土壤孔隙率高,有机质丰富,石砾或砂粒多,透水、透气性能较好。"烂石"是指有机物质和矿物质丰富的次生堆积而成的碎石,透气、透水性能极佳。茶树的根系发育与土壤环境有着密切的关联。《茶经·一之源》载"胡桃与茶,根皆下孕,兆至瓦砾,苗木上抽"[②]。此处的"根"是指茶树的主根。茶树的根系主要由主根、侧根和须根组成,具有向水、向肥、向阻力小的方向生长的特性,主要功能是将茶树固定于土壤中,支持地上部分,并从土壤中吸收、储藏水分和养分。种子胚根垂直向下生长而发育成的茶树的主根,一般情况下胚根垂直深入地下 1 米左右,有的可达 2~8 米,甚至更深。主根生长点的细胞一头向外形成根冠组织,一头向内形成伸展组织,根尖在土壤内伸展。所以,如果地下水位高于土壤就会导致主根因渍水不能向深处生长,甚至引致主根腐烂。着生于主根的根须统称为侧根,直接着生的称一级根,着生在一级根上的各级分枝的侧根,在主根上呈螺旋状不均匀地排列成层状结构。一般侧根的面积分布很广,深达 60~80 厘米。主根和侧根上着生的所有细小根都统称为须根。须根寿命较短,但会不断死亡而又更新,未死亡的须根随后则发育成侧根。须根大多分布于土壤的耕作层,深度约为 5~45 厘米。茶树根系在幼苗期和幼龄期主根明显,根幅与冠幅相称,一般垂直分布面积稍大于水平分布面积。成年期以后,侧根越来越多,粗壮程度与主根相似,根系水平分布交叉、密布行间。"根皆下孕"意为茶树根系是向下垂直生长的。"兆至瓦砾",

---

① 陆羽.茶经 [M].北京:民主与建设出版社,2021.

② 陆羽.茶经 [M].北京:民主与建设出版社,2021.

兆指多、遍布，意为茶树的根系一边向下生长，众多盘根错节而成的根系一边布满土壤之中。"苗木上抽"，意为根系稳固了，茶树地上部分也不断向上生长，枝繁叶茂。茶树的根系如此发达，对土壤在透气、透水、养分、厚度等方面的要求非常严格。

黄金寨苗民把茶园主要建在河谷坡面的常绿阔叶林生态系统中，这里的土壤属富含二氧化硅的黄壤，经过先民们的人工耕作后，黄壤发育成黑褐土。山体大多由中生代石灰岩和砂岩构成，底层则由古生代玄武岩和灰绿页岩构成。进入新生代后，由于受到冰川、流水的复合重力侵蚀，石灰岩和砂岩的山体表面风化成碎石，与黑褐土混杂形成土石次生堆积。这样的土壤正好符合陆羽笔下的"烂石"特性，具有种植茶树的最佳土壤条件。湘西古丈毛尖，贵州久安茶、普安茶，以及云南普洱茶都定植在山麓的次生堆积之中。通过田野调查发现，在黄金寨的河谷湿地生态系统中也种植有少量的古茶树。比如，团田古茶园中有些残留的古茶树生长在田坎的边缘地段。改土归流后，当地村民将湿地改建为水田，冷寨河的河床变窄，河床因切割而变深，坡面富含氮、磷、钾的玄武岩、灰绿页岩质土壤裸露出来。这样的土壤也适合种植茶树，只是黄金寨的先民们对其稍微做了人工改造。他们在茶树定植处用山间碎石堆积成垄，垄上再覆土。垄的上方定植茶树，垄的下方开辟成水田，这样的操作不仅是充分利用可供利用的土地种植茶树，而且其技术要领是打造真正意义上的人造"烂石"。

关于茶树的播种育苗技术，在当地大规模种植茶树、开辟茶园之前，茶叶的利用与村民的生计方式并不紧密，所以他们不需要播种育苗，只需从林中直接采集野生茶树树叶即可以满足特定数量的贡茶任务。茶叶产业发展起来以后，他们主要还是从其他民族，如汉族那里学习茶树的播种育苗技术，主要根据"孤子不生"的经验采用"多籽穴播"方式。

2. 古茶园管护体系

黄金寨先民对古茶园的管护并不是一个单一的管护程序，而是通过建造一个复合种养系统来实现对茶园的管护，其间就包含了对茶树施肥、修枝、防治病虫害等管护细节。

（1）林业

古茶园规模扩大后，黄金寨的先民们并没有将森林中的其他乔木砍伐，林中有大量的果树，比如核桃树、板栗树、白果树、枇杷树等，为他们提供了重要的食物来源。林中有珍贵树种楠木，还有白蜡树、桐油树、漆树等，都曾是土司向朝廷进贡的土特产的重要来源。青冈树、槐树、栎树等林木则用作薪碳材料；杉树等用作建房材料；藤蔓类植物、竹子等用作编制生活器具；构树、桑树、苎麻、葛藤等林木用来提取植物纤维以制作布料；从葛根、牛郎木①中提取淀粉"漉粉充食"或者"用火沤熟，捣作饼饵"，这些是当地苗族重要的粮食来源。茂密的树林不仅可为各种野生动物提供良好的栖息地，同时也为当地苗民提供狩猎采集的主要场所。当地苗族以及周边地区的土家族，都掌握着娴熟的狩猎采集技艺，特别是对竹䶆和鹿科动物的狩猎最为擅长，并有与之相互配套的传统办法，能够确保对野生动物资源的可持续利用。他们对林中的各种动植物物种，以及生态环境特征了如指掌，懂得充分利用各自所长为之服务。他们生活所需的食物、用具原材料几乎全部出自山林中。树林中几乎所有的树种都与他们的生活息息相关，所以他们不仅不会砍伐林中的乔木，还在扩大茶树种植的同时特意为茶树搭配种植各种芸香科、樟科、壳斗科等植物。这样的操作主要是为了防治茶树病虫害。他们发现茶树原生地都伴有大戟科、樟科、芸香科、桑科等乔木，于是，他们在种植茶树的同时也会为不同茶树株系搭配种植不同树种。这些伴生乔木不仅不会与茶树发生化感作用，还可有效防治茶树的病虫害。如今在古茶园中仍然能见到乌柏、柚子树、桑树等伴生树种。但是，他们一定会将油茶树与茶树分开种植，因为茶树和油茶树都属于山茶科植物，互相之间很容易相互传染病虫害，二者不能共生。维系这样的多层次植被结构更是为了给茶树生长创造"阳崖阴林"的环境，为茶树提供生长所需的闪射光照射。所以，他们绝对不会对林中任何树种随意砍伐、掘根。而且，乔木落叶降解后，使土壤不断保持肥力，为茶树生长提供充足的养分。

茶树在一次补种并存活后一般无须定期补种、复种，因为茶树的可再生能力较强，方法得当可以大大延长茶树的成年期。黄金寨的苗族先民们主要利用在林中间伐的时候为茶树修枝。对林中其他乔木实施间伐一来能控制高大乔木因生长

---

① 注：《溪蛮丛笑》记载："牛郎木多浆。猫摇岁饥阙食，则先以火窖地，握根置窖中，压以石，又用火沤熟，捣作饼饵。名沤郎。"此处所称的牛郎木，又似"桄榔木"，是指一种高大的蕨类，即学界所称的"桫椤树"，茎直而高，树心含有丰富淀粉，可食用，嫩芽可作蔬菜，其树皮坚韧，可作器皿。原来广泛产于溪峒地区，现在在该地区已经濒临灭绝。

过旺而影响茶树的正常生长，二来也是确保这些乔木的自我更新。对茶树的修枝，一是控制茶树高度，因为在没有人为干预的情况下茶树可长成"二尺乃至数十尺"（1 尺 ≈33.33 厘米）高的乔木，不利于采摘茶芽。古茶园中百年以上的古茶树，近百年来因无人管护，都长成小乔木状，一般高度两米左右，最高的已达四五米。二是确保茶树不断更新、生意盎然。他们对茶树进行修枝的特殊修剪方式是核心技术，代代相传。

当地苗民使用一种长柄、刃口尖端带钩的宽背加柄砍刀来修剪茶树。现代人们则使用锯子，锯子锯木时很容易破坏树干上的细胞组织，影响乔木的健康生长。他们使用砍刀修枝时，可以从上向下劈砍，也可从下向上修剪，关键的技术要领是最好一刀修下，否则数刀砍下容易破坏细胞组织。一刀砍下的同时还需要将砍口贴近主干，砍口面呈上端稍宽、下端稍窄的倾斜面，砍口面立即抹上桐油或糯米浆。这样操作可避免雨水沉积砍口，避免伤口因感染而生病，从而促进砍口周边萌发新枝，茶树主干也不会染病腐烂。当然，要娴熟掌握这样的修剪技术，需要经过专门训练，很多男孩十几岁就开始从父亲那里学习该技术。这样每年仅需小修老化或死亡的枝叶，大概 20～30 年左右大修一次。古茶园的茶树枝条的基部留有明显的不同年代修剪的痕迹。枝条与主干的结合处呈环状隆起，没有真菌感染或其他病害迹象。现在不难观察到，那些古茶树大多外观有规律地呈现为半球形、伞形，或者圆柱形，超过 10 厘米的分支多达二三十条，甚至上百条，而且这些古茶树每年都有不同量的产出，表现出一派生机活力的景象。显然，这都是曾经有人工管护的结果。

（2）畜牧业

黄金寨苗族对茶树的施肥、中耕、除草等操作，与汉族地区的茶园操作迥然不同。一般来说，汉族地区的人工茶园需要定期在茶园中除草施肥，几乎不允许家养牲畜进入茶园中干扰茶树生长。但是，黄金寨的苗族先民们通过畜牧来完成施肥、中耕和除草，而不是靠人工直接完成。据文献记载，"耕织之外，惟事牧畜，牛、马、犬、羊、豚、猫、鸡、鸭之类最多"[1]。他们是根据不同时节有规律地、严格地控制放养家禽、家畜。热季，把黄牛、山羊、猪等大型牲畜赶到树林与树林之间的过渡性草地自由觅食，不会让它们随意进入茶园中以免破坏茶园。在春

---

[1] 严如熤 . 苗防备览·风俗考 [M]. 贵阳：贵州人民出版社，2011.

茶采摘后，将山羊、黄牛、猪赶入茶园。山羊最喜欢啃食灌木树枝，山羊入园后就会将茶树上那些老化的枝叶啃食完。其实每年对茶树枝叶的小修剪主要是由山羊完成的，苗民一边对山羊啃食进行监管，一边完成对其他高大乔木的间伐。从时间和资源的角度来看，这都是一种高效利用的方式。黄牛在园中啃食草本植物，让猪拱食草根，既无须人工割草喂养牲畜，又无须为茶树专门进行人工除草、松土。牲畜粪便留在园中，还可肥土，为茶树生长提供充足的养分，无须另外人工施肥。真是一举多得，各得其所，让人不得不感叹苗民高超的管理水平。

（3）农耕

黄金寨的山脊疏树草地生态系统是苗族先民们实行游耕生计的重要场所之一。他们采用"刀耕火种"的方式在山脊区段，还有林间坡地耕种旱地粮食作物，"燔榛芜，垦山坡，种芝麻、粟米、麦豆、包谷、高粱、荞麦诸杂粮"①。杂粮是他们粮食的重要来源，杂粮的秸秆还可用来提供牲畜饲料。山脊区段和林间坡地有基岩裸露，由于重力侵蚀，水土易流失、土层薄，无法支撑高大乔木的生长。对此，他们自有一套规避生态脆弱环节的办法。

首先，他们实施的刀耕火种实际上是一种轮作方式，一般3~4年轮歇耕种，以避免土地过度利用而失去肥力，这也是他们游耕生计方式的重要组成部分。

其次，旱地耕作并不使用牛耕，也不翻土整地。"耕者不用牛，用钱镈代犁，耰而不耘。"②此处"钱镈"是指一种类似于耒耜的小农具。他们只是简单整地，即用火焚表土和杂草。一是火焚土壤可以起到消毒杀菌的效果，有利于后面下种，种子容易萌发成活；二是可以清除杂草，草木灰加快成土速度，又可提供土壤养分，以缓解土壤稀缺、改善土壤肥力。然后再用"钱镈"在地上凿一个小洞，把种子撒进去即可，不用再翻土播种。由于这里有水土流失的隐患，如果翻土整地很容易引发和加剧水土流失。

其三，他们还会在这些地方配种、精心维护山药、土茯苓、葛根等块根、藤蔓类植物。其间的技术核心在于，藤蔓植物在这样的环境中容易生长，能迅速在地表蔓延覆盖，可避免耕作层表土因被太阳直射、地表升温而导致水分被无效蒸发；这类植物的根部很发达，既可固土，又可以吸收和储存大量水分，对防治水

---

① 严如熤. 苗防备览·风俗考 [M]. 贵阳：贵州人民出版社，2011.

② 李汉林. 百苗图校释 [M]. 贵阳：贵州民族出版社，2001.

土流失起到了非常有效的作用。当然，由于葛根长得特别快，藤蔓有时还会长到茶树上去，将茶树枝叶覆盖，影响年幼茶树的生长。他们一般会在林中间伐放牧的时候，将覆盖茶树的藤蔓割断。此外，这些块根富含丰富的淀粉，同样是苗民重要的粮食来源。这些块根无须仓储，即食即用，特别是在饥荒之年为他们提供粮食保障。在田野调查中，黄金村的戴富全秘书告诉人们，早年黄金寨这片地方种植有大量的葛藤，听父辈们说 20 世纪 50 年代闹饥荒，村里人就是靠葛根度过了饥荒。当时周边村寨的一些村民知道后，都纷纷跑来挖葛根以度过饥荒之年。

在河谷湿地开辟水田后，他们从汉族人那里学会了水稻耕作，同时引进"稻鱼鸭共生系统"并一直延续至今，产品中的小麻鸭和稻花鱼也是当地名产。人们在田坎坡地等能种植茶树的地方尽量种植。这些地方不能支撑乔木的生长，那些茶树的伴生树种无法配种，他们就配种一被叫作辣蓼草的草本植物。辣蓼草具有防治茶枯病、稻瘟病等功效，还可杀死蚜虫、菜青虫等。早年苗族乡民专门种植辣蓼草来杀虫。同时，他们还配种藤蔓类植物，起到为田坎固土保水的作用。

综上，黄金寨古茶园复合种养系统涉及农、林、牧、副、渔和狩猎采集业，与汉族固定农耕的"春种夏芸、秋收冬藏"有很大的不同。这里的苗族民众几乎一年四季都有自己的劳动内容——种与收、牲畜的繁殖和出栏，都可以跨季节操作，"种""收""管理"和"维护"，在一年中始终都可以表现出同步交错进行的状态。完全称得上是"一种一收""一收即用""即刻入市"同步交错进行的常态性运作。他们还会根据内外环境的变化，灵活地放大或缩小各业之间的比重，既维护了当地生态系统的可持续运行，又可从中源源不断地获取生态资源，从而有效化解市场波动所带来的各种冲击和生存风险，确保当地乡民衣食无忧。遗憾的是，这样的复合系统正在不经意间慢慢退出历史舞台。幸运的是，人们及时发现了这一问题，2020 年，"湖南保靖黄金寨古茶园与茶文化系统"已被成功列入第五批中国重要农业文化遗产名录，努力唤醒迷失的人们，将这一宝贵的民族文化结晶活态传承下去。

三、贵州侗族人工营林复合农林系统

清水江是贵州省第二大江，是长江上游的重要支流，其干流全长 459 公里。清水江北边支流源头在贵州省黔南州最高峰都匀市斗篷山境内的南源马尾河支流重安江，向东主要流经黔南州都匀市，黔东南州的麻江县、凯里市、台江县、剑河县、锦屏县（全境），在天柱县瓮洞镇的下金紫村流入湖南，称沅江，注入洞庭湖，东部出省口海拔 216 米。清水江流域面积 17 145 平方公里，包括黔东南州、黔南州的 16 个县（市），绝大部分位于黔东南州境内。

黔东南苗族侗族自治州，地处云贵高原向湘桂丘陵盆地的过渡地带，其境内地貌类型主要包括岩溶地、剥蚀、侵蚀等地貌区，而且大部分地区海拔在 500～1 000 米之间。黔东南自治州总体地势表现为北、西、南三面高，东部较低。中部的雷公山区和南部的月亮山均为中山地带，西部和西北部为丘陵状低中山区，东部和东南部则具有低中山、低山、丘陵、盆地等类型。自治州全境林地面积约为 204 万公顷，占总面积 67.44 %。黔东南自治州地属中亚热带季风湿润气候区，年平均气温 14～18℃，冬无严寒，夏无酷暑，雨热同季。境内年日照时数为 1 068～1 296 小时，无霜期 270～330 天，降雨量 1 000～1 500 毫米。

几百年来，贵州清水江流域侗族乡民一直以人工营林的经营为其主导产业，在不断的经验积累的基础上形成了一套完整、成熟、有效的复合农林系统。结合历史文献、当代研究成果、清水江文书①、田野调查资料、考古发现等资料来源，现将该套复合农林系统内容整理如下：

黔东南清水江流域地区，位处低山丘陵地带，属茂密的亚热带和暖温带丛林生态系统，山多地少，不利于稻田农作。早在 10 世纪以前，贵州黔东南侗族属典型的濒水民族，以渔猎生计为主，辅以在原始森林狩猎采集，对清水江流域的森林几乎没有人工干预，保持着森林的原始景观。宋廷南迁后开始加强对侗族地区的开发和管理，对侗族地区原始森林的开发利用也逐渐加强。元朝统一全国后，从贵州腹地沿舞阳河、都柳江、清水江东出南下之通道彻底畅通，为原木的运输通道做好了充分准备。后经历明初经济的繁荣，汉族核心地带的农田日益向四周扩散，导致汉族地区森林资源开始枯竭，这就为侗族地区原木外销提供了国内条件。据当代研究表明，贵州锦屏地区到明代后期已有批量的杉木外销，并引来了

---

① 注：明末清初直至 20 世纪 50 年代，贵州清水江流域苗族侗族林农为了经营混林农业和木商贸易而形成的大量民间契约和交易记录，是清水江流域苗侗两族人民创造和保藏的一种民间文献遗产。2010 年被列入《中国档案文献遗产名录》。后相关契约文书陆续被大量发现，大多数学者将其改称为"清水江文书"。

外地汉族客商也参与此项经营①。之后，随着木材贸易的发展繁荣，木材外销量不断增加，沿江码头利于扎排外运地区附近的原始森林开始萎缩，因而人工营林逐渐提上了日程，随后该地区发展成为我国南方最大、最广的人工营林地带。

清水江流域的人工营林中最主要用来经营的就是杉树。杉树的原生地是高海拔区段的疏松肥沃土壤，天性具有抗寒、抗阴冷的禀赋，而当前的杉树林核心产地多位于海拔500米以下的河谷坡面，属亚热带和暖温带丛林生态系统，温度高、湿度大，极易滋生病虫害和喜阴、喜湿的厌氧性微生物、真菌，比如立枯病、炭疽病、细菌性叶枯病、生理性黄化病以及白蚁、杀梢卷叶蛾等虫害都极具杀伤力。一旦杉树染病，杉树林容易连片感染以致连片枯死。清水江流域侗族地区的阳光、水分、土壤营养等都十分充足，都可满足杉树正常生长的自然条件，所以整个复合农林系统的技术关键就在于如何有效防治病虫害。

（一）育苗技术

杉树的育苗技术包括以下几个环节。首先，精耕细耙。把林间空地作为苗床选址，可为杉苗遮阴，能够为其保持稳定的温度和湿度。但是，林间空地的土壤中有大量的病菌微生物存在，育苗前实施的"三挖三烧"的精耕细耙就是对土壤进行杀菌处理。将选好地段上的杂草灌木进行彻底清除，干后焚烧，深挖土块，随即捣碎；浇入粪肥，然后铺上细碎枯枝败叶厚达六寸（1寸≈3.33厘米）左右，混合后先焚烧再翻挖；再一次浇入粪肥，再混入枯草败枝，再次翻挖，如此反复操作三次。通过这样的操作，不仅可以消灭草籽和虫卵，使土壤中几乎没有有机物存在，即便是有少数虫卵、孢子落入其中也无法生存，还可使杉床土壤极为疏松，不易板结，且肥料充足，杂草、害虫、病菌清除一次到位。《黔南识略》《黔东南苗族侗族自治州林业志》等文献中也有较为详细的记载，与上述内容基本相同。

其次，用杉皮垫底。"以杉皮垫底"，是整个育苗操作过程中非常核心的技术。杉树皮是在砍伐时从杉树上剥下来的整张树皮，一般侗民是用来盖屋顶的。先将杉树皮压平，再用作铺垫。播撒树种前，要先把已经反复火焚过的土料腾出，再用远好的宽厚无漏洞的杉树皮垫底，然后将烧炼过的土覆盖在树皮上面，这时才

---

① 龙迅. 侗族社会林业经济层面分析 [J]. 贵州民族研究，1992（2）：79-83.

将精选后的树种尽量均匀、稀疏地撒播在杉床上，以保证种子生长有足够的空间。由于种子太小太轻，为了防止种子被晒死或被风吹跑，撒种后还要在上面覆盖一层约种子三倍厚度的、用筛子筛过的细泥土，或者盖上一层薄薄的杉木锯末。选择无漏洞的杉树皮垫底，主要是将苗床上的、已烧过的土壤与生土隔离，而且要将树皮的光滑面朝上放置，粗糙面与生土接触。这样操作其原因在于：一是未经焚烧的生土中的微生物、细菌、孢子等向上生长顶多只能蔓延至树皮的粗糙面，而被无漏洞的树皮光滑面完全隔离开来；二是可以锁水、防脱水，过多水分可被树皮粗糙面吸收而不至于渗透到熟土中，干旱时水又可以通过树皮浸入杉树根部，以避免杉树脱水；三是保证杉树生长时其根部的透气性。显然，这是侗族居民不断积累起来的经验，与侗族干栏式建筑的隔断、腾空技术有着异曲同工之妙，其目的就是让杉床与原生地面完全隔离，防止病虫害向杉床的蔓延。

最后，为杉苗搭建凉棚。有时需要在杉床上搭建覆盖有新鲜杉树枝的尺许高的凉棚，每隔三五天需在凉棚上面洒水。杉树苗过于稚嫩，其生长过程需要阳光，但又经不起太阳直射。而杉树叶是针叶，这样搭建起来的凉棚既能为杉树苗遮挡直射的阳光，又能保证秧床温度和湿度的稳定、透气。杉树苗的表面覆盖"细土层"，如果直接洒水，就会使杉树苗移位，以致根部断裂。但是，隔着覆盖有杉树枝的凉棚给杉树苗洒水，具有缓冲的作用，水只会小滴小滴地往下渗，不会导致杉树苗移位。这样的维护一般持续一年以上，一旦树苗长出了嫩芽，才逐步扯掉凉棚上的杉树叶，以增加阳光，加速杉树苗的生长。当地乡民说，植物生命如同人的生命，需要土生土养，树苗的培育也如同照料婴儿一般，由于其抵抗力弱、自理能力差，需要无微不至的关怀和精心的呵护。

（二）定植技术

"堆土定植"和"亮根操作"是侗族传统苗木定植的两大关键技术。一般而言，其他地区造林前必须得先松土整地，开挖树穴，甚至还要施肥。而在清水江流域的侗族地区，无须整地、施肥。因为杉树定植选择的场地是已经种植过麦子、玉米等旱地作物一、两年的地，已经完成了松土的工作。这里的侗族乡民认为无须翻地松土，只需在宜林地将烧松了的浮土连同草木灰一起，按定好的行株距，耙拢成一个个圆锥形的小土丘（高度约为20～30厘米，底部直径约为40厘米）。然后，切断杉木苗主根，让侧根平铺于土丘之上，再撒上适量浮土将根部压实，轻轻拍实，即为"堆土定植"。让人感到疑惑的是，杉树苗植根于小土丘顶部，树根如何才能扎入土中。对于这一点，乡民们的解释是：如果挖坑定植树苗，其根会从底部沿着土壁向上生长，接近地表后才会横着生长，即为"翻根"，根耗尽了力气，这样会影响杉树的快速生长。其技术要领是：土丘暴露在空气当中，其透气性能较好，有害病菌暂时无法进入，等到杉树移栽时的伤口愈合后，已经具备了抗病能力，即使接触到了病菌也不会被传染。不管乡民的解释是否合理，都不影响这一技术的有效性，因为这一技术足以应对有害病菌的感染。

所谓"亮根操作"，即在已经定植杉树苗的小土丘基部处清理干净，不允许堆放包括杂草、石块、未经火焚的生土等形式的遮蔽物。即便是要堆放生土，必须将其置于土丘边缘40厘米以外的地段。杉树苗树梢必须朝向山谷，树心朝下定植在土丘顶部，其侧根一定要铺平铺直，让其自由舒展，一般沿着坡面排布。这样的操作一直持续两年左右时间直到苗木成活。吕永峰提出"亮根"的主要目的是想借助阳光直射至苗木着生点基部，依靠阳光中富含的紫外线来抑制有害微生物的滋生和蔓延。[①] 依靠充足的阳光来杀菌，这无可厚非，但更重要的原因应该是，由于杉树地环境潮湿，土壤黏度极高，杉树根部如果长在土壤底部会导致其呼吸困难，透气性不够也容易生病，所以杉树根一般会横向生长以保证自身的充分呼吸，使得杉树感染病菌的可能性降到最低。至于40厘米以内的距离不允许放置任何遮蔽物，也都是出于避免感染病菌的考虑。

（三）林粮间作与伴生树种套种技术

将杉木成功定植后，再通过林粮间作的操作来实现对杉树的初期管护。杉木定植后，在其行距与株距之间套种小米、红稗等旱地作物，具体种植位置必须处于土堆基部边缘的40厘米以外的区域。杉木定植后的头一年借助火焚后的土壤种植小米，第二年种植红稗、麦类等越冬性和大季种植的豆类作物，整个过程都无须施肥。乡民们认为，因为当地土壤细腻容易板结，所以这样做就是为了疏松土壤，增强透气性。其实，这样操作主要出于以下两方面的考虑：一是松土透气。该地区土壤致密，含水量大，透气功能较差，等割了这些一年收的作物

---

① 吕永峰.侗族传统林业经营方式的文化逻辑探寻[J].吉首大学学报（社会科学版），2003（1）：76-79.

后，扎入土中的作物根部就会收缩，土壤中便留下了空隙，形成纵横交错的通道，这样就保证了杉树根部的呼吸。旱地作物可招来蚯蚓等小型昆虫在土壤中生长、掘土，也可提高土壤的通透性；旱地作物伴生的杂草，在其被"中耕除草"时也可连带发生松土功能。二是有效抑制病虫害。由于套种的旱地作物（如小米、红稗）其土壤呈碱性，对杉树有害的病虫、厌氧性微生物在碱性土壤当中无法存活，而能够侵害旱地作物的病菌又不会影响杉树生长，所以配种旱地作物就是利用各种植物的换茬给杉树再次进行消毒、杀菌。这样杉树、伴生旱地作物、土壤微生物、小型昆虫等构成了一个小型的生态系统，互为依存、互惠互利。

此外，在苗木定植时，乡民们还会特意保留一定比例的伴生树种。侗民通过火焚清理林地时，会保留占林地乔木株数15%的非杉树伴生树种。侗民认为，树与人一样具有灵性，树木也会害怕寂寞，树木的生长过程也需要有伙伴陪同才能长得更好。这里的伴生树种既包括杉树原生地的壳斗科树种，又包括本土生的乔木树种，值得注意的是那些与杉树发生强烈化感效应的本土樟科、芸香科乔木必须去除，其他不会发生化感效应的本地树种如油茶、杨梅等需要保留，从而将林地树种彻底进行人工置换。不能把原生乔木全部去除，因为一些原生乔木能够很好地适应当地气候和土质，能够分泌化感物质和抑制病虫害的滋生。这样的"仿生"操作，就是要把杉树原产地的伴生树种搬至杉树林，但为了杉树的产量，只让伴生树种的比例占15%。显然，保持这样的树种结构，其实就是一种利用树种的复合种植来防治病虫害的技术手段。杨庭硕认为，在侗族的杉木育林中，频繁使用"火焚"和搭配适量的伴生树种，不是孤立的技术要求，而是共同服务于病虫害防治的技术高招和化解化感效应的有效措施。[1]

"栽杉种粟""栽杉栽油""其有田界杉木、果树在内"等字样，在现存的清水江文书中多为可见[2]。将各种旱地作物与杉树林混作，将油茶树等树种与杉树配种，具有明显的地方适应性强的优势。看来，很有可能在清水江侗族人工林发端之初，他们就已将林粮间作、伴生树种配种形成了固定的技术规范。

① 杨庭硕，杨曾辉. 清水江流域杉木育林技术探微 [J]. 原生态民族文化学刊，2013，5（4）：2-10.

② 皇甫睿. 贵州各族传统林粮间作技术体系的文化生态解读——以清水江林业契约文书为依据 [J]. 中央民族大学学报（哲学社会科学版），2017，44（1）：55-69.

（四）"间伐代抚"技术

杉树林郁闭后，相关技术操作便转入了抚育阶段，可被称为"间伐代抚"，即根据杉木林的生长样态，针对性地采取间伐措施，对已经成年的杉树分期、分批砍伐，获取小规格的建材，以促进整个林区的健康生长，直到主伐期结束。①

实施间伐的工具只能是燔刀，而不能用锯子。燔刀刀型与镰刀相似，有长柄，刀尖带钩，刀身厚重。用锯子锯容易撕裂杉树的细胞组织，导致树桩难以再次发芽。燔刀的特殊构造则可满足间伐期间的不同需求。杉树林郁闭后，一些藤蔓植物和草本植物生长旺盛，缠绕在杉树上，容易滋生细菌和病虫害，导致杉树连片感染。而这些藤蔓植物和草本植物又有吸水、保水、保土等功能，所以侗族民众只需用燔刀将缠绕杉树的植物割断即可。他们还用燔刀修剪老化或已染病的杉树枝叶，以避免感染的进一步蔓延。只是在进行修枝的技术操作时要注意，对于老化的枝杈，不能紧贴主干修枝，要保留一小段分枝，以避免砍口感染殃及主干；而对于已经染病的枝杈，需要连同枝杈基部一同砍下，以防止已经染病的枝杈会进一步感染主干。一刀砍下，砍口处立即抹上桐油或糯米浆，这与苗族给茶树修枝的方式非常相似。

一般而言，很多民族，比如汉族，抚林护林采用的是"伐小留大"，而清水江流域的侗族操作却与常规操作截然相反，采用的是"伐大留小"。侗族民众伐"大"，并不是把高大乔木砍伐掉，而是砍伐在幼林期长得过高、过快的杉树。根据他们的世代经验，这样的杉树反而后期会发育不良，所以将其尽快砍去才能不影响小杉树吸收养分，健康成长。其实，只要结合杉树的生物属性及其生态环境变化的影响，便不难发现"伐大留小"所蕴含的合理性和科学性。杉树的原生生态环境从高海拔区域转向了低海拔区域，由于气温和湿度增加，提高了杉树感染病虫害的风险。侗族乡民通过各种方式避免杉树感染病虫害，杉树本身也会作出生物适应，在这种不利的条件下形成自身的免疫机制，即轻度染病的杉木出于自我保护的需要会快速长高，以尽快摆脱病虫害干扰。可见，"伐大留小"的"大"其实是已经感染了病虫害的乔木，正是为了彻底切断染病病原，为其他杉树提供更好的生长环境，而专门进行的"伐大"操作。这是他们判断感染病虫害杉树的

① 崔海洋.试论侗族传统文化对森林生态的维护作用——以贵州黎平县黄岗村个案为例 [J].西北民族大学学报（哲学社会科学版），2009（2）：83-87.

一种经验。此外，他们还可以通过观察树皮颜色、树叶状态来判断杉树是否感染了病虫害，树皮颜色已经从红褐色变为灰色，树叶尖端内卷的杉树，说明其已经感染了病虫害。

（五）交通运输系统

目前，在文斗、加池两寨的实地调查中发现尚有"洪道"残存。根据当代学者相关研究，从清水江边顺坡而上，直抵文斗、加池两寨建有相互连接的"洪道"。其实，"洪道"就是挖建的首尾连接的沟渠，无水时是干沟，需要运输木材时就往干沟灌水，以便整段原木一次性滑抵江边，以备水运出售。清水江文书中多次出现关于发生"洪道"纠纷的文书原件。[1] 通过观察"洪道"遗址，不难发现，洪道的起点都是与村寨附近的稻田和水池相连，而洪道的终点都是直接抵达清水江边的扎排码头。洪道起点与水池和稻田相毗连，水池提供水源，洪道既可运输木材，又可灌溉水田，运输和灌溉两套系统合二为一，一举两得。运输木材时在洪道灌水是为了减少木材滑行过程中的摩擦。每条"洪道"的坡度均匀，道宽度约 1.5～3 米；洪道底部用石灰岩风化土夯实，因石灰岩质土壤颗粒极细、黏性重，风干固化后使得底部平滑，一旦灌水，洪道犹就如同滑梯一般。运输木材时无须另加动力，省时省力，可将整段原木，甚至数吨重的原木整体地、完好无损地顺利滑到江边码头。

杉树人工营林是侗族民众生存的根基，经过百年积淀，清水江流域的侗族民众凭借其文化智慧共同发明了这一整套从种植生产、种植技术、林木管护到交通运输、销售渠道、法制规章等成熟的、可靠的人工营林复合农林系统。该系统中所蕴含的相关本土技术的关键均指向对这些生态资源的维护，具体表现为：第一，对土地资源的维护与利用。清水江流域的侗族地区山多地少，土层薄，侗族人充分利用能够开垦种植杉树林的土地，同时还利用生物制衡手段以确保土壤肥力和增加植被覆盖率。第二，防治病虫害。林粮间作、间伐代抚、仿生种植等技术体系，都是围绕防治病虫害而展开的。因为杉树原生生态系统处于高海拔地区，而清水江流域海拔较低，杉树在这里要想引种成功最关键的问题就是要避免病虫害的蔓延。在此基础上，侗族民众经过世代积累而总结传承的一套人工营林维护技术系

---

① 皇甫睿. 贵州各族传统林粮间作技术体系的文化生态解读——以清水江林业契约文书为依据 [J]. 中央民族大学学报（哲学社会科学版），2017，44（1）：55-69.

统不仅为人们提供了丰富的本土知识，而且为当代人工林的管护、生物多样性的维护、生态资源的利用提供了可靠、有效的借鉴价值。

第二节　粪肥农牧业——循环性

粪，人们总是谈粪色变。《说文解字》："粪，弃除也。"粪的繁体字为"糞"，结合来看，意为丢弃在田里的弃物。但是，这样一个位于生物链末端的废弃物，却与中国五千年的农业史有着非常密切的关系，是农业生产不可缺少的生态资源。不同的民族对粪便有着不同的利用方式，蕴含了朴素的古代农学生态循环思想。传统农业最重要的生产资料就是土地，用地和养地本是一对矛盾统一体，各民族巧妙地运用"生态循环"这一策略，将废弃物重新纳入生态循环，变废为宝，进而形成了"用地是基础，养地是手段，用养结合"的粪便利用方式，保障了地力不减，保障了生态资源的可持续利用。比如汉族，有几千年的农耕史就有几千年的"粪壤"史。古代历史典籍中不乏关于"粪壤"的记载，包括方法、原理、种类等内容。汉族属于典型的农耕民族，水稻是他们耕种的重要作物。水稻生长需要大量的水分和养分，对土地肥力的消耗在所难免。汉族民众为了能让土壤地力更加持久，在世代经验积累的基础上，探索出"施粪壤地"方法，保障土壤肥力不会穷尽，土壤不仅地力不减，而且还越用越肥。但是，由于各民族所处生态系统的差异性，他们所采用的粪便利用方式也各不相同。

一、贵州黄岗村侗族粪便养鱼

贵州黄岗村是一个典型的侗族村寨，建寨已有800多年，是侗族传统村落风貌和生产生活形态保留最为完好的侗寨之一。黄岗村为黎平县双江镇所辖，辖境面积29.7平方公里，林地面积28 313亩，共有耕地面积1 607.06亩。黄岗村坐落在深山里，居地海拔780米，四面青山环抱，文化古朴，两条小溪在村中交汇，分2个自然寨沿着溪水居住。该村距离镇政府所在地20公里，东部和东南部分别与从江县的洛香镇、贯洞镇、高增乡接壤。

2012年以前，全村几乎家家户户都配有一个鱼塘，此后，村里的鱼塘数量逐渐减少。黄岗村的鱼塘设置离民居很近，很多就建在家门口，方便看护打理。鱼塘上搭建有一个简易的卫生间，被称为"生态厕所"。生态厕所一般离水三尺而建，面积在一平方米左右，四周围着 50 厘米高的木板，不盖顶（图 2-2-1、图 2-2-2）。作者在黄岗村调研时，一天早上起来在二楼阳台晾晒衣服，刚好撞见一位妇女和一位老汉各蹲一处，因为细雨蒙蒙，他们打着伞，一边如厕一边说笑地交流着（图 2-2-3）。瞬间，作者感到有一丝尴尬，但马上对这样的文化冲击充满了好奇。接下来的几天，就把调研的重点转为生态厕所了。

图 2-2-1 黄岗村生态厕所（1）

图 2-2-2 黄岗村生态厕所（2）

图 2-2-3 黄岗村生态厕所（3）

对于如厕的场景，在调研中村民们并没有任何隐讳，反而觉得这在黄岗村是很正常的事情。他们觉得这种半镂空设计多方便如厕，如厕时环境清新，还可方便邻里之间闲聊沟通。即便现在村里人在家里建造了现代化的独立式卫生间，但是村民们还是喜欢在鱼塘上厕所，觉得会更加轻松自在；而且很多老人觉得家里是居住的地方，应该保持干净，厕所就应该建在户外。只是随着家庭卫生间越建越多，生态厕所就变得越来越少了。

村里人说，过去厕所一直都是建在鱼塘上的。外人看来以为是为了村民们方便，甚至认为厕所这样建造有些不雅观。然而，深入了解后，才发现其间蕴含着深刻的生态循环思想。早年侗族本就是滨水民族，他们迁徙后所选择的新的家园地址也往往是靠近溪水，沿水而居。渔猎生计也就逐渐演化为以农耕生计为主、人工养鱼为辅的复合生计方式。鱼塘，就是用来养鱼的。人类的粪便进入池塘，池塘中大量的微生物将粪便分解。侗民在鱼塘中种有一种浮生植物——大藻。大藻（学名：Pistia stratiotes）俗名水白菜、水莲花或是大叶莲，天南星科大藻属，多年生浮水草本植物，雌雄同株，繁殖迅速。大藻喜高温湿润气候，一般在温度15～45℃之间都能存活。池中粪便被微生物分解后产生大量的二氧化碳、水和含氮无机盐等。大藻喜氮肥，其根通常不扎于底泥中，茎叶浮于水面，通过叶片、根系等器官利用光合作用吸收水体和底泥中的氮、磷等元素用于自身的合成和增殖，将营养物质固定在植物体内。[1] 所以，在这样的肥水中，大藻生长发育快，

---

① 李猛，马旭洲，王武.大藻对水体氮磷去除效果的初步研究 [J].长江流域资源与环境，2012，21（9）：1137-1142.

分株多。与此同时，这也表明大藻浓密的根须使其可以净化水体中的有机物和超标的氮、磷等元素，具有较强的净化水质功能，给鱼的生长提供良好的水体环境。丰美的大藻水草可为许多水生动物如小虾、蚯蚓、幼螺、昆虫等提供栖身地和庇护所。鱼塘里喂养的是杂食性鱼类，其食性很广，鱼塘中的水草、甲壳类小动物、昆虫的幼虫、蠕虫等都是它们的食物来源。但是，大藻在这种富营养化水体中能够迅速繁殖，一旦管理疏忽很容易因其过度繁殖而导致鱼塘出现生态性灾害。黄岗村侗族村民会定期打捞大藻，其多用来做猪饲料。因为大藻的根茎叶含水分多，纤维少，质地非常柔嫩，村民们打捞上来后将其打浆或切碎喂猪。又因大藻鲜草的养分含量丰富，喂猪剩下的还可以施于农田做绿肥。当然，这些鱼塘里的鱼并不是拿来供人食用的，是用来做种鱼的。侗民将孕育出的小鱼再放置山上的梯田放养，即进入了梯田中的稻—鱼—鸭系统，该系统中的鱼才是拿来供侗民食用的。通过这样的操作，被人们视为废弃物的粪便既可达到生物治污的目的，又可将其资源化利用，进入新的生态循环系统，变废为宝。

二、呼伦贝尔蒙古族畜粪养草

内蒙古呼伦贝尔市是内蒙古自治区下辖的地级市，南部与兴安盟相连，东部以嫩江为界与黑龙江省为邻，北和西北部以额尔古纳河为界与俄罗斯接壤，西和西南部同蒙古国交界。呼伦贝尔市辖境总面积约为 25 万平方公里，占内蒙古自治区面积的 21.4 %。呼伦贝尔市土地总面积约为 3.8 亿亩，其中天然草场面积 1.26 亿亩，占全市总面积的 33.2 %，退耕还草面积 100 万亩，退牧还草面积 480 万亩。呼伦贝尔市夏季温凉短促，春季干燥风大，秋季气温骤降霜冻早，冬季寒冷漫长；热量不足，昼夜温差大，有效积温利用率高，无霜期短，日照丰富，降水量差异大，降水期多集中在 7—8 月。全年气温冬冷夏暖，温度较差大。

（一）呼伦贝尔生态系统的特征

呼伦贝尔襟山带河，广漠荒寒，气候冷暖不时，土壤厚薄亦异。在广袤的土地上，其生态系统呈现多种类型，因此其自然环境表现出极大的差异性。呼伦贝尔属于亚洲中部蒙古高原的组成部分，大兴安岭以"东北—西南"走向纵贯呼伦贝尔市中部，以"大兴安岭—阴山—贺兰山"为界，形成三大地形单元和经济类型区域。

一是呼伦贝尔市林区位于沿大兴安岭一带，珠尔干河迤东、迤北至额河口，海拔 700～1 700 米。该区段土质硗脊，林密山深，适宜狩猎采集，鄂伦春族大多居住于此。这里林木丰茂，可供利用的资源也颇丰，但是由于交通不便，林木采伐运输困难较大。此外，境内湖泊也较多，但是地处边荒的蒙古族人视鱼为马魂，是禁止捕鱼的。在蒙旗自治时期，曾有俄人觊觎此地的渔业，订立各种合同。

二是呼伦贝尔市的低山丘陵与河谷平原地带位于大兴安岭东麓，即海拉尔河迤北、珠尔干河迤西区段，海拔 200～500 米。这一地区土壤肥沃，多为黑壤，沃野千里。虽然土壤中略微带沙，但仍可事耕垦，生计方式以种植业为主；在草原与林地的过渡地带，土壤多为黑钙土，也适宜发展种植业。目前，这一区域已经形成了以农牧业为主、农牧结合的经济带。

三是呼伦贝尔大草原，位于内蒙古高原东北部、大兴安岭以西，自海拉尔河以南至索岳尔济山的区段，海拔在 550～1 000 米之间，是典型的中温带大陆性草原气候。呼伦贝尔大草原是牧业四旗（新右旗、新左旗、陈旗、鄂温克旗）、海拉尔区、满洲里市、额尔古纳市南部，以及牙克石市西部草原的总称。由东向西呈规律性分布，地跨森林草原、草甸草原和干旱草原三个地带。除呼伦贝尔草原东部（约占草原总面积的 10.5 %）为森林草原过渡地带外，其余多为天然草场。多年生草本植物是组成呼伦贝尔草原植物群落的基本生态性特征，草原植物资源 1 000 余种，隶属 100 个科、450 个属。该地区土含沙性，而水曲草丰、平沙千里，适宜从事草原畜牧业，是蒙古族人游牧的重要场所，而且禁止从事屯垦。

（二）牧民畜粪利用方式的独特性

一直以来，畜粪不仅是传统蒙古族重要的生产资料、代步工具、生活必需品，同时也是其宗教生活、文化艺术生活等精神世界中不可或缺的内容，具有显著的民族特色。在蒙古语中有很多关于畜粪的称谓，不仅仅只有牛粪，还有其他牲畜粪便，依据不同阶段、不同季节、不同颜色和形态等都有相对应的词汇。很多语言学学者认为，每一个部落和族群对自己从事的传统经济和环境的名称最富有文化特色，且最为详细。蒙古语中有如此之多关于畜粪的词汇，直接体现了畜粪在蒙古族同胞生产生活中的重要性，牧民们都将牲畜粪便视为珍宝，畜类是其生产生活中的重要资源。

1. 用作柴薪

呼伦贝尔草原的植被土壤分布具有明显的经向地带性变化规律，由东向西干旱程度逐渐增加。一般高大乔木、灌木丛林都无法在草原牧区生长，而牧草种类繁多，在草原牧区适宜从事畜牧业。在这样的生态环境下，畜粪自然成为牧民游牧生活中最佳的燃料选择，其他农耕区的蒙古族民众也多采用畜粪作为燃料。牛粪最大的功能就是用作燃料使用，主要用于烹饪、取暖。干牛粪在蒙古语中被称为"argal"，并没有牲畜排泄物的意思，而是带有感情的、让人暖呼呼的柴薪资源。目前，一般家庭捡拾牛粪的工作主要由妇女、老人、小孩完成。当地牧民认为不是每个季节的牛粪都好烧，最好烧的牛粪是春天和秋天的。因为牛在春秋天吃草较少，拉出来的粪便较硬，加之春秋天气干燥，太阳一晒，牛粪就干了，直接从山上捡回来的干牛粪就可以烧。冬天的牛粪不太好烧，一般牛粪是冻住的，捡回来后需要晒干才能烧。还有牧民说，羊粪热量更大，他们一般冬天烧羊粪，利于取暖，夏天烧牛粪，热量较小。在漫长的冬季，牧民们多选择让羊群在山腰或洼地过冬，以躲避刺骨的寒风，同时产生很多粪便，经过羊群的踩踏、躺卧，将粪便整成块状物，这样的块状羊粪热能更高，火力更猛，是牧民理想的燃料来源[1]。所以，一般牧民们会在冬季将牛、马、羊等各种畜粪捡回来堆在自家门口，经过一个冬季和初春的日晒风吹，到春季时畜粪已经基本上被完全晾晒干了，以为牧民们提供烧火、取暖、做饭的柴薪。谁家堆的干粪越多，就说明这家人越勤劳、越富有。正如谚语所云："拥有烟雾的蒙古包暖和，常有羊毛的家庭富有。"蒙古族将畜粪与财富关联起来，更加说明了畜粪在其心中的特殊地位。

此外，在呼伦贝尔草原区域因为没有农耕，所以一直没有将畜粪用于还田的传统。在内蒙古的其他农耕区的确有将畜粪用于还田的做法，但这并不是蒙古族的传统。蒙古人不知耕作，一米一粒，皆由千里之外购运而来。清初，清政府在此设屯兵戍守，需要大量军粮，全靠从外输入，道远费重，于是在沿边实施屯垦之法，开辟稻田，汉族的农耕技术才逐渐引入内蒙古。但因呼伦贝尔有广袤的草原，大量开辟农田会影响当地的畜牧业，加之当地生态系统并不适宜水稻种植，因此呼伦贝尔草原至今仍保持着畜牧业的传统生计。但在大兴安岭东麓，水稻得

---

① 乌峰，包庆德．蒙古族生态智慧论：内蒙古草原生态恢复与重建研究 [M]．沈阳：辽宁民族出版社，2009．

到一定的推广种植。到了 20 世纪 50 年代至 20 世纪 70 年代，国家实行计划经济，实施"以粮为纲"政策，大力推广农业技术，对农业种植技术进行革新，汉族农田施用家肥的传统更加深入蒙古族的农耕活动。在集体经济的推动下，蒙古族接受农耕文化，施用农家肥以对农田进行土壤改造，不断寻求提高农业产量的办法。只不过当时他们主要是在集体地上施用农家肥，而对于自家的自留地并不积极施用。

所以，对于蒙古族人来说，牛粪用于还田系舶来之品，他们对其认识也是随着集体力量的强制性干预而逐渐深入和接纳的。从开始的抵触到完成国家分配的产量才能增加集体分红，在村干部的带领下，他们寻求各种提高产量的办法，农区施行的施用农家肥的方法成为最佳选择。而牧区牧民利用牛粪的方式依然没有大的改变，农区对农家肥的需求量不断攀升，但是农区的牲畜散养于山上，很少有牲畜粪便，需要自行上山捡拾或者从牧区运输。当时一个生产队只有六七辆马车，很难满足畜粪的运输。所以，实际用于集体土地上肥的牛粪非常有限。实质上，按照计划经济的平均主义分配制度，干多干少不影响个人收入，因此农民的积极性并不高。而且，当时单个家庭每年必须完成一定量的家肥上缴任务，并被纳入家庭年终分红的分配制度中，故而施用农家肥仅仅是完成一项规定的任务而已。

他们对于自家的自留地是不施用农家肥的。集体土地往往分配的是产量高的甸子地，而自留地一般是沙土较多的坨子地。每年春风一刮，表面的营养土层被刮走，所以当地村民认为给坨子地施肥是一件可笑的事情。加之，生产队运输车辆有限，连集体地驮运牛粪的需求都满足不了，更何况还要为自家的自留地驮运牛粪。汉族农区精耕细作的劳作方式就是这样慢慢植入蒙古族文化之中的。但是，蒙古族对牛粪的利用方式基本延续着传统，对其传统生计方式没有太大改变，基本按照本民族文化的认识和意愿接受异文化因子并加以本土化改造，延续着对草场资源的利用与维护。

2. 用作饲料

当然，将畜粪作为燃料使用，是蒙古族人最主要的利用方式。由于不同畜粪的功能不同，他们将畜粪进行功能细分。羊在冬春季以马粪为主要食物；夏秋季的马粪待到冬春季，或者灾害季节，就已经充分风干，可以给羊当干草料食用；

而蒙古族人又没有储存牧草的习惯，牧草不够牲畜食用时，他们就将马粪做饲料供牛羊食用，以作为饲料的补充，帮助牛羊安全度过少粮或缺粮的时节。

3. 用作日用品

除此以外，牛粪也被蒙古族牧民用于日常生活的方方面面。牛粪是内蒙古牧民最重要的建筑材料。由于牛吃草，排泄物主要成分是纤维，因而湿牛粪混合一些粪灰，即是上等的建筑材料，经久耐用。牧民们把牛粪泥压成粪饼，可以做围墙，也可以制作成各种大小的牛粪砖、牛粪屋，供牲畜过冬，或者储存牛羊过冬饲料等东西。草原上风沙大，牛粪墙可以帮助牧民和牲畜抵御风沙、御寒保暖。传统蒙古族牧民还会把牛粪泥制作成各种满足生活所需的小器皿，精巧别致，又坚固耐用，以盛放一些生活小用品，有时还会做成儿童们喜爱的玩具。湿牛粪晒干后，没有臭味，很坚固，一点也不脏，家家户户都有很多牛粪盘、牛粪框，经济实用。

（三）牲畜粪便利用方式的合理性和科学性

1. 成本低廉，就地取材

内蒙古草原从东北部大兴安岭西坡向西南延绵直至阿拉善盟南部的合黎山和龙首山北麓，东西直线距离长达 2 400 米，南北 1 700 米左右。[1]"以大兴安岭—阴山—贺兰山为界，形成明显的地貌特征，山地以北主要是平原，山地以南主要以丘陵、台地和平原为主。"[2] 其植被土壤分布具有明显的经向地带性变化规律，随着干旱程度由东向西逐渐增加，高大乔木、灌木丛林无法在草原牧区生长存活，而牧草种类繁多，在草原牧区适宜从事畜牧业。在这样的生态环境下，牛粪自然成为牧民游牧生活中最佳的燃料选择，其他农耕区的蒙古族民众也多采用牛粪作为燃料。柴薪、生活用品等全靠从外获取，道远费高。蒙古族人对牛粪的这种利用方式，不仅节约了他们的经济成本，在很大程度上避免了对林区树木柴薪的损耗，还方便获取。

特别是，牧民们实施的是游牧生计方式，转徙无常，住所都是移动的。他们

① 孟和乌力吉.沙地环境与游牧生态知识：人文视域中的内蒙古沙地环境问题 [M].北京：知识产权出版社，2013.

② 刘永宏，曹建军.林业科学技术在生态建设中的作用 [M].呼和浩特：内蒙古大学出版社，2004.

的蒙古包，满语称其为"蒙古博"，被汉人误读为"蒙古包"，概似穹庐，大小不一，高度在十尺至十五尺之间。"其构造法，就地划直径丈余之圆圈，周围排立木柱，柱间用木棍纵横组织如格，箍着柱上，成一围墙。柱上端架木为梁，成一伞形之屋，全部包围毛毡数层，以马尾绳缚之。顶中留天窗，以绳系毡，得自由启闭，通空气、透日光、出烟焰，胥于是乎赖。南设门，高三尺五寸，装小扉，垂毡帘以便出入。毡庐毳幕，搨折便利，诚沙漠居之必要物也……行旅投宿无见据者，且兼款以饮食，盖草地无旅店，中途霜宿，恐为兽伤，恻隐之仁，亦人道所见端也。"① 蒙古族人因为一年四季都在游牧，蒙古包都是被设计成可移动的、轻便的样式，游牧到哪里，牲畜就到哪里，随时随地都可使用；即使是换了草场，也不用一起带走。因此，蒙古族人对牛粪的这种利用方式，即用即捡，即走即弃，既成本低廉，又方便实用。

2. 维护草原生态系统

呼伦贝尔草原生态系统最典型、最突出的特征为寒冷和干旱。内蒙古全区属于典型的"干旱－半干旱型"气候，冬寒夏温，风沙较大；自东向西，呈现为温带大陆性半湿润半干旱的过渡类型。呼伦贝尔草原位于内蒙古高原的东南部，因东部大兴安岭山地凸起，阻挡了东南季风的深入，西部高原地面平坦，无法阻隔北部寒潮。一旦进入冬季，北部极地的寒冷气流在高原高压的笼罩下向呼伦贝尔草原的南部以及东南部猛烈来袭。寒冷气流往往较强且持久，使得呼伦贝尔冬季漫长、寒冷，容易出现大风雪天气。由于该区域空气中含水量较少，降雪量一般不会很大。但是，因冬季寒潮频率高、强度大，呼伦贝尔草原成为全区温度最低的地区之一。内蒙古全区总体降水量少，年降水量仅 50～500 毫米，其年蒸发量却高达 2 000～3 000 毫米。进入夏季，由于高原高压逐渐退缩，大陆则形成低压，恰好东南季风在此时得以进入草原地区，湿润多雨，但是雨季很短，一般仅 1～2 个月，干旱现象频出。整个草原一年四季都有风，春季大风居多，且为旱风，容易吹枯牧草。该地区气候呈现出明显干燥的特征，加之没有高大乔木的遮挡，一旦牧草稀疏甚至退化，大风吹蚀地表土，非常容易引起土壤沙化。藏北草原的植物大部分根系均分布在 0～10 厘米的表土层中，以获取更多的热量、水分和矿质营养，同时表层土壤通风透气条件较好，这些都为牧草根系的生长发育创造了有

---

① 程延恒，张家璠. 呼伦贝尔志略 [M]. 香港：天马出版有限公司，2012.

利条件。土壤温度、含水量和通气条件会随着土壤深度的增加而逐渐恶劣，根量逐渐减少，这是高寒草甸植物对其所处自然生态环境的适应策略[1]。然而，每年冬春季风灾可吹蚀地表土壤 2～3 厘米，则影响牧草的生长，甚至导致草场退化。在内蒙古草原，其生态系统的生态脆弱环节就是土地沙化。即便是在以水草丰美闻名于世的呼伦贝尔草原，其沙化土地总面积在 2004 年也达 130.52 万公顷。[2]

在历史上，呼伦贝尔草原曾是内蒙古自治区水草最丰美的草原，目前也是我国最肥美的草原。这里虽然水资源全年分布不均，但是光照强且光照时间长，雨热同期，与牧草生长的季节同步。呼伦贝尔草原的禾本科牧草以贝加尔针茅和羊草为主，同时还包含有其他多种菊科和豆科杂草，如直立黄芪、裂叶艾蒿、艾菊等。这些禾本科牧草为了适应当地环境，其地上部分在冬季死去，而地下部分仍然维持着生命，以确保春夏能够重新生长发育，为多年生草类。丰美的水草，养活了成群的牛羊。呼伦贝尔水草丰茂，"全境蒙旗各牲畜数，计骆驼七千余头，马十八万两千余匹，牛十四万三千余头，羊一百四十一万余只。汉人及俄侨牧畜尚不在内，牲畜之繁，可以概见。"[3] "富人之产，羊群大者以数万计，小者以数百计；马牛群大者以数千计，小者以数十计；驼群大者以数百计，小者以数头计。最贫者亦必有牛一头，羊数头以为常。"[4]

（1）处置无法降解的畜粪

如王明珂所述："对许多游牧社会人群来说，'拥有'土地并非十分重要，但谁能适时'使用'土地的资源才攸关生死"[5]，其生计方式的核心就是要确保"人—草—畜"三者的有机统一和可持续利用。

在没有人为干预的情况下，如果畜粪过度堆积于地表，会给草原带来以下几个方面的影响。

第一，畜粪的过度堆积会占据一定的草地面积，牲畜无法取食覆盖牛粪处的牧草，是对牧草资源的浪费。不仅如此，根据很多研究结果显示："牲畜拒绝取食

---

① 樊江文. 草地生态系统及其管理 [M]. 北京：中国农业科学技术出版社，2002.

② 孟和乌力吉. 沙地环境与游牧生态知识 [M]. 北京：知识产权出版社，2013.

③ 程廷恒，张家璠. 呼伦贝尔志略 [M]. 香港：天马出版有限公司，2012.

④ 程廷恒，张家璠. 呼伦贝尔志略 [M]. 香港：天马出版有限公司，2012.

⑤ 王明珂. 游牧者的抉择：面对汉帝国的北亚游牧部族 [M]. 桂林：广西师范大学出版社，2008.

牛粪附近的牧草""牛粪影响牲畜取食牧草的面积为牛粪占地面积的 17.5 倍"[1]。

第二，畜粪难以分解与降解。粪便在没有人为干预的情况下能够自行降解，必须要满足一些条件，受到一些因素的限制。天气因素中的降雨对粪便分解是最有影响的要素之一。首先，降雨可促进粪便进行物理分解，让粪便的碎屑更易进入土壤。其次，一定程度的降雨可保证土壤的湿度，只有土壤保证一定的湿度才能够给微生物提供生长的环境。Dickinson 等（1981）[2]通过一组对照试验发现，粪便在具有自然降水或人为模拟降水的条件下分解速率最快，而在整个试验期间不予降水的粪便分解最慢。不仅如此，季节性的变化也会让粪便里面的微生物活性呈现不同程度的改变，对粪便的分解也起着一定程度的辅助作用。根据生物学相关研究表明，粪便下面 10 厘米左右土壤层的微生物的生物量并没有增加，而只对草地表层 0～5 厘米的土壤层影响明显。呼伦贝尔草原虽有雨季，但是雨季很短，漫长的冬季既寒冷又干燥，降水量极少，所以这里的非雨季很不利于微生物的生长，必然在很大程度上影响这些季节畜粪的分解与降解。

此外，畜粪过度堆积在地表容易造成粪便被覆盖。通过对粪便有无覆盖物的对比研究发现，畜粪在有覆盖物的情况下分解 75% 所需时间是 54 天，而不覆盖的情况下只需 32 天。[3] 其实，影响粪便分解的生物因子包括微生物的活动、无脊椎动物的活动、粪便昆虫的取食和搬运，还包括鸟类在粪便里面寻找食物。[4] 可见，畜粪一旦被覆盖，就会阻止周围动物对粪便进行分解。即使是在雨季利于微生物的生长，粪便分解可依赖微生物，但是，微生物的分解是一个极其漫长的过程。而粪便昆虫、蝇类、大型野生动物等能改变粪便性状，使粪便布满小孔或是破碎，空气得以进入，在短暂的雨季加快粪便的分解速度。

第三，影响草原生产力。进入冬季以后，上述很多因素消失，加之温度极低，畜粪容易结冻，在这样的环境下畜粪是很难自行分解和降解的。一般来说，粪便

---

① 姜世成，周道玮.草原牛粪对牲畜取食影响的研究[J].中国草地，2002，24（1）：41-45，54.

②Dickinson CH, Underhay VHS, Ross V. Effect of season, soil fauna and water content on the decomposition of cattle dung pats[M]. New Phytolologist, 1981.

③ 何奕忻，孙庚，罗鹏，等.牲畜粪便对草地生态系统影响的研究进展[J].生态学杂志，2009，28（2）：322-328.

④ 何奕忻，孙庚，罗鹏，等.牲畜粪便对草地生态系统影响的研究进展[J].生态学杂志，2009，28（2）：322-328.

的覆盖一开始就会对牧草生长起到抑制、阻碍的作用。一旦畜粪分解和降解的速度缓慢，畜粪中的一些营养物质会被束缚其中，从而导致营养物质周转率降低和土壤硝酸盐含量增高，给草地带来生态隐患，大大影响草原的地力。同时，营养物质困于不能降解的粪便中，还会影响植物吸收供其生长所需的养分。粪便中的有效养分是否能够进入植物体内、被植物吸收，可以直接影响牧草初级生产量和牧草种类的组成。相关研究结果表明，草地牛粪堆积"利于其周围植物的生长，但只能延及到牛粪堆外围3cm—5cm处，牛粪堆积造成其影响范围内的草地生产力下降11.2%。"[①] 不仅如此，畜粪过度覆盖使得牧草无法获取生长所需的阳光，牧草无法进行光合作用，也就不能在其生命周期内合成有机物，进而导致牧草的死亡。因此，呼伦贝尔蒙古族牧民将畜粪用作燃料使用，不仅仅满足了日常所需，便利了游牧生计，更重要的生态价值则在于避免因畜粪多度堆积草地而导致的生态风险。

（2）处置可利用畜粪

呼伦贝尔蒙古族牧民传统的游牧生计方式除了出于增加生产量以满足经济功能和族群的生存目的外，还有一个容易让人忽视却非常重要的生态功能，即如何处置可供草地利用的畜粪。

新鲜畜粪、未降解的畜粪都不能直接对土壤产生积极作用，增强土壤肥力。一般而言，汉族居民农耕系统中的粪肥壤土习俗，并不是直接将粪便回填农田。一方面，由于生粪中的尿酸含量很高，一旦直接施于土壤中，容易导致粪便发酵而产生大量氨气。一般发酵过程中温度可达65℃以上，会烧坏农作物的根系。如果不经过发酵，粪便中含有大量病虫害和病原微生物可直接进入土壤，导致植物根系染病腐烂，出现作物减产甚至绝收、死亡的现象。所以，农户往往施肥之前会对畜粪进行沤制、堆肥等人工发酵处理，然后再施于农田之中。另一方面，牲畜粪便对土壤微生物产生最大影响往往是在（处置后的）粪便和土壤混合的条件下发生。在农耕系统中，经过处理的粪便与土壤充分结合，可使粪便中的有机物质进入土壤，大大增加土壤微生物的活性，促进微生物的新陈代谢，同时也提高了微生物对粪便营养利用的有效性。

但是，在呼伦贝尔草地生态系统中，牧民从来没有沤肥的技术，畜粪一般停

---

① 姜世成，周道玮. 牛粪堆积对草地影响的研究 [J]. 草业学报，2006，15（4）：30-35.

留、堆积于地表，很难直接与土壤充分混合，并不能直接转化为草地的肥料。未经处置的粪便过度堆积的副作用会凸显出来，这不仅使得粪便对于土壤微生物的作用在一定程度上有所减轻，而且有害物质会严重影响牧草的正常生长。因为牧草的生长不仅受到自然气候因子和放牧管理水平的影响，还会受到牲畜排泄物返还草地能力和程度的影响。呼伦贝尔蒙古族牧民解决这一问题的关键在于游牧的生计方式以及特殊的放牧技术。

一方面，牧民们通过游牧的方式以避免牲畜在同一草场觅食排泄，尽量避免排泄物的日积月累。不可否认，蒙古族的游牧生计方式是牧民们适应当地生态系统的一种智慧选择。同一牲畜在同一草场持续不断地啃食牧草，再加之生态环境的影响，会大大影响牧草的可持续生长。蒙古族牧民没有储草、人工驯化草的传统和技术，但是他们依据内蒙古高原的生态环境特点，以及草场资源分布不均的客观现实，在游牧时将草场主要分为冬季牧场、春季牧场和夏秋季牧场，游牧的周期一般是一年。每年9月底，牧民们开始从夏秋营地转场至冬季营地。因为冬季气候寒冷漫长，且风雪频繁，冬季牧场多选在低洼地、山间盆地或者谷地等相对温暖的区域，依靠地势特点躲避风雪，躲避"白灾""黑灾"等自然灾害。直到来年4月，牧民们赶着牲畜从冬季营地转场至春季营地。春季营地多选在牧草开始萌发的、温度开始回暖的坡地、平地，确保牲畜可以采食到新鲜牧草。每年6月中旬，牧民们则从春季营地出发，一路放牧，直至夏季牧场。由于呼伦贝尔草原水草丰美，因此夏季牧场多集中于此。这里的牧草品种多达130~140种，可满足各种牲畜的喜好，是牲畜抓膘的重要时段。又因为夏季较为炎热，牧民们往往选择在山间、林区、高岗等凉爽的草场区段，而且还要临近湖泊、河流等水源丰富的草场区段放牧。总体而言，牧民们选择不同区域的草场游牧，多考虑季节变化、冷暖气候、水草情况、地势情况等因素，同时也给被啃食的草场充足的时间恢复更新。不同的牲畜，其放牧半径也有很大差别，比如羊的放牧半径约为20公里，牛的放牧半径约为50~60公里，马的放牧半径可达80公里以上。据此，蒙古族先民们采用游牧生计，最直接的目的是解决牧草资源分布不均、保持草地的可持续地力等问题。当然，如此远距离的长途跋涉，带来的另外的一个客观效果就是，牲畜排泄物分布分散，在很大程度上抑制了粪便在同一草场的堆积。

　　另一方面，蒙古族牧民在放牧过程中主要采用五畜组合平衡放牧技术。不同种类的牲畜有不同的生物习性，故需要对不同的牲畜采用不同的管理方式；不同牲畜种类的组合放牧也可适应不同的自然生态环境，以及满足牧民们不同的需求。因此，根据畜群的习性和草原气候条件达成草畜之间、牲畜之间的有效组合，不仅可以起到事半功倍的效果，而且能让整体草场得到间歇性的恢复，确保对草场的整体利用，以及对草原牧草的可持续利用。蒙古族传统的五种牲畜为马、牛、羊、山羊、骆驼，骆驼一般出现在干旱、半干旱草原，呼伦贝尔草原较为少见。其中，马被视为五畜之首，在牧民心目中，马与牧人居于同等地位。"羊得秋气，足以杀物；牛得春气，足以生物。羊食之地，次年春草必疏；牛食之地，次年春草必密。草经羊食者，下次根必短一节；经牛食者，下次根长一节。群相间而牧，翌年食草始匀。"[1]不同牲畜往往喜食不同种类的牧草，绵羊喜食较为干燥、细小的蒿类、禾草等牧草；山羊与绵羊喜食牧草相似，但更偏好较为粗糙的灌木嫩枝叶等；牛喜食柔软多汁的阔叶草类；马喜食干燥粗糙的香味牧草。

　　春秋夏季放牧，一般让这些牲畜分群采食，各吃各的草。牛羊草场靠近水源，马草场靠近山岗，范围更为广泛。羊的爪子较为锋利，且喜欢在草地来回踩踏，容易破碎分解畜粪，有效地促进粪便分解、降解并与草地土壤充分结合，经牲畜踩踏后的粪便可直接作用于草地植被，营养成分容易被草地吸收，促进牧草生长。经过牲畜适当踩踏后，地表不平整，一旦降雨，雨水会富集于这些小水坑，不仅可以在旱季帮助牧草提供水分，还可以为微生物的生长提供有利的环境，以促进粪便的进一步降解。但是，在放牧过程中要特别注意的是，避免羊群在同一草场反复来回地过度踩踏，适当采食牧草、踩踏后，让老公羊带领着羊群到新的草场，慢赶慢放。经过田野调查，不难发现，丰美牧草的地表，几乎看不见沙土，覆盖有一层厚薄不等的"风化壳"[2]。"风化壳"是动物粪便、植物残株与沙土混合经过长年沉积而成的腐殖质层。其结构疏松，透气透水性能极强，不会影响牧草从中穿出生长。夏季，由于光照强烈，0~5厘米的土壤表层受日照等外界因素影响较大，温度、干湿度变化剧烈，不适于根系生长。由于腐殖质层结构疏松，不仅可以抵挡太阳直射土壤表层，避免植物灼伤，起到隔热的功效，还可以储存冰雪融

---

① 徐珂.清稗类钞·阿里克牧务[M].北京：中华书局，1984.

② 杨庭硕.本土生态知识引论[M].北京：民族出版社，2010.

化后的水分，不易蒸发，为植物提供生长所需的水分。[①] 冬季，由于腐殖质层的疏松结构，又可起到保温的功效，给进入休眠期的牧草提供温暖的环境，还可提供必要的养分，根本不需要人工施肥。仔细观察，牧草的根系是横向地置身于这层"风化壳"中，恰好可以规避草场因冷季温差较大而影响牧草存活的特殊条件。夏季牧场的畜粪，牧民们一般不捡拾，让其滞留草场，与植物残株一起风化降解，最终与沙土混合而成"风化壳"。因为有了这样的保护层，即便遇到大风天气，但地表的沙土被"风化壳"覆盖着，也不会造成风沙漫天的情形，最大限度地保护了草场资源。所以，在放牧时不允许牲畜们走回头路，特别是针对羊群的特殊"照顾"，就是避免牲畜因过度践踏，或者采食到牧草根部等行为而导致"风化壳"被掀翻，这正是他们促进腐殖层快速形成以及得以保护的一种维护草场资源的重要方式。

冬季放牧，在分群、分类放牧的基础上，再重新排列采食的先后顺序。不同的畜种一般对应消费特定的牧草资源，因此多元化的畜群结构，不仅可以高效地利用牧场，而且能达到畜群间相互配合抵御灾害的效果。呼伦贝尔草原稳定积雪期从 11 月中下旬一直持续到次年 3 月下旬，积雪深度平均为 20～30 厘米，最深可达 40～60 厘米；其西部雪量相对较小，难以形成积雪覆盖。一旦积雪深度持久地达到 15 厘米以上，或者冻结，就会导致牧场封冻，造成"白灾"。如果积雪较少，甚至无雪，就会导致草场、牲畜在漫长的冬季缺水，进而增加夏秋季的放牧时间，造成过度放牧并导致草场退化，而形成"黑灾"。因此，适量的降雪对畜牧业是非常有利的，可以帮助解决牲畜冬季的饮水问题；待到积雪融化时又可及时为牧草返青提供充足的水源。一旦遭遇"白灾"天气，畜群开路的是马。马用马蹄轻易地扒开积雪，翻出枯草，用蹄子铲着吃草，促使草籽掉入土中，以利于来年萌发。马是直肠子动物，吃入体内的草籽直接排出体外，加之马群的进食距离很远，马喜欢在宽阔的草地上来回跑动，因此草籽混合粪便，为来年牧草的萌发提供良好的培养基。一般而言，马群采食过的草场，在来年返青时，其草的种类和密度会相比其他草场更好。马群完成了其开路先锋的使命后，草场的积雪已被掀开，接着放牧牛羊。但是，牛羊食用马翻出的枯草，草料往往不够，马粪

---

① 皇甫睿 . 藏北高原的"清道夫"——生态人类学视角下的西藏牛粪文化 [J]. 广西民族研究，2021（3）：87-94.

就被用来作牛羊的饲料。羊群中保留一定数量的老公羊，并不是出于对经济价值的考虑，而是老公羊可以率领羊群跟上马的步伐。一般冬季放牧就会将这样的牲畜搭配固定下来，可保证畜群们安全度过"白灾"，顺利越冬。

综上，内蒙古牧民通过对畜粪的"用"与"留"，再密切结合游牧的方式，错开利用不同草场，以达到草场资源循环利用、草地肥力不减的目的，进而总结归纳出一套规避其生态脆弱环节的本土生态知识，并将其深深地融入蒙古族的传统文化之中。他们深入了解并利用不同畜种的生物属性和生理特性，以及不同草场的生态环境特征，而能动地作出灵活组合与资源整合，依靠形成的合力来满足牧民的各种需求。这正是他们充分发挥本民族的文化主观能动性，以其特有的文化行为，而总结摸索出的一套实现人、畜群和草原的耦合演进的本土文化模型，使得世世代代蒙古族民众在内蒙古高原繁衍生息、安居乐业，具有不可替代性。

三、西藏藏族牛粪作燃料

（一）加苏村基本概况

以海拔高度为划分依据，一般把西藏分为藏北、藏东、藏南三个部分。藏北地区，又称羌塘高原，包括海拔 4 100 米以上几乎整个那曲地区及阿里地区东北部，属纯牧业区；藏东地区，包括海拔 3 000～3 200 米之间的澜沧江上游及支流地区，属农业区；藏南地区，包括海拔 3 600～3 800 米之间的雅鲁藏布江中下游地区，属农牧业兼营区。[①] 此处谈论粪肥农业主要是针对藏北高原而言的。西藏那曲市班戈县，位于藏北羌塘高原南部那木错、色林错两大湖泊之间，属于典型的湖盆地区，平均海拔约为 4 700 米，总面积约 3 万平方千米。该地区总体地势北高南低，河流纵横，草原开阔，且山势平缓，适宜发展草原畜牧业。由于山脉隔断印度洋潮湿空气的进入，以致班戈县形成高原亚寒带季风半干旱气候区。其特点表现为气候寒冷，空气稀薄，四季不分明，冬长无夏，年均气温仅在 0℃左右，年降水量为 289～390 毫米。班戈县天然草场面积约为 6 000 万亩，土壤类型以高山草原土（16 775 平方公里）、高寒草甸土（4 474 平方公里）及高山荒漠土（3 950 平方公里）为主，永久冻土层深度约为 3 米。

[①] 皇甫睿.藏北高原的"清道夫"——生态人类学视角下的西藏牛粪文化 [J].广西民族研究，2021（3）：87-94.

普保河将班戈全县分割为南北两部分，南部位于纳木错湖畔，水草丰美，一般适宜饲养牦牛；北部多位于干旱和半荒漠的草场，多被视为藏系羊的天然牧场。青龙乡加苏村就位于班戈县地南部区域，加苏村一共有9个自然组（桑地、马地、朗青、索娃、定群、群雪、杂查、孜松、色雄）。加苏村目前拥有草场约35万亩，牧草品种有紫花针茅、高山蒿草、苔草、莎草、禾草和杂草等。

（二）传统生计方式

青藏高原草原文化并不是单一的一种文化类型，从经济类型来看，有农耕文化、复合型经济文化和草原游牧文化。[①] 而且，这些经济类型得以形成，其间不仅受到生态环境的影响，同时也受到原始土著文化、羌文化、吐谷浑文化、吐蕃文化、蒙古文化等多种文化共同作用的影响。所以，藏族文化是世代生息在青藏高原各族人民共同创造和传承的文化。

《后汉书·西羌传》载："所居无常，依随水草，地少五谷，以产牧为业。"[②] 北部的那曲高寒草甸草原占据西藏草地面积的72.66%，[③] 游牧生计成为西藏传统社会最主要的生计方式。该村藏族民众农业产业结构比较单一，仅以放牧为生，属纯牧业区，饲养牲畜仅包括牦牛、绵羊、山羊和马四种。牦牛和绵羊的存栏数量占据全村牲畜存栏数量的92%以上。

在藏北地区，海拔较高，气候寒冷干燥，空气稀薄，生存条件十分恶劣，"人为因素对自然环境的影响相对较弱"[④]，所以人类需要主动去适应它。人们将人类对植物和动物的驯化视为人类迈向新石器时代的重要标志。对植物的成功驯化是农业产生的基础，而对动物的驯化则是狩猎向畜牧业发展的前提。[⑤] 藏北地区基本上没有出现过农业。根据新石器时代考古细石器[⑥] 遗迹，细石器地点主要分布于广阔的河流、湖滨地带，且位于高寒及荒漠草甸地带，草浅稀疏，没有灌木丛

---

① 勉卫忠.青藏高原草原文化系统概论 [J].内蒙古社会科学，2011，32（6）：151-155.

② 范晔.后汉书 [M].北京：团结出版社，1996.

③ 次顿，倪邦贵，等.西部大开发中的西藏生态环境建设战略研究 [M].拉萨：西藏人民出版社，2003.

④ 郑度.中国的青藏高原 [M].北京：科学出版社，1985.

⑤ 张云，石硕.西藏通史（早期卷）[M].北京：中国藏学出版社，2016.

⑥ 注：细石器通常指采用特殊工艺技术制成的细小石核、石叶等，多被作为装备刻到骨、木等复合工具上的石刃来使用。

林，说明当时的藏北人群处于经常性的流动和迁徙之中，近水而栖，主要以游猎、游牧为主要的生计方式。根据新石器时代岩画的考古发现，藏北岩画主要集中在阿里的日土县和纳木错湖一带。这与细石器的遗址地点基本吻合。"动物是藏北岩画中最多、最常见的图像，据统计，青藏高原岩画中动物图像几乎占 90 %。而在动物中，出现最多和最普遍的是牦牛，此外，依次是鹿、羊、马、鹰、狗"①。岩画中的牦牛主要有两种类型，展现了牦牛从野生状态向人工驯养的转化过程，从狩猎为主向以畜养为主的转换过程。岩画中出现了大量的狩猎场面，狩猎的主要对象就是牦牛。这些题材充分说明了狩猎是当时藏北人群主要的生计方式。对牦牛的驯化，标志着从狩猎向畜牧生计方式的转变。

牦牛，又称"高原之舟"，是在第四纪冰期冰缘的环境下发展而来，足趾宽厚，具有极强的耐寒、负重和吃苦能力。牦牛适宜在海拔 2 500～5 500 米之间生存，但海拔低于 3 000 米就不繁衍了。这使得牦牛必然成为藏北高海拔地区人群的重要生态资源。牛肉、牛奶用作食物，牛毛可搓绳、织帐篷，牛皮制革，牛粪用作燃料，公牛还可被当作驮运工具。随着当地居民对牦牛的需求量越来越大，光靠狩猎获取已不能满足其需求，而且会使得野牦牛的种群数量不断减少。所以，藏北先民对牦牛这一重要生态资源维护的方式即将其加以驯化，这样他们对牦牛的充分利用便可永久持续。

（三）藏族牧民对牛粪的利用方式

一般关于牛粪的处置，学界主要存在以下几种观点。

有学者主张，由于畜粪燃烧会造成碳汇积累减少，以及增加草地生态系统循环紊乱的风险，因此寄希望于寻找替代性能源。徐增让以西藏那曲地区当雄县的植物样方为研究对象，"为了减排增汇，未来应该采取能源替代等措施，减少畜粪燃能利用比例，促使草地生态系统的碳循环正常进行和减排增汇。"②

有的学者认为，燃烧牛粪会对环境造成污染。徐增让的研究表明"畜粪燃烧使得其中的有机质、养分排空，致使室内空气污染和草地物质循环受阻。"③张颖

---

① 张云，石硕.西藏通史（早期卷）[M].北京：中国藏学出版社，2016.

② 徐增让，高利伟，王灵恩，等.畜粪能源利用对草地生态系统碳汇的影响 [J].资源科学，2012，34（6）：1062-1069.

③ 徐增让，成升魁，高利伟，等.藏北牧区畜粪燃烧与养分流失的生态效应研究 [J].资源科学，2015，37（1）：94-101.

等研究表明"牛粪燃烧排放甲醛浓度较高，甲醛可与 SO_2 反应产生羟基甲烷磺酸盐，可能对青藏高原霾污染产生影响。"[1]

也有学者认为，燃烧牛粪会导致牛粪中的营养物质流失，影响草场肥力。刘继杰指出"大量的牛粪被捡拾之后，原有营养物质循环被打破，土壤失去牛粪的补给，肥力下降，植被所需的营养物质减少，土壤的物理结构会逐渐恶化，其长期发展的趋势必将是土壤肥力衰退导致草场退化。"[2]

有的学者则主张，由于畜粪的过度堆积会给土地造成负面影响，燃烧牛粪是促进草地生态系统良性循环的一种手段。鱼小军的研究表明"在青藏高原，牦牛粪常作为牧民生活最依赖的燃料从草地上被捡走后，燃烧牦牛粪使灌丛草地免于砍伐，间接地保护了灌丛草地。"[3]

还有一批研究传统文化的学者，站在文化传承的视角，揭示牛粪的文化属性，认为牛粪作为燃料使用是相关民族的历史传统，牛粪是他们生产生活中的重要物质能源，具有易燃烧、成本低、洁净等特点。张宗显指出"牛粪不仅仅是燃料，它还是木柴、煤炭、天然气和其他现代燃料所替代不了的一种吉祥物，是人们的生活和信仰中不可或缺的东西。"[4]

纵观上述各种互不兼容的结论，如果不能就此达成共识，提出相对一致的应对方略，这样的争议只会无休止地继续进行。解决这一难题的关键在于，研究思路要避免钻入宏观或微观的单一视角，要坚持因地制宜的根本原则，认真探讨藏北荒漠生态系统的特殊性。任何生态决策都需要针对不同的生态系统类型，不能套用其他地区的做法，依葫芦画瓢地下结论。鉴于藏北荒漠生态系统的独特性、唯一性，以及藏族文化悠久的历史传统，在没有更佳方案提出、落实之前，应该认可藏民焚烧牛粪的做法；与此同时，也应该去积极探索切实可行的新方案，以免在藏北荒漠的生态文明建设中陷入欲益反损的泥潭。

---

① 张颖，孔少飞，郑煌，等. 牛粪燃烧实时排放挥发性有机物特征研究 [J]. 中国环境科学，2020，40（5）：1932-1939.

② 刘继杰. 藏族文化对西藏草地可持续利用的作用研究——基于斯布村和甲多村的个案分析 [D]. 兰州：兰州大学，2014.

③ 鱼小军. 牦牛粪维系青藏高原高寒草地健康的作用机制 [D]. 兰州：甘肃农业大学，2010.

④ 张宗显. 西藏的牛粪火俗 [J]. 中国西藏（中文版），2004（2）：63-65.

1. 藏北高原生态系统的独特性

藏北高原生态系统最显著的特点就是"高""旱""寒"。[1] 藏北荒漠区的地理结构是漫长地质史积淀的产物，其特异性是独一无二的。从历史维度看，这片荒漠区在青藏高原隆起之前，属于古亚细亚海域范围。进入新生代后，由于青藏高原的隆起，阻断了印度洋暖湿气流北进的道路。随着其海拔的不断提升，最终使得这里的气候变得又干又冷，形成干旱高原季风气候区，其海拔高度在 4 100 米以上，年均降雨量 100～300 毫米，年均气温仅 –4℃～0℃[2]。故而形成了海拔极高、降水极少、气候极寒的特点。在新生代早期，古亚细亚海在气候逐渐趋于干冷的环境下，海水被蒸发，但海水中所含的无机盐长期积淀在这一地区的地下。直到今天，已经成为藏北荒漠生态系统的地基，而少数的海水积水在藏北荒漠区则构成了星罗棋布的内陆咸水湖泊，70％以上为盐湖，其次是咸水湖，淡水湖则极少见。[3] 较大的盐湖有班戈错、马尔盖茶卡等；境内的咸水湖主要有纳木错、色林错等。

在这样的生态环境下实施农耕农业，存在几大自然环境带来的障碍。首先，气温过低会严重影响物质能量的循环，比如人畜粪便、植物残株等在没有人工干预的情况下，在低温环境中无法自行降解而进入新的生态循环。其次，这里的冻土层下存在丰厚的可溶无机盐地层，如果实施耕种必然导致冻土层破损或地表裸露。此时，一旦大气降水融入可溶无机盐地层，且此处气温虽低，但是蒸发量较大，就会很容易导致地表水含盐量严重超标，不仅不能用作植物灌溉，反而会导致土地大面积的盐碱化。再次，藏北高原的气候变数难以预测，早晚温差很大，即使是在夏天都可能发生气温从 20 几度陡降到零下的情况，不适合一般农作物的种植。此外，藏北高原处于高原台面顶部，风蚀作用极为强烈，一般的动植物都难以在此处生存。一直以来仅有牦牛、绵羊、山羊等适应高原生态环境的动物在此生存，植物基本上只有高原牧草。在这样的自然地理和生态系统中，藏北藏民只能选择牧业生计来维系本民族的生存与繁衍。在藏北牧业系统中，牧草是生产者，主要

---

① 皇甫睿. 藏北高原的"清道夫"——生态人类学视角下的西藏牛粪文化 [J]. 广西民族研究，2021（3）：87–94.

② 格勒，刘一民，张建世，等. 藏北牧民：西藏那曲地区社会历史调查 [M]. 北京：中国藏学出版社，1993.

③ 格勒，刘一民，张建世，等. 藏北牧民：西藏那曲地区社会历史调查 [M]. 北京：中国藏学出版社，1993.

通过光合作用来生产高原牲畜所需饲料；高原牲畜既是二级生产者，同时又是一级消费者；人类则是最终消费者，位于食物链的顶端。在这条食物链中，牧草是关键，没有牧草，食物链就难以形成。此外，还有人畜的废弃物，特别是对牛粪的处置方式。藏民们畜养了大量的牦牛，一头成年牦牛每天产生牛粪约 40 千克。如果按照汉族的农耕思维，牛粪虽为废弃物，但是可以作为水田肥料对其进行利用，使其再次进入新的循环系统。藏北高原没有农田水稻，而草场是其重要的生产资料，根据历史文献和田野调查显示，历史上牧民没有人工栽培牧草及贮草的习惯，也没有用牛粪回填草场的操作。藏北牧民世代实施纯牧生计，草场一直在被利用，可为何牧草至今仍生生不息，而且目前西藏共有 12.4 亿亩天然草场 [①]。

2. 焚烧牛粪的科学性与合理性

生态学研究表明，任何生态系统都由生产者、消费者和降解者三部分构成。

藏北高原气温极度偏低，平均地温更低，而且极度干旱，很多昆虫、害虫根本无法在此完成其生命周期，很多微生物也无法在这样的环境中大面积繁殖。人类想要在此长期稳定生存、安居乐业，当务之急是通过何种方式加快当地生态系统中的物质能量循环。只有物质能量得以永续循环，才能确保当地动植物能够生存。只有动植物能够存活，才有人类能够在此生存、繁衍的物质基础。因此，该地区的生态系统在没有人工干预的情况下，其物质能量无法顺利循环。藏北高原生态系统中的生产者和消费者勉强存在，降解者却缺位。可以说，藏北高原生态系统是一个结构严重残缺的生态系统。降解者缺位，动植物尸体、废弃物等无法被降解，导致它们在这里摆放数十年都不会腐烂，进而影响牧草生长，最终导致人类无法在此生存、繁衍。这里的高、寒、干，加之狂风肆虐的常态，对藏北高原生态系统的稳定性构成了致命威胁。

历史证明，藏族先民早已解决了这一问题。办法很简单，就是将牛粪进行二次利用，而二次利用最主要的方式就是将牛粪作为燃料使用。焚烧牛粪，实为一种既能加快当地物质能量循环，又能满足人类生产生活的文化适应对策。而且在这里，牛粪不烧不行。牧民通过焚烧牛粪增强物质能量循环的科学性和合理性，关键在于避免牛粪超长时间滞留地表而干扰牧草的正常生长。

在世界其他地区，地表一般都有深厚的土壤层，就连北冰洋沿岸的冻土带，

---

① 格勒，刘一民，张建世，等. 藏北牧民：西藏那曲地区社会历史调查 [M]. 北京：中国藏学出版社，1993.

由于纬度高、海拔偏低，经由河流携带的泥沙积淀，地表也能形成较厚的土层。人们往往习惯性地认定，植物都是长在土壤中的，动物都是吃草长大的。但在藏北高原，情况完全不同。藏北荒漠拥有充足的满足植物生长所需的阳光、空气，但植物进行光合作用所需的淡水资源严重匮乏。藏北高原的地表几乎没有土壤层，其地表连片分布着冻土、砾石、咸水湖泊，淡水资源不能稳定存在于地表，要么被晒干，要么被无机盐污染。加之气候过于干冷，空气极为稀薄，太阳光照极为强烈，其他地区常见的植物在这里几乎无法生存。这里的牧草并不是生长在土壤中的，其根部横向地生长在紧紧附着地表的地衣层中。地衣不是单一的植物有机体，而是一类"真菌和藻类或蓝细菌的稳定、自立联合体"。地衣组织结构中的髓层呈疏松的纤维状和棉絮状，有一定的空隙，主要功能就是贮存空气、水分和养分。地衣自身的生长是不需要土壤的，主要依赖雨露和尘埃为其提供所需的生活物质。地衣一旦附着于裸露的岩石表面，就会分泌出地衣酸，逐渐腐蚀岩石表面，混合着随风吹来的尘土微粒，地衣层不断加厚，而且迅速向四周蔓延生长。生活在藏北高原的牲畜除了觅食牧草外，地衣、苔藓一类的低等植物也是其冬季食物来源的重要补充。更为重要的是，牧草类高等植物的种子落在地衣上，就与这些地衣植物形成共生模式。藏北高原的牧草正是依靠这些地衣层为其提供生长所需的水分和养分。如果牛粪覆盖地衣层，在当地的生态环境下，牛粪无法自行降解，溶于地表的无机盐渗入牛粪，加之气候干燥，很快就会形成粪石，进而导致大面积粪石堆积地表。原有牧草无法长出，新的牧草种子又落不到地衣上；加之粪石堆积会遮蔽阳光和尘土，地衣也不能生长。地衣实际上是拯救藏北高原的先锋植物，能适应极度干旱、贫瘠、寒冷的环境。如果地衣不能在此生长，则会给整个草原造成致命的威胁，使其生态系统无法循环更新。从这一意义上说，牧民焚烧牛粪不仅可以解决生活问题，而且在利用的过程中发挥着加快藏北高原生态系统更新的作用。只有尽可能地把荒漠空间留给植物的生长，才能确保牲畜的稳定生长，人类才能从中获得安身立命的自然资源，文化生态耦合体也才得以确立。

因为藏北荒漠区已经到了生态系统正常运行的极限地带，其物质能量运行在纯自然环境下极为缓慢，必须凭借人工手段加快物质循环，否则人类在此无法生存。从这样的视角来审视焚烧牛粪的文化行为，就足以解释当地牧民有意识焚烧牛粪的价值和意义。

　　此外，藏北牧民焚烧牛粪的价值还在于减少成本，节约能源和碳汇。在这样的荒漠地区，如果没有满足人类生产生活的燃料供给，人类也就无法在此定居。牛粪是藏族社会生产生活中最重要的生物质能燃料能源，主要用于烹饪和取暖，占能源总消费的 80 % 以上。有学者建议输入新的高能燃料，以替代牛粪。这在交通便利地区施行，无可厚非，但要在这种交通极其不便、人迹罕至的地方，加上藏族牧民每天的放牧半径要超过 50 公里以上，而且要跟上牧民游牧的步伐，其间要承担的巨额经济成本难以估算。不仅如此，要从外面将产出的高能燃料运输到牧区，运输过程中的能耗，比燃烧牛粪本身所损失的碳汇还要高几十倍甚至上百倍。因而，牧民们就地取材，将牛粪作为燃料，方便、实惠，不仅满足了日常生活所需，还可避免因使用替代性能源所造成的能源和碳汇的巨大损失。家住加苏村的达娃顿珠，作者在加苏村考察期间就住在他家。如图 2-2-4 所示，这是达娃顿珠家的牲畜圈。图中是新鲜牛粪，大概需要一个月左右时间，新鲜牛粪会被全部风干。他们再把风干后的牛粪捡拾回屋内，做柴薪使用。简单便捷，成本又低，且柴薪源源不断。现在由于实行草场承包经营制度，草场已经分到户，藏北牧民已经基本上不长距离游牧了，而是定居放牧。目前，达娃顿珠家四口人，分到草场 4 500 亩，牲畜以牦牛为主，共 40 多头。在他家住房旁边修筑了这样一个牲畜圈，围墙均是由牛粪搭建而成的（图 2-2-5）。日常生活中很多地方都需要用到牛粪，牲畜圈内的牛粪不够用时，他们就会外出去草场捡拾干牛粪回来储存。

图 2-2-4　达娃顿珠家牲畜圈

图 2-2-5　达娃顿珠家围墙

　　藏北牧民对燃尽的牛粪形成的牛粪灰也进行了高效利用。但这里的藏民没有把牛粪灰用作肥料，而是用作建筑材料、保温材料或药用等。上文已经提及，这里的牧草主要是依赖地衣来提供生长所需的水分和养分的。由于地表土壤中的水分含盐量本身就很高，施了肥反而会把地衣、苔藓等低等植物烧死，以致长不出牧草。至于植物生长所需的氮，地下的无机盐储备虽然不能提供，但地衣层中的藻类生物会在太阳的照射下，摄取空气中的氮气，为自己合成氨态氮肥。正是因为有了地衣层，高等植物才能在这里生长。如果仿效其他地区加施高效磷钾肥，把地衣杀死，就连氮肥的来源也会被切断，最终藏北地区恐怕就会成为真正意义上的不毛之地。从这一意义上说，藏民对草木灰的利用方式，既能保证对生态资源的高效利用，又可确保对生态系统的精心维护，不失为明智之举。

　　即便是在整个青藏高原，其生态系统也存在巨大的差异性，只能具体问题具体对待。在青藏高原相对稳定的农耕区，交通较为方便，粪便又可自然降解，放弃使用牛粪作燃料，不失为一个好的主张。但在像山南区那样的高原农业区，其周围还有 3 500～4 500 米的高海拔地区，那些地区情况与藏北荒漠区类似，牛粪同样需要处理。在那样的区段，有计划地焚烧牛粪，即使不用牛粪作燃料，焚烧牛粪同样是生态维护的高招，决不能受民族本位偏见的干扰，而强行制止他们焚烧牛粪。总之，哪些区段需要焚烧牛粪，哪些区段不需要，都要视具体的自然生态结构而定，真正做到因地制宜。

　　有的学者主张，以牛粪作燃料是陋习，在文化认识上无法接受。这或多或少带有一点民族本位偏见，接不接受是个人的事情，该不该烧牛粪是一个足以影响全球生态安全的问题。藏北牧民之所以一直延续用牛粪作燃料的做法，是长期历史积淀的结果，也是适应当地特殊生态环境、别无选择的文化对策，更是历史上在科学技术水平低下的情况下，必然形成的传统做法。不能用其他民族的观点对此妄加评论，也不能立足于今天的观点去简单否定历史长期积淀的文化产物。单凭以对传统是否接受、是否尊重为目的展开探讨，不管得出什么结论，最多只是让读者开开眼界，对实际的生态系统很难起到积极作用。因此，需要研究者从对生态的实际影响角度出发，来作出科学性和合理性的分析探讨，才能得出既符合时代需求，又真正能够支持当地社会经济发展有价值的结论。

综上所述，研究者往往从自己熟悉的学科入手，要么陷入宏观探讨的瓶颈，要么陷入微观探讨的瓶颈，最终造成不在一个平台展开对话的局面。于此，有一点应该达成共识，即围绕藏北荒漠区是否应该将牛粪用作燃料，都得立足于科学观和整体观，都得排除民族本位偏见，在系统认识当地自然地理与生态结构独特性的基础上展开深入的结论性探讨。藏北牧民用牛粪作燃料，是一项有价值的传统，是当地藏文化适应独特自然与生态环境的一项创新。但任何意义上的传统，都不会一成不变。随着科技的发展、社会的演进，都会出现创新的空间，传统也可以升级换代。对环境的适应，同样可以作出创新再适应，藏北牧民以牛粪作燃料也是如此。

3. 藏北牧民文化行为的合理性和科学性

上述藏北牧民对牛粪焚烧的行为解决了藏北高原降解者缺失的问题，弥补了藏北高原生态系统结构的缺陷。当然，藏北牧民的其他文化行为所表现出来的生态智慧也是不可忽视的，大多也是围绕确保牧草的可持续性利用展开的。集中体现为以下几个方面。

（1）以游牧为生，不实施农耕

因为实施农耕需要翻地，而当地由于永久冻土层的存在，土地无法被翻动，就是现代技术装备也无法将其翻动。藏北荒漠有丰富的天然牧场资源，包括莎草科、禾本科、菊科、百合科等优质牧草。虽然这里属于高原荒漠生态系统，但由于植物本身具有适应环境的本能，在自然选择的作用下，总会有一些高等植物得以存活于此，为牧民提供饲草资源，能够支撑起当地藏族的可持续生存。达娃顿珠曾和作者谈起小时候放牧的场景：

"我们村从古到现在依靠牛羊为主生活的，一年四季的收获都来自于牛羊，祖祖辈辈都以放牧为生活的草原对一名牧民来说像自己的亲生孩子一样，都不想失去那片草原。我们家乡辽阔的草原上有各种各样的花朵和小动物，我们在那里玩耍，从早上玩到晚上。我们玩到中午时太阳出来的时候，就躺在草原上，在辽阔的草原上自由玩耍，我们还可以在辽阔的草原上骑着马唱着歌跟大人一起去放牧。到了晚上把骏马在草原里吃嫩草，我们一边看地形搭帐篷，一个晚上住在草原上过夜。小时候妈妈必须让我跟她一起去放牧，我也很喜欢跟她一起去放牧。有一天，在冬天我跟妈妈一起去放牧，到了山底下准备下雪（快要下雪了），我心里想下雪有什么害怕的。我紧紧地跟着妈妈，越往前走，雪下得越厉害。妈妈跟我讲儿子你还能去？我边摔着边跟着妈妈回话能。她高兴地跟我讲，到山顶就吃午饭。我突然觉得自己的肚子很饿，我就催着妈妈马上吃饭，因为到山顶的路还有那么远，我受不了了。于是，妈妈就背着我爬上山顶，到了山顶后才开始吃午饭。我每次跟妈妈一起去放牧都带牛肉，牛肉是一块一块切好的。"

游牧生计，又被称为迁徙转场放牧，实际上是通过让草场轮歇来维护牧草可持续生长，维系草地肥力的重要举措。对于从事游牧生计的藏族民众来说，牧草（又称饲用植物）是最为重要的生态资源。作为高原草地生态系统的主要构成部分，牧草不仅是食草动物赖以生存的主要物质基础，还是防风固沙、净化环境、保持水土的忠诚卫士。在把太阳能转化为生物能的绿色植物中，草本植物是种类最多、覆盖面积最大、适应能力最强、更新速度最快的一种生物资源，对提高人类物质生活水平和改善生存环境都具有非常重要的地位和作用。牧民们春夏逐水而牧，秋冬有固定牧场，牲畜过冬采用贮饲方法。当然，藏北牧民的游牧并不是毫无界限的，也不是人们想象的那样，哪里水草好就可以随意迁徙往哪里，而是依据整个藏北区域草场牧草的生长情况和生长特点而定，依据各部落的大小和牲畜的数量，有组织、有规律地在不同的放牧点之间来回移动。传统社会的草原为部落集体所有，牲畜是牧民的私人财产，对草场的畜群迁牧则由头人安排。一般而言，藏民游牧方式主要包括三种基本模式，即"逐水草而居"的大范围游牧、半定居的小范围游牧、季节性游牧。牧民们具体选择何种方式，每年的搬迁次数和范围，主要取决于村落面积的大小和草场管理方式的相互配合；更重要的是取决于牧民们能够认识到高原不同季节水草资源的生长特点和规律，而作出以生物气候的垂直差异为依据的季节牧场的划分和利用。无论牧民们采取何种放牧方式，其共同点都在于，利用草场的自然生长规律和自然条件差异，通过草场轮歇、按季转场的方式，既能充分利用草场资源，又能保障草场的可持续更新能力。据前人研究，藏北各牧场的载畜量存在一定的差异，平均每平方公里草场的载畜量约为 5.4～22.8 头（只）[①]。研究表明，这里一头牦牛所需要的放牧范围要广达一两百亩，一头羊需要 70 亩草场才能养活。一家牧民所拥有的草场面积动辄几十、上百平方公里，这已经是当地载畜量的极限。所以，迁徙转场的放牧形式解决了漫长冷季饲草匮乏的难题。不仅如此，这种游牧方式也可尽量减少牲畜对草地地表地衣层的破坏，留给地衣层一定的生长空间和时间，已确保草地来年再长出丰美的牧草。

（2）独特的放牧方式

藏北地区属高寒草原区，牧草生长缓慢，为适应不同季节的草场状况，牧民们因地制宜按季节轮换放牧。牧彦"春天慢放好草滩，夏天避暑上高山，秋采草籽抓膘好，冬天避风寻温暖"。春天水草好的地方较多，适宜慢赶慢放，但不宜太远。牲畜刚经历冬天，一般比较瘦弱，只得慢走慢赶，边走边放，同时还要避免牲畜挤成一堆而吃不饱。[②]正如牧民们所说的："要放得散，看得见，不能团团转。"夏天，是牲畜上膘的季节。一般选择在雨水均匀充沛、冷热适度、无大风的天气放牧。"牦牛上高山"，牦牛耐寒怕热，高山上凉爽，一般将其赶到高山山坡坡顶水草丰富的地方，拉长放牧时间，尽量让牛吃饱喝足。天气闷热、连绵阴雨等天气不适宜放牧，牲畜容易患"雅耐"的夏季常见病，口吐白沫，不吃草，重症者一两日即死亡。[③]秋天，适宜牲畜抓膘配种。这时天气不太冷，牲畜乐意吃草，早放晚归，让牲畜尽量吃饱喝足，利于长膘。放牧地点一般尽量选择山坡坡顶水草较好处，不在"拿淌"（平川）放牧，平川的牧草要留作冬春饲草。冬天，是牲畜保膘保胎的季节，大多选择无急剧降温、无大雪、无大风、无连阴天的天

①格勒，刘一民，张建世，等.藏北牧民：西藏那曲地区社会历史调查[M].北京：中国藏学出版社，1993.

②格勒，刘一民，张建世，等.藏北牧民：西藏那曲地区社会历史调查[M].北京：中国藏学出版社，1993.

③格勒，刘一民，张建世，等.藏北牧民：西藏那曲地区社会历史调查[M].北京：中国藏学出版社，1993.

气，在背风的山坡或山沟放牧，不宜过远。与春天一样要慢放，不能让牲畜拥挤。这样操作的目的在于，一是避免牲畜们吃不饱，二是避免因过度拥挤而造成母畜流产。怀孕母畜不宜驮运重物，不能在水多的地方觅食，晚上要安置在温暖避风之处，以免母畜流产。由于冬季牧草不好而且草料有限，公畜吃草很急，母畜和幼畜又跟不上，一般牧民们就会将它们分群放牧。一年四季，牧民会根据草场的不同草况和天气变化，采取互有区别的放牧技术，同时在放牧的范围上，跨度也是极为宽广。"每岁盛夏，吐蕃畜牧青海，去塞甚远。"[①] 他们逐水草而牧，充分认识了高原不同季节的水草资源，实际上就是对以生物气候的垂直差异为依据的季节牧场的划分和利用。

（3）驯化动物

藏北高原的牦牛、绵羊等牲畜，都是源自藏民们对野生动物的驯化。驯化过程一般是先用绳索捆缚羁绊，并实施监禁饲养的强制驯化方式。在拘系野生动物初期，动物往往是被迫的，情绪多狂躁；之后通过牧民们的长期喂养，动物对人的敌对情绪才会逐渐减弱，慢慢接受驯化；到了拘系后期，野生动物已经基本被驯服，即便将它们放开，它们也不会再逃离。《五部遗教》和《嘛尼嘎绷》等古藏文文献中都记载有"驯服凶猛的野牦牛，曾是古代藏王从事的活动之一。"确切地说，中国的藏族是最早驯养牦牛的民族。[②]

除了驯化野生动物的野性，藏民们还会优化牧畜物种结构。除了驯化牦牛，藏民还驯化了绵羊、狗、猪、骆驼等动物，畜群的种类和数量都不断增加，放牧采取分类放牧的方式。牲畜较少时，偶尔会将绵羊和公牦牛合放。当然，羊群和牛群的放牧规模要适中，一般羊群保持在 200～300 只为宜，牛群规模 100 只左右为宜。在商周时期，藏民们把公黄牛与母牦牛杂交而成犏牛。犏牛具有杂交优势，且性格比较温顺。犏牛产乳量高，肉质鲜美，毛长而细软，非常适合驮运、耕犁。可以说，犏牛的适应能力胜过牦牛、黄牛。牦牛在温度高的地方不宜劳作，容易导致牦牛发狂而死。由于犏牛耐劳耐热，藏北高原的人们在长途运输过程中都会越过温暖的河谷地区，因此只能用犏牛，而不能用牦牛。藏民们对马的驯化，则开启了藏族从畜牧向游牧生计方式的转变，是专业化游牧的显著标志。牧人们

---

① 司马光 . 资治通鉴 [M]. 北京：民主与建设出版社，2020.

② 任乃强 . 羌族源流探索 [M]. 重庆：重庆出版社，1984.

骑着马，既方便牧人远距离骑行，也方便控制大量牲畜群。根据藏文《吐蕃养马经》记载，吐蕃时期的养马业和养马技术已有较高水平，对马的研究已经到了令人惊叹的地步。当时的吐蕃人已经熟练地掌握了阉马技术以提高马的性能，还掌握了高超的喂养、调教、训练马匹的技术。他们还总结出吐蕃良马以具有"三大"（眼大、鼻孔大、胸大）、"三小"（耳小、腰围小、蹄关节小）特征为优种标志。[①]随后"蕃马"闻名四海，并成为吐蕃人在对外扩张战争中的主要军备物资和与唐朝互市的重要商品。

上述藏北牧民的一系列文化行为与对牛粪进行焚烧的文化行为共同构成了藏族牧民们在藏北高原建构的次生生态系统，即藏北高原文化生态共同体。人类要想在此世代繁衍生息，必须对其所处生态系统进行人为干预。如果对牛粪不进行人工干预，牛粪就不会自行降解，反而堆积起来，成为藏北荒漠生态系统更新的大敌。从外界输入替代能源，又会增加碳汇耗损和牧民的生活成本。两相比较，光凭传承传统，断然主张禁止焚烧牛粪，无法服众，也无法纳入政策框架去付诸实践。在当今世界范围内，极度干旱的沙漠地带、温带荒漠草原，至今也还在以牛粪作燃料。没有对藏北高原草地的文化干预，牧草不可能在超长历史时段内为藏民们世代所用。只要保护和传承传统文化的核心内容，其生态价值、社会价值、经济价值仍然可为藏民的子孙后代永续沿用。切不可直接套用其他地区对草地和牛粪的利用方式，因为在世界其他地区，根本找不到与藏北高原一样的生态系统类型。既然是独特的生态系统，就得以独特的方式对待。

第三节　漂浮农业——仿生性

一、漂浮农业概述

农田是农耕民族的生命线。在众多田地形制当中，最为特殊的就是"浮田"。因为大部分农田都是建在陆地上，唯有"浮田"建在水上，进而大规模地形成了漂浮农业。古今中外对于漂浮农业并没有形成一个公认的定义，但是国内外均有涉及漂浮农业的不同形制与生态内涵。美国安德鲁·斯拉特（Sluyter Andrew）博

---

① 王健林，陈崇凯.西藏农牧史 [M].北京：社会科学文献出版社，2014.

士曾指出漂浮农业是一类田地形制的通称，不同地区会出现不同样式的漂浮农田，欧美地区多被称为台田、垄种田、沟渠田、水上田、排水田、山丘田等。[①] 虽然名称不一、样式各异、生态环境不同，但是"漂浮农业的技术原理似乎基本相同，都是力图控制作物根系所着生土壤的湿度，又必须保持作为载体水域的水体，使其能够提供足够的肥分"[②]。要判断农田是否属于漂浮农田的重要依据则是，观其是否"任水浅深随上下，且浮种浮耘"。更重要的是，漂浮农业蕴含的农学思想具有仿生性。人类目前所具有的能力和技术无法改变地球上各种生物的生物属性，人类凭借自身文化对自然生态系统的改造是非常有限的，但也是永无止境且变化多样的。人类完全可以利用各种生物的自然属性，将不同要素进行重新整合、移位，既可以做到不改变各种生物的生物属性，又可以实现在不同生态系统中的永续发展。漂浮农业，不管古今中外的人们采取何种形式，都是在不改变各种生物属性的前提下，在脱离了各种生物的原生生态系统环境后，实施的仿照该生物原生生长环境而建构的局部的人为小生境。

古代中美洲墨西哥盆地的阿兹特克帝国的漂浮农业极度繁荣，其首都特诺奇蒂特兰城邦的霍奇米尔科·卡尔科湖上建有 9 000 多公顷的漂浮农田，种植南瓜、番茄等各种农作物，漂浮农业是该帝国的支柱性产业。墨西哥的漂浮农业是一种湿地秧田农业系统，自墨西哥阿兹特克时代以来，当地农户就是利用这一传统方式建造的架田，并流传至今。2017 年，墨西哥城的架田被成功收入全球重要农业文化遗产名录。架田农业系统位于墨西哥城的低洼地区，当地农户利用芦苇根茎制作成浮筏，浮筏上加盖厚厚的湖底淤泥层，每个架田平均深度达 1.5 米，随后即可种植各种农作物。架田农业系统不但可以应对霜冻和降雨等气候变化，还可保证城市的粮食和蔬菜供应。

缅甸的茵莱湖中就有很多人造小浮岛，其发展迟于中国的架田。缅甸的人造浮岛是在三四尺厚的植物腐殖质层上覆盖一两尺厚的泥土，种植各种农作物，再用竹篱木桩将浮岛固定，浮岛之间建造竹桥或者使用小船以便联系。[③] 荷兰须德

---

①Sluyter Andrew. Intensive Wetland Agriculture in Mesoamerica: Space, Time, and Form[J]. Association of American Geographers, 1994（4）: 557-584.

②Sluyter Andrew. Intensive Wetland Agriculture in Mesoamerica: Space, Time, and Form[J]. Association of American Geographers, 1994（4）: 557-584.

③冒盾. 缅甸的浮岛 [J]. 世界知识, 1980（10）: 27.

海的围海造田、日本神户的人工岛 [①] 等均采用类似造田方法。

中国的耕地面积仅占世界 7 %，中国古代先民为了扩大土地利用范围，形成了向水要田的拓展耕地的思路，把江河湖海边的滩涂围垦，改造成围田、沙田、架田等良田。五代至唐宋，江南水乡地狭人稠，当地农民因地制宜，发明了一种漂浮在水上的、可移动的农田形制，称作"葑田"。"葑田"在中国有悠久的历史，唐宋至明清的众多典籍中都有提及。直至现代社会，仍有少数民族还保持着这样的农田形制。

二、中国漂浮农业的种类

农史研究者对葑田含义的理解并不一致，但是学界大多认为中国的漂浮农田依据其形成性质可分为天然葑田和人工葑田（架田）两种，不可混为一谈。天然葑田是人类对自然物即由泥沙自然淤积菰草之根形成的浮田的利用；架田则是人工在水上用木质材料搭建田丘基础上而形成的人造浮田。

（一）葑田

早期中国典籍中出现的"葑田"并非指可浮种浮耕的农田，而是一种被叫作菰的多年生草本植物。菰，又称菰葑、茭草等，多生长在河湖边缘或沼泽浅水中。菰葑的根系极为发达，盘根错节并夹杂水底泥土交结成片，一旦脱离水底即可漂浮水面，形成天然葑田。

其实，中国对葑田的利用历史较早。野生菰葑的茭白被中国古代先民用作菜食，东晋学者郭璞的《江赋》载："标之以翠蘙，泛之以游菰。播匪艺之芒种，挺自然之嘉蔬。"菰葑结实成菰米，又称雕胡米，是一种古代的重要粮食谷物。在普遍人工种植前，多从野外采集直接食用。宋代唐慎微《证类本草》引《图经》曰："菰根……即江南人呼为茭草者……至秋结实，乃雕胡米也，古人以为美馔，今饥岁，人犹采以当粮。" [②]

早在唐代广东番禺就已经有人大面积利用葑田，只是当时不称葑田而已。天然葑田的厚度不同，厚的可达数尺，薄的只有几寸。

---

① 姚天. 人造耕地说葑田 [J]. 农业考古，1986（1）：233-235.
② 唐慎微. 重修政和经史证类备用本草 [M]. 上海：上海书店出版社，1989.

天然葑田的大小不一，小的只有一亩，大的可达数百亩。乾隆元年（1736年）《江南通志·纪闻》记载，中国历史上的最大葑田在清代宁国府太平县龙门乡。

（二）架田

架田，是指在水上造土，缚土为筏，整土其上，即在湖沼深水底部用木料搭好架子，四周及底部用泥土封实而成的农田，可在水面上漂浮，然后种植水稻。这是无地或少地的农民在地狭人稠的南方，利用自然条件发明创造的耕作方式。根据大多数学者的观点，架田就是指人工葑田，与自然葑田相对。这类人工建造的葑田，自宋元起就得到了广泛的应用。最早记载人工葑田的农学著作是南宋陈旉的《农书》，载："若深水薮泽，则有葑田。以木缚为田坵，浮系水面，以葑泥附木架上而种艺之。其木架田坵随水高下浮泛，自不渰溺。"[①]

该记载内容已经有了明显的人工造田迹象，句句不离"木架"，其实是区别于早期的天然葑田，纯粹由人工建造的木制坵田。至此，"葑田"一词，以及"葑田"作为一种新出现的重要农田形制，其建造方法与过程等，首次出现在农学专著中。随后，元代王祯《农书》、明代徐光启《农政全书》、清代吴邦庆《泽农要录》等农学典籍均以陈旉《农书》的这段文字内容为基础加以记载。其中，王祯《农书》载："架田。架，犹筏也，亦名葑田。集韵云：葑，菰根也。葑，亦作葑。江东有葑田，又淮东、二广皆有之……考之《农书》云：若深水薮泽，则有葑田。以木缚为田坵，浮系水面，以葑泥附木架上而种艺之。其木架田坵，随水高下浮泛，自不渰浸。"[②]

较之陈旉《农书》相关记载内容，王祯的这段关于葑田的记载有以下不同。其一，首次出现了"架田"的名称。此前关于"葑田"名称的文献，从来没有"架田"。一方面，说明王祯其实是将"葑田"和"架田"视为同一种田地形制。另一方面，说明到了元代，"葑田"较之早期人们对自然葑田的利用已经有了更大的发展，越来越多的、各种形式的人工葑田为各地民众所发明。徐光启《农政全书》文字记载的同时所附插图与陈旉《农书》的插图不同之处在于，图中有一根较粗的绳索，一端系于水池岸边的大树上，一端系在插入葑田的粗大木桩上[③]，与

---

① 陈旉. 四库全书·农书 [M]. 上海：上海古籍出版社，1987.

② 王祯. 四库全书·农书 [M]. 上海：上海古籍出版社，1987.

③ 徐光启. 农政全书校注·卷五 [M]. 上海：上海古籍出版社，1979.

过去可移动的葑田形成了鲜明对比，说明一种固定的葑田形式已出现。显然，此处王祯是为了强调民族文化对葑田的改造，更加强调人为因素和民间智慧。故而，改用"架田"以示与自然葑田的区别。

其二，扩大了葑田的适用区域。陈旉所载葑田形制主要分布于江南水乡一带，王祯增加了"淮东""两广"，足以说明到了元代，葑田的适用范围已经扩大，逐渐向南部地区扩展。

其三，关于葑田的建造技术与过程，王祯基本上直接转引了陈旉记载的内容，仅把"溺"改为了"浸"。一方面，说明元代葑田的建造技术与宋代的葑田建造技术没有太大变化，工艺较为成熟且稳定。另一方面，这个字的改动，使得葑田建造技术的文字表述更加精准。"溺"，是指土壤完全泡在水中，这样是不利于农作物生长的，甚至导致农作物因水分过多被淹死。"浸"，是指土壤刚好被水分完全浸湿、浸透，不会产生过多水分而将农作物淹死。恰到好处的水分，既能保证农作物生长所必需的足量水分，又可保证土壤的透气、透水性能。这才是农作物生长最佳的水分条件，故用"浸"比"溺"更精准、更科学、更合理。

此后问世的各农学典籍文献关于"葑田"的记载，基本上沿袭王祯的《农书》，没有出现重大变化。但是，由于各种历史原因，以及葑田形制在封建社会的局限性，无论是自然葑田，还是人工葑田，都逐渐退出了历史舞台。经过现代田野调查，发现我国仍有少数民族地区施行的是"架田"形制，只是在具体形式上有着巨大的差异，但其农田形制的内涵实为一致。

三、台湾邵族"浮屿"

近 500 多年来，台湾的民众逐渐分化为定居西海岸平原转事农耕的平铺人和退居中央山脉两侧和兰屿岛从事游耕渔猎生计的高山族人。1954 年，台湾当局组织进行民族识别，认定"平铺十族"和"高山九族"为 19 世纪 50 年代至 19 世纪 80 年代的少数民族基本格局。当时属于平铺十族中的邵族，后于 2001 年被划归到高山族群。截至 2008 年，台湾少数民族的基本格局已变为"平铺八族"和"高山十三族"。[①]

---

① 杨圣敏 . 中国民族志 [M]. 北京：中央民族大学出版社，2003.

邵族，原本是一个依山民族，与高山邹族差不多，且人口仅几百人，曾一度被归入邹族（又称曹族，古代文献典籍中被称为"曹人"）。后来邵族迁至日月潭边，其生计方式由原来的游耕采集而转为渔猎生计，由原来的依山民族转变为湖居依水民族。根据台湾一些旧方志记载，邵族人有一种非常特别的设计，称为"浮屿"。浮屿，也称浮田，即为一种人工用竹料和芦苇根茎编制而成的大片浮筏，再从湖底挖出淤泥，均匀地平铺在浮筏上，以形成二三寸厚的土壤层，然后可种植各种农作物。这样的种植方式无需向汉族那样进行翻土、中耕、除草等操作，湖底淤泥本就富含各种有机物质，加上植物的腐殖质层，为植物生长提供了丰富的养料。浮筏漂浮在湖面上，水波荡漾使得土壤"潆浸"，又可为植物生长提供恰当的水分，保障了植物生长过程中的透气性、透水性。这些细节都无须劳动力投入，全凭自然条件实现，劳动力投入极为有限却可坐等收获。至于古代具体种植的什么农作物，还有待进一步考证。有人说，曾经种植过水稻。李亦园结合田野调查，对此说法提出质疑："水稻的传入很晚，在方志记载的康熙年间，应该尚未有水稻的种植，相信其实也只是一种捕鱼的设计而已。"[1]

现当代的田野调查资料显示，邵族人在浮筏上种植一些野姜花之类的花草，同时放置鱼篓。一是用来吸引日月潭中的奇力鱼或曲腰鱼跳上浮筏产卵时顺利捕捉，实为一种渔猎方式。与此同时，一旦水力发电设备开始运作，日月潭的水位落差更加加剧，鱼产卵于浮筏上可避免鱼卵流失。二是日月潭浮筏随波漂浮，花草秀丽，形成一大靓丽景观，可为邵族人带来观光产业的丰厚收入。所以说，邵族人是否在浮筏上种植水稻已不重要，关键在于这种"浮筏"充分显示了邵族人凭借其文化发明的一种特别的、巧妙适应所处生态环境的生计方式。

每一个地方的架田形制都有其特殊性，其适用范围仅针对当时民族，是当时民族对其所处生态环境的一种专门适应和改造。日月潭是一个淡水湖，其水位不断升高，而且水位变化幅度极大，特别是季节性水位变化幅度可高达10余米。如果岸边开垦耕地，则容易发生季节性洪灾；如果仅仅以渔猎为生，其生计方式又过于单一。在这样水位变化十分剧烈的湖水区，架田形制具有不可替代的价值。架田既不会占用土地，又不会缩小水域面积；架田随波上下漂浮，既可以抵御旱

---

① 李亦园. 环境、族群与文化——依山依水族群文化与社会发展研讨会主题讲演 [J]. 广西民族大学学报（哲学社会科学版），2003，25（2）：2-6.

涝之灾，又可充分利用生态资源以保持当地的生态平衡；架田投资少、收益丰，既可辅助发展渔业，又可促进生计方式的多元化。

四、湘西苗族"铺树造田"

（一）子腊村基本情况

湖南省花垣县石栏镇子腊村，地处湘西土家族苗族自治州西北部。全村辖境面积约 1.5 万亩，其中村庄占地面积约为 3 000 亩，耕地面积约 1 200 亩，山林地面积约一万多亩，占据全境面积的 60% 以上。子腊河从西南向东北贯穿子腊村全境，形成了一条狭长幽深的河谷，800 多亩水田沿河谷底部呈条带状分布，属于典型的峡谷丘陵地形地貌类型。子腊村属于亚热带季风区常绿阔叶林生态系统，亚热带季风湿润气候，境内光照和雨水充足，年平均气温 13.9℃，年降水量 1 400 毫米。子腊村是苗族聚居村，由 5 个自然寨构成，分为 12 个村民小组。

明代初年，明廷在花垣县吉卫镇设崇山卫，以扼控西南湘黔渝三地的苗患。当时也开始在湘西大力推广引种水稻，在神秘的苗疆地区逐渐形成了特色鲜明的苗族农耕文化。因子腊贡米品质上乘、口感香糯，作为敬奉尊者的特贡，已有百年历史。清代道光年间，子腊籍举人麻国祥赴任县令后，机缘巧合下使得"子腊贡米"名声大噪，"子腊贡米"作为苗疆珍品也逐渐为外界所知，从此每年作为贡品被进贡宫廷。2017 年，"子腊贡米复合种养系统"成功申报中国重要农业文化遗产名录，子腊贡米才得以再次进入人们的视野。

（二）"铺树造田"技术的由来

在一次田野访谈中，无意中听到当地村民提及，子腊村的河水、溪水温度在寒冷的冬季可达 17℃，相关人员曾在冬季用温度计量过水温。后来，他们发现该村的河流温度虽然偏低，但相对恒定，终年处于 12℃～17℃之间。结合上文提及的子腊村的气候、生态环境特征，按理说，在子腊村种植水稻最大的困难应该是水温条件偏低的限制，因为水稻多喜温暖湿润的环境。一般在温度较低时，物质运转速度减慢，而在温度较高时呼吸消耗增加。因此，只有在适温条件下水稻呼吸作用增强，才有利于水稻进行光合作用。一般而言，水稻生长期间的平均气温在 18℃～25℃之间时最为适宜。可以说，水稻种植的温度是决定水稻品种区域布局的重要因素。而子腊村的水温终年恒定在 12℃～17℃之间，并不是水稻生长适宜的温度，百年来却种植出了品质上乘的贡米。2016 年下半年，在著名生态人类学家杨庭硕带领下的研究团队，开始对这一疑惑展开研究和探讨。

苗族是一个有语言没有文字的民族，这类农耕技术很难在历史文献中找到相关记载，所查文献中仅清代同治版本的《永绥直隶厅志·物产》简单地记载了"香稻米"一名。后来经多方打听得知，子腊村麻其勇先生于 20 世纪 90 年代在花垣县雅桥乡当老师，当时他找到清末贡生麻阅芜在民国初期撰写的题名为《子腊贡米序》的碑文碎片，并将该碑文内容全文抄录下来，其间部分内容记载如下：

"子腊为湘西一拥有六百余年历史之古村落。宋末元初，麻大与麻二兄弟二人携妻儿，自崇山披荆斩棘，七日七夜，抵于子腊河谷。当此之时，树木丛生，蔽日遮天；野猪遍山，虎豹结伴；河流泛滥，沼泥漫泛。兄弟二人斩木结庐于半坡，砌石出岸，导水成溪，伐松木以填泥，代代繁衍相继。迄今，子腊木屋满山，良田满川。麻大、麻二创制之松木填泥，大量松香琥珀浸淫，满川稻米馨香油腻。至明朝洪武年间，崇山卫游击都司始征子腊米进宫赞礼，延及乾嘉于兹为盛。"[1]

上述关于子腊村历史的记载，对比其他典籍文献，有些内容仍存质疑，需要进一步考证。比如，宋末元初在子腊村就有水稻种植的内容，与明朝设置崇山卫后才开始引种水稻的记载矛盾。但是，从碑文来看，子腊的稻米作为贡品而声名大噪却为历史实情。而关于"伐木填泥"造田技术的记载，查遍古代农书暂未发现相关记载以佐证。2017 年，当时负责申报子腊贡米为中国重要农业文化遗产项目的陈茜，时任花垣县科技和工业信息化局副局长，带领该局驻子腊村扶贫工作队进行了深入的田野调查。子腊村个别老人还依稀记得早年自家长辈们田底铺原木的经历。为了进一步获得直接证据，陈茜与村委会协商，召集多名村民，对其中几位老人家中的农田先后两次实施挖掘，均挖掘出埋在田底的仅轻度腐烂的原木层。实地挖掘的结果足以证明麻阅芜碑文中关于"伐木填泥"的记载具有可靠性。随后，陈茜联合吉首大学历史与文化学院的专家团队将子腊贡米申报为中国重要农业文化遗产，作者当时也亲自参与了申报材料的撰写工作。专家认为，子

① 陈茜，罗康隆 . 农业文化遗产复兴的当代生态价值研究——以湖南花垣子腊贡米复合种养系统为例 [J]. 贵州社会科学，2021，381（9）：63-68.

腊贡米背后是一套复合种养系统，遂以"湖南苗疆花垣子腊贡米复合种养系统"为名申报，且将"伐木填泥"视为该种养系统的核心技术，并将其命名为"铺树造田"。至此，子腊苗民"铺树造田"的技术系统揭开了子腊贡米如何解决水温条件而产出质量上乘的贡米的神秘面纱。

花垣县位于云贵高原东部边缘，全县地势东、西、南三面高，北面低，分别呈高山台地、丘陵地带和沿河平川三级台阶状分布。子腊村位于花垣县地中部地区，即三级台阶中的丘陵地带，海拔在540～810米之间，属于典型的低山丘陵地貌。目前，人们所见到的子腊村800亩水田几乎都位于子腊河狭长河谷底部区域，呈条带状分布。子腊村原生生态系统河谷底部实为深浅不一的沼泽地带。沼泽淤泥主要是石灰岩质黏性很重的泥壤，透气、透水性能差，不适宜种植水稻。子腊河贯穿村寨全境，河两岸皆为丘陵山原，山体面积几乎占据全村辖境面积的60％。所以，子腊村山多地少，并不适合开辟连片水田。明朝在此处设置崇山卫后，开始引种水稻，当地苗民的生计方式也逐渐由原来的游耕生计转变为固定农耕生计。要想在子腊村种植水稻，首先应该解决开垦固定水田的问题。子腊苗族先民们共同创造出独有的人工造田技术，同时也将原生生态系统改造为次生生态系统，也就是人们今天所看到的子腊村生态系统的格局。

（三）"铺树造田"技术要领与原理

"铺树造田"的技术要领主要是，子腊村苗族先民们合力砍下山体坡面的高大乔木，平铺于谷底沼泽的淤泥之上以抬高地势，然后先后回填淤泥、砂土，形成不同的土壤层，修筑田坎和灌溉系统，最终建成连片水田以种植水稻，并配合与鱼、鸭、蚌、鳝、鸟、蛙等复合养殖，逐渐形成一整套保护生物多样性和生态环境良性循环的农业生态体系。这样的技术操作与架田形制有异曲同工之妙，技术内涵非常相似，都是利用木料搭建人工台田，只是前文提及的架田可移动，而子腊的农田不可移动。可以将其视为架田的一种新型变体，它们共同的特点都是解决耕地面积有限的问题，都是当其生计方式发生变化后，对所处生态系统加以人为适应和改造的结果。而从客观角度来看，前文的架田主要规避水位变化幅度剧烈而带来的生态灾害；子腊村的"铺树造田"主要解决的是改善水温和土壤环境的问题。

水稻的种植离不开温度、光照、水分和养料四个生长环境要素。"铺树造田"技术的原理在于抬高田基和人造土层。抬高田基以改善温度和光照条件，人造土层以解决水分和养料供给问题。

水稻适宜生长在温暖的环境中，一般选在4—5月耕耘播种，以保障其生长期处于夏季。水稻生长期的最佳环境温度在30℃～32℃，最佳水温在32℃～34℃。水稻是喜阳作物，对光照要求较高。光照时间过短，会导致植株生长不良、产量低。水稻接受光照的最佳时长为6小时/天，则可促进水稻进行光合作用，有利于提高产量。子腊村原生生态系统中的沼泽区域，水温终年恒定在12℃～17℃之间，不能满足水稻生长期的水温条件。子腊村虽然终年光照充足，但因沼泽地带四周群山环绕，阳光照射到谷底的时间非常短，也不能满足水稻对光照时长的需求。子腊先民们将高大乔木平铺至沼泽中，根据沼泽的深浅程度，浅处平铺一层直径大小均匀的原木，深处叠铺2～3层直径大小均匀的原木。这样的操作，不仅使新造田面平整，而且将田基位置抬高。田基抬高后，能够接收到更多、时间更长的光照，大大改善了光照条件。田面积水受到阳光直射，提升了水温，而且原木层将田面与淤泥田底隔开，原木间的缝隙自然形成了一个隔热的空间，能够很大程度上保持升温后水温的恒定。不仅如此，填入淤泥的原木，由于淤泥具有透气、透水性能，使得原木最大限度地隔离了空气，大大减缓原木腐烂的速度，仅需一次大规模投入劳动力，足可保证使用上百年。

水稻种植对土壤的要求虽不严格，沙土、壤土和黏土都可以种植，但最适合水稻生产的还是土层深厚、结构良好、有机质丰富的土壤，可极大提高水稻产量。可见，水稻土壤最佳条件为，具有良好的保水、爽水和供肥性能。

一是保水性。水稻全生长季需水量约为700毫米～1 200毫米，光合作用会随着湿度增加而逐渐增强。水稻需水层灌溉，以提高根系活力和蒸腾强度，促使叶片蔗糖、淀粉的积累和物质的运转。水稻在分蘖期对水分非常敏感，水分过少会导致植株枝叶枯黄。水稻根分为种根和不定根两种，均属须根系。种根，又称初生根，只有一条，幼苗期后会死亡。不定根，又名冠根或次生根，根上着生一次支根、二次支根等各级支根。冠根系，由铺地根系和普通根系两类构成。在植株生长后期，根系开始从近地表的节上朝水平方向发展，形成铺地根系，且数量最多。秧苗移栽后30天，根系大部分在耕作层（18厘米）以内，底土层几乎没有。所以，插秧后水田水位应保持在 2～3 厘米，进入生长期后水位应升至 8 厘米左右。

二是爽水性。爽水性，是指土壤具有适宜的渗漏性，土壤表面水分容易落干。土壤的保水性、爽水性与土壤质地有密切关系。质地黏重的稻田土质细微，结构紧密，爽水性一般不好。如果土壤的爽水性不佳，则会导致水田长期被水浸泡，特别是水稻在返青期、减数分裂期、开花期应注意减少水量。因为长期被水浸泡的土壤层不透气，容易导致出现死苗、幼穗腐烂和结实率降低等现象。相反，土壤砂性太重，结构松散，土壤的渗漏性就会过大。水稻在移栽 50 天后，有些根开始由原来的横向生长转为向下垂直生长。特别是在抽穗时，有些大而强壮的根（多为铺地根）进一步扎入底土。此时，如果耕作层越厚，根往下扎就越深。水分下渗越快，向下生长的根系就越快将渗漏的水分和养分带入底层土壤，导致水分和养分易流失，肥效不长久，对水稻后期生长不利。因此，适宜的稻田爽水性，可以增加土壤的氧气，降低土壤中有毒物质的含量，更新土壤环境。高产水田的最佳条件是软而不烂，深而不陷，土水融和。

三是供肥性。供肥性，是指水稻在生长过程中对养分的要求较高，需要充足的营养才能保证其健康地生长发育。水稻根系除了担负着吸收水分的功能，同时还担负着吸收养分的功能。因此，养分的吸收过程既与其吸收水分的过程同步，又与其根系生长的方向和生长期同步。此外，耕作层的厚度也会影响水稻养分的吸收效果。较深厚的耕作层，保水能力较强，充足的水肥可以提高土壤的熟化程度，可为水稻根系生长提供良好的水热条件。耕层深度一般要求在 20 厘米左右，土壤水肥要求含 2% 以上的有机质，以及含有适量的多种微量元素。

总之，对水田土壤层的要求包括：既要有较坚实的犁底层，又要有深厚的耕作层；既要保水保肥，又要有适当的渗漏性。

从目前挖掘到的子腊村稻田底部的原木架田的分布和结构特征来看，不难发现其间对于改善土壤环境的科学原理。在不同的水田中，所铺原木层的层数多为 1～3 层，依据沼泽地深浅不一的程度，整体将田基抬升至合适的高度。这不仅大大改善了水温和光照的条件，而且人为建造了坚实的犁底层。原木之间的缝隙充满了淤泥，原木上层表面也盖满了一层薄薄的淤泥，淤泥上方填铺了厚厚的一层砂砾壤。砂砾壤在当地分布较为普遍。砂砾壤主要由页岩、板岩和砂岩风化物混合而成，形成互层，富含磷、钾。土壤质地好，黏度适中，透气、透水和保水、保肥性能都较好，有利于各种植物的生长。砂砾壤形成的耕作层土壤足可为水稻生长所需的适宜的土壤渗漏性创造最佳的条件。石灰岩形成于浅海环境，是一种海相沉积的碳酸盐类。石灰岩风化物发育成的土壤土质较黏，透气、透水性能较差，但保水、保肥性能较强，而且富含钾、氮、磷等植物生长所需的主要元素。子腊村所处位置在亿万年前是一片汪洋大海，其沼泽淤泥主要就是这种石灰岩风化物发育而成的。当水稻根系后期生长到原木构建的犁底层时，犁底层这层薄薄的淤泥壤，可为水稻在这一阶段的生长提供充足的水分和养分。这样的造土方式，使得人工只需在水稻生长的特定时机控制好水田的灌排，整个生长过程无须人工施肥。

综上，从国外到国内，从汉族"葑田"到台湾邵族"浮屿"，再到苗族"铺树造田"，虽然形制各异，但这一类农业的共同点在于：一是充分利用可供利用的土地资源。这一类型的农业生产都是由于当地可供利用的土地资源非常有限，凭借各族文化对自然生态系统进行的有利于人类的改造。二是注重改造的整体性。任何的改造与技术的创新或引进，都不是对某单一要素的改变，而是综合考虑人类民族团体的社会背景和自然生态系统的环境背景，才能真正做到对生态资源的全方位维护。三是以"漂浮"为技术核心。漂浮，在不同的生态系统中可以被理解为悬空、抬高，这样可在一定程度上实现植物生长的水、光、热等条件的改善。这样的思路有可能为其他水、光、热等条件较差或欠缺的生态系统类型的农业生产提供全新的借鉴。

第三章　当代生态资源利用与生态退化

"生态"，是一个动态的、非连续性的、难以预测的存在，其概念的核心要求是对"关系和整体性的强调"[①]。"生态"原本不是一个现实存在，而是一种人为设定的结构。生命体在这个结构中为了满足自身生存和繁衍的需求，必然要去适应其所处的生态环境。人们给自己不喜欢的、干扰自身生存的某些动植物贴上"害虫""杂草"的标签。一旦这类物种数量超过一定限度，人类就会将其视为"生态恶化"的征兆。如果引用"生态恢复"理论去解决生态问题，则意味着人类不应该干涉生态，而应将人类自身游离于生态之外。然而，人类的生物属性决定了人类实为生态的一部分，人类不可能离开生态而谈生存与繁衍，人类也不可能脱离人的基点去谈论生态。因此，人类所面对的生态"只能是一个以人居于主导地位的特定的生态系统；也就是由人作为历史性的主导者，操作与控制这些变量的过程而塑造出来的。"人类对生态环境的适应过程具有双重属性，即生态环境中不同物种间的相互依赖性与生存斗争的竞争性。从相互依赖中导出"和谐共处"，从相互斗争中导出"控制改造"。无论是"和谐共处"，还是"控制改造"，必然建立在一定的生态物质基础之上，这样的生态物质即为人类所利用的生态资源。这一适应过程必然导致和伴随相应生态环境的变化，一是某特定生态系统中所有参与者的合力作用所致，二是该生态系统中所有参与者无法控制对因素的限制所致。故不同民族团体所呈现出来的差异性，一方面是因自然生态因素的限制与模塑，另一方面必然是由支配不同社会团体的文化模式、经济类型和资源配置制度造就的。显然，人类历史是一个改造自然的过程，而"破坏"与"重建"则是改造的核心内容，造成生态问题的真正根源则是主导人类社会的生活方式、文化类型、经济体系和伦理认知等共同塑造的总体性生存模式。从而，生态问题的本质是，"在人类整体历史中一个特殊断代上（并且是一个甚为短暂的时期），所形成

---

① 陈庆德，潘春梅，等. 经济人类学 [M]. 北京：人民出版社，2012.

的一种特殊的生产生活方式，使人类的需要远远超出了生态系统的承载能力，极其严重地破坏着生态系统的整体平衡和稳定，极其严重地危害到整个地球包括人类的所有生命存在的条件。"①

中国传统农业的发展历程正是对生态资源利用和维护的历程。中国的耕地资源仅占全球的 7%，却养活了占世界总人口 21% 的民众。根据上文，不难发现，虽然中国的人地关系非常紧张，但是勤劳智慧的中国人民创造了一套又一套独特而延续千年的传统农业系统，在很大程度上缓解了这种紧张的人地关系。这些农业系统的特点主要表现为循环利用生态资源、复合种养提高资源利用效率、生物防治病虫害、多元利用生态资源抵御生态风险。其核心要求是对各种关系和系统整体性的强调，在不断利用生态资源的同时又做到了对生态资源的维护，以确保生态资源的可持续利用。

人类社会产生以后，人们面对自然因素导致的生态灾变是无法根除与控制的。依据历史经验，由人为原因诱发的生态灾变一般分为突发的和渐进的两类。"目前，见诸文字报道的生态灾变绝大多数属于人为生态灾变的范畴"，而且已经成为生态人类学研究的重点。回望历史，生态问题其实是人类社会进入工业革命之后才逐渐凸显的。特别是进入 20 世纪以后，生态问题尤为突出。中国是一个统一的多民族国家，不仅地大物博，而且生态系统千差万别、极为复杂。自古以来，任何民族成员都得与其所处自然生态系统打交道。在漫长的历史岁月中，这些民族成员逐步认识到了所处自然生态系统的特征与规律，并经过世代积累而逐渐形成了一个个稳态延续的"文化生态"共同体，这才有了今天中国"多元一体"的民族格局。古代文献偶有记载旱灾、水灾、雪灾等自然生态灾害，虽然其间不排除有人为原因诱发的生态灾变，但是由于在前工业文明时代，人类对自然生态系统的依赖性更强，人们更关注如何去适应生态系统。因而，对生态系统改性的速度和程度远远不及现代社会。很难找到专门记载"生态"的史料，"生态"这一概念只是近代才在中国出现的。当前，人们所面临的众多生态灾变与生态退化多是人为原因所致。因而，更应该从历时态的视角去审视，去重新评估各民族的传统文化对于生态系统稳态运行所作出的贡献，去总结各族人民智慧的结晶。

---

① 陈庆德，潘春梅. 经济人类学 [M]. 北京：人民出版社，2012.

第一节　集约化规模种养

一、生物多样与文化多元

（一）生物多样

人们将生物多样性的受损程度作为评估生态蜕变或生态灾变的重要依据，并将生物物种多样并存的格局作为地球生命体系能够可持续稳态运行的重要保障。地球生命体系中的各种有机物着生于地球表面的无机环境，而无机物和无机能在地球表面的分布是不均衡的，其变化也是无规律的。这些因素都不利于各种有机物的生长，更不利于地球生命体系的延续。而其间的生态系统自身建构起的多层次、多渠道的次生生态空间正是充分利用了这些无机物和无机能。在这里，不同生物物种多样并存，物种之间既相互依赖又相互竞争，进而刺激了地球生命体系的网络化发展，大大提高了各有机物的抗干扰能力。

生物物种多样化并存的生态价值，首先在于它能最大限度地拓展各生物物种的生存空间。每一种生物在特定的生态系统中都有其固定的、有限的生态位，一旦生物链中某种生物濒临灭绝，整个生物链中的物种都将面临生存危机。但如果生物物种多样化并存，则意味着特定生物物种的生态位得到了一定程度的拓展，且多物种之间的合作与竞争使得生态系统达到某种平衡，各物种的生存空间必然得到相应拓展。其次，生物物种多样化并存可提高物种应对不可预测风险的能力。如果地球生命体系中的生物物种过于单一，一旦无机环境发生变动，可能导致不利于物种生存的环境出现，那么所处生态系统以及相应的生物物种就会面临灭顶之灾。地质史研究表明，每一个不同的地质阶段都存在某些具有强势地位的物种，其在地质史的长河中早已消逝。仅仅着眼于这些强势物种在特定地质阶段的生存能力本身，人们无法找到其灭绝的原因，需要从地球生命体系的整体着眼。地球表面无机环境变化导致生物物种生存的风险无法避免，也无法预测，各生物物种在风险中都会呈现出各自抵御风险的能力差异。种类繁多的生物物种各自发挥其抵御风险的能力，进而使得整个地球生命体系的抵御风险能力大大提高。而各地质史阶段的强势物种，由于其数量占据绝对的优势地位，地球表面的生物物种种类相对减少，一旦出现无机环境的变化，有限的物种难以渡过生存难关，单一的强势物种会遇到其无法抵御的无机环境风险，或许这才是强势物种灭绝的真正原因。最后，生物物种多样化并存可大大增强生态系统和生物物种的自我修复能力。生物物种的多样性存在并不是物种数量的简单叠加，特定生态系统中的各种生物之间围绕着其共同的生存环境和生存条件相互依赖、相互制衡，而形成了一个相对独立的立体网络系统。这样的生态系统在一定程度上可以抗拒外来的干扰，以确保本系统的稳态运行。即便是没能完全抵抗干扰，而造成了生态系统的局部创伤，该系统中生物物种多样并存水平越高，其受损后自我修复能力就越强。这就是生态学界"生态恢复理论"的理论基础。

（二）文化多元

地球生命体系的稳态运行需要保持高水平的生物物种多样化并存，人类社会的稳态运行也需要文化的多元并存。文化越多元意味着人类越能够更广泛地、更高效地利用不同生态系统的各种生态资源，以减小生态系统的运行压力，促进人类社会与生态系统的和谐并存。不同的文化持有者获取生态资源和利用生态资源的方式是不同的，多元文化的并存则可避免人们因单一的生计方式而导致对某种生态资源或者生物物种的过度消耗，进而破坏生态系统的平衡，或者突破地球生命体系所能承受的限度。同样，人类社会也会随时面临地球表面无机环境变化以及其他外来干扰导致的风险。这样的风险变化极端复杂、无规律，人类现有的技术水平和知识体系是无法完全掌控的。不同民族文化都蕴含着不同民族在所处生态系统中、漫长的历史时段中世代积累下来的生态智慧、本土知识和技术，这是人类社会取之不尽的文化宝库，足可帮助人类社会提高抵御风险的能力和人类控制环境的能力。当然，人类社会的演进与建构过程，不可避免地会使人类社会出现残损，多元的文化并存也将提高人类社会的自我修复能力。

综上，生物多样与文化多元并存，二者之间相互关联。"由于文化自身具有双重属性，因而两者的生态价值也必然会相互关联。文化多元并存的水平降低，必然诱发为生物物种多样性的受损，这是人类对生物资源的消费趋于简单化所必然导致的后果。而生物物种多样化水平的降低，又必然导致生态系统的稳态延续能力下降。随之而来的后果，就只能是人类社会的发展可持续能力受损。对这种关联性的认识，我们更容易把握人为生态灾变的成因，更容易发现人类生态行为的正面与负面后果，也更容易找到应对人为生态灾变的方案。"[1]

二、盎格鲁－撒克逊农业模式

温铁军将世界农业发展模式分为三种具有鲜明特征的模式，即"盎格鲁－撒克逊模式""莱茵模式"和"东亚模式"。[2]所谓"盎格鲁－撒克逊模式"，主要是指美国、英国、加拿大、墨西哥、爱尔兰、澳大利亚等历史上源自同一个民族且说英语的国家所实行的农业发展模式。这种农业发展模式的第一个显著特点就是去原住民化。这类国家都带有典型殖民主义背景，早期殖民者主要通过大规模屠杀原住民、掠夺原住民资源，而成为殖民者占绝大多数人口的统治者，进而形成的农业模式。第二个特点则是规模化。殖民地建立这些新大陆后，以盎格鲁－撒克逊人为主的欧洲人成为殖民地的主导者和统治者。这些殖民地最大的资源禀赋特征就是"人少地多"，土地耕地面积极广，加之人力资源非常有限且人力成本极高，殖民地农业发展必然走向机械化、自动化的道路。这样不仅可以大大减少人力成本，而且可以快速地扩张耕地面积，进而形成大规模的农场农业，殖民统治者即为这些大农场的农场主。第三个特点是单一化。其生态系统的相对单一，耕地规模非常大，机械化程度非常高，必然使得大农场农业种植的农作物单一化、生产方式单一化。这不仅可以大大减少生产成本，而且有利于农业生产的机械化操作和日常管理，更有利于农产品生产的标准化、批量化和商品化。第四个特点是高投入、高消耗。这一点似乎与前面几个特点有些矛盾，规模化和机械化减少了人力资源的投入和成本，但是需要大量的物质资源的投入，其间最重要的就是以大量的农药和化肥等生产资料投入为支撑。其农业投资远远大于工业投资，实际上是一种资本密集型的农业。而生产、加工、储运和销售的过程又要耗费大量的石油能源，比如美国人每人平均一年的食物需靠约 1 吨石油的能耗来生产。盎格鲁－撒克逊农业发展模式最严重的问题就在于其具有不可持续性，表现为对生态环境的负面影响。我国照搬这种模式后，最终出现了现代藏族地区土地沙化

---

① 杨庭硕. 生态扶贫导论 [M]. 长沙：湖南人民出版社，2017.

② 温铁军，唐正花，刘亚慧. 从农业 1.0 到农业 4.0：生态转型与农业可持续 [M]. 北京：东方出版社，2021.

和盐碱化、侗族地区森林退化、苗族地区石漠化以及蒙古族地区草原退化等生态问题。

"莱茵模式",是指莱茵河畔的法国、德国、挪威、瑞典、瑞士等国家,通过革命推翻封建统治建立国家,并通过对外军事扩张建立殖民经济体系,其对应的农场模式为"中小农场经济"。这种模式最大的特点就是以政府引导市场经济而建立的"福利体系"。采用莱茵模式的国家一方面通过大量外来人口流入殖民地,以改善、优化资源和人口的比例;另一方面,在此基础上实现了海外殖民化,因此所带来的源源不断的经济收益又返回其宗主国。宗主国不断积累条件来建构"以社会保障为基础的福利体系"[1]。这样的福利体系,主要是以政府主导市场经济,运用价格机制对各类资源进行有效配置,实施具有再分配性质的税收政策和福利政策,以建立和谐公正的资本主义市场经济体系。政府的宏观调控将社会公共资源向住房、医疗和教育倾斜,注重社会平等、人文价值和环境保护,农业上逐渐形成了以生态农业、绿色农业为核心的农业生产方式。此外,政府还提供高额的农业补贴,使得欧洲农民收入较高,各类政府补贴占其年均收入的70%左右。[2]莱茵模式的第二个特点是强调合作主义。由于欧洲传统文化观念中有重视集体合作而忽视个体地位的因素,在其农村社会建立起各种农业合作社或者合作组织,注重各种文化元素的结合;同时,欧盟也制定了共同农业政策,以促进合作的深化。欧洲的乡村文化并没有被所谓的现代化摧毁、取代,而是推崇城乡融合与绿色发展。莱茵河畔的模式的第三个特点是农产品质量高。欧洲的农产品质量高主要取决于以下几个因素。其一,莱茵国家重视环境保护,推崇绿色农业。其二,建立起较为成熟的绿色农业支持体系,包括相关制度、政策、评价标准、食品安全管理等,以维护生态系统的可持续性。比如,莱茵河畔各国制定一系列严格限制农药、化肥使用的政策法规,成立各种有机农业组织,建立极为严格的有机农业标准体系,等等。其三,农业科技高度发达。莱茵河畔的国家注重对创新精神的培育,在新品种培育、病虫害防治等方面的科研力度及投入大;注重推广科学

---

① 温铁军,唐正花,刘亚慧.从农业1.0到农业4.0:生态转型与农业可持续[M].北京:东方出版社,2021.

② 温铁军,唐正花,刘亚慧.从农业1.0到农业4.0:生态转型与农业可持续[M].北京:东方出版社,2021.

技术，加强对农民的培训，特别是在农业基础设施建设、食品加工技术等方面不仅投入大，而且鼓励大范围、大规模地推广和普及。基于此，莱茵模式在很大程度上增强了莱茵各国农产品的国际竞争力，使得这些高品质的农产品足以在当下激烈的国际市场竞争中获取绝对性优势。莱茵模式的第四个特点是市民参与度较高，故又被称为"市民农业"。与其他两种模式最大的不同在于，莱茵模式中从事农业生产的除了农民，还有大中城市的城市居民。这些城市居民在郊区租用农民的小块田地，通过打造田园景观、种植瓜果蔬菜等亲自劳作方式来缓解工作压力和避免城市喧嚣，享受真正的田园乐趣，回归大自然。所以，采用莱茵模式的国家的农场规模一般较小，而且很难出现因人口过度集中造成的"超级城市"。但是，莱茵模式最大的弊端则在于政府的财政负担过重。"高税收、高国债、低投资、低消费使得莱茵模式国家陷入恶性经济社会循环"[1]，以及巨大的福利负担都拖累着莱茵国家的经济，甚至使之陷入严重的财政危机。由于其需要支付巨大的制度成本，当莱茵宗主国无力支付成本时，他们就会以各种名义将成本和财政危机向发展中国家转嫁。

"东亚模式"，即以中国、日本、韩国为代表的东亚原住民的小农经济模式，"是以家庭为单位从事小规模农业与手工业生产的经济形态，具有自担风险、自负盈亏的经济运行机制"[2]。东亚模式最大的特点就是呈现出自耕农业的形态。所谓自耕农业，是指"既不租入又不出租土地，依靠家庭成员劳动进行农业经营，必要时使用雇佣劳动作补充的这部分农民"[3]所从事的农业生产。一般在概念上，自耕农业包括单个家庭、自家耕种、小块土地和自主经营等四要素。其区别于其他经济类型的关键在于"是否占有土地"。因此，凡是拥有土地，且经营自有土地，所带来的收获和收入均满足家庭所需的经营形态皆可被视为自耕农业的范畴。也可以说，自耕农业是小农经济形式中最基本、最普遍的经营模式，具有规模较小、分散、自给自足、超强的抵御风险能力等特征。东亚模式第二个特点是这些原住民国家自古采用的就是生态、生产和生活合一的可持续农业模式。东亚国家具有

① 丁纯.盎格鲁－撒克逊模式与莱茵模式的比较——20世纪80年代以来德、法和美、英经济表现和成因分析[J].世界经济与政治论坛，2007（4）：41-48.

② 温铁军，唐正花，刘亚慧.从农业1.0到农业4.0：生态转型与农业可持续[M].北京：东方出版社，2021.

③ 史建云.近代华北平原自耕农初探[J].中国经济史研究，1994（1）：90-102.

不同类型的生态系统，不同的民族在超长历史时段内与其所处生态环境互动适应，而逐渐形成了区别于其他民族的生产、生活方式。这样的"三生农业"并不是单纯的第一产业，而是一个相对独立、完整的"文化生态共同体"。东亚模式的第三个特点就是其土地具有多样化的社会功能。土地不仅只是重要的生产资料而具有一定生产功能，而且在农村社会中往往具有重要的生存保障功能。可以说，土地是农民的生命根基，在土地上的多元化生产方式和生产内容足以保障相应民族成员的生存繁衍和风险抵御。当然，由于东亚国家人口密度很高，人口数量多，东亚模式最大的不足和矛盾则在于人地关系的紧张。但是，各民族在世代经验积累的基础上，早已磨合出一套套缓解人地关系紧张的多样化方案，这是当代东亚国家应该传承和保护的智慧结晶。

盎格鲁－撒克逊农业模式之所以得以成型，必须满足以下几个基本前提和条件。首先需要大量的殖民地，并把原住民人口减少到人口总量的5％以下，这样才能将财富和生态资源集中在少数人手中，进而产生大农场主。亚洲目前是世界上唯一的原住民大陆，特别是中国人口几乎100％是原住民。所以，除了被西方殖民长达400年之久的岛屿国家菲律宾因其岛屿上的大农场主几乎都是外来殖民者而实现了大农场的集约化农业生产外，亚洲均未实现这种生产模式。其次是在广袤的、平坦的土地上实施单一物种耕种。这是集约化农业生产的重要生产资料和生产场所，没有这一条件，就无法实现集约化农业的规模化、连片化生产。最后是需要实行"农业金融化"的政策。美国的大农场集约农业主要是服务于美国的金融资本阶段霸权的全球战略。美国通过高度的集约化生产大规模的粮食，以低价出售于世界市场，从而占据绝大多数世界市场份额，足以左右粮食的国际价格，甚至垄断粮食市场。显然，如此之低的粮食价格，其农业生产实际上是长期亏损的。这些跨国农业集团必须依赖政府的高额补贴才能维持其正常的运营，他们每年可从美国政府获得数百亿美元的补贴以弥补长期的经营亏损，然后直接在全球金融市场通过做金融投机而获取巨额利益。

美国的集约化大农场农业模式最早体现在西部大开发中。美国的西部开发大致经历了三个阶段：第一阶段，从18世纪60年代开始一直持续到19世纪50年代。这一阶段是美国农业的初始阶段，主要以美国西部处女地的土地开发为主，建立大量的大规模农场、牧场。第二阶段，从19世纪50年代到第二次世界大战结束之前。这一阶段主要是实行工业化开发，以矿业开发热和中西部、远西部大批城市兴起为重要标志，并最终将工业中心从东北部转移至中西部，将中西部建设为重工业中心。第三阶段，从第二次世界大战结束前后直到现在的科技开发阶段。美国的西部大开发历时几十年，从最初的以开发土地为重点到推行大规模的土地开垦运动，快速实现了工业化的发展进程，但最终导致美国西部的生态资源遭到严重破坏。不合理的农垦、过度放牧、过度开采等现象频发，导致美国西部生态系统中的植被、地表结构均被破坏，最终演化为土地严重沙化、生态系统严重失衡。1934 年，美国西部草原爆发了一场人类历史上前所未有的黑色风暴，形成的巨大黑色风暴带东西长达 2 400 公里，南北宽 1 440 公里，高约为 3 400 米。这是大自然对人类文明的一次历史性惩罚。虽然黑色风暴的形成与大气环流、地貌形态和气候等因素有关，但是最根本的原因还是人类的不当行为所导致的对生态环境的破坏。开发者一个多世纪以来对土地资源不断开垦，对森林资源不断砍伐，致使土壤风蚀严重而连续干旱，更加大了土地沙化现象。"黑色风暴的发生是沙漠化加剧的象征，是人口、资源和环境综合作用的结果"。所以，黑色风暴的袭击给美国农牧业带来了沉重打击，甚至引起当时美国谷物市场的急剧波动，美国的经济发展受到严重影响。同时，黑色风暴造成的对生态环境的破坏，使得土壤严重沙化，土壤结构发生巨大变化，严重制约日后灾区农业生产的恢复与发展。这次的黑色风暴"直接给美国 20 多个州带来了灾难性后果，40 多万平方公里的肥沃土地瞬间变成了荒漠，数十万农民丧失土地流离失所，社会矛盾急剧恶化"[1]。美国出现黑色风暴的原因很简单：当时美国的耕地宽广且肥沃，但其农业极为落后，为了占据世界市场的有利地位，他们大规模开发西部，施行集约化农业模式。很快美国出口到世界各国的农产品就在欧洲市场占据了极高的份额。但是，整个美国西部为了高产将地表的杂草全部清除，风一吹，土地很快沙化。可以说"种一吨粮食，吹走 40 吨土壤"。当时的华盛顿都被烟雾笼罩，时任总统的罗斯福接受凯恩斯的意见，在国家的干预下号召五百万大军植树种草，用国家转移支付的办法渡过难关。美国西进运动中农业的大规模开发仅仅持续了数十年，美国西部就出现了大面积地力衰竭的现象，20 世纪初以"尘暴"的方式频频席卷北美大陆。

---

① 张军驰. 西部地区生态环境治理政策研究 [D]. 咸阳：西北农林科技大学，2012.

我国土地面积的 70% 属于山地，山多地少，地表崎岖不平，生态环境类型各异。因此，无论考虑哪一个条件，我国的大部分地区都很难实现集约化的农业生产模式。但事实上，我国仍有很多地区正以盎格鲁 – 撒克逊农业模式为标杆，走在照搬、套用、实践集约化农业的路上。

三、湘西苗族现代"保靖黄金茶"产业

民族学学者将人类自古以来的生计活动分为狩猎采集、游耕、畜牧业、固定农耕和工业五大类型。游耕生计类型被业界俗称为"斯威顿耕作"，是一种集狩猎、采集和捕鱼等多种生计作业于一体的生计类型。"斯威顿耕作"并不只是简单地种植特定作物，而是依据不同的生态系统选取特定的种植、采集和狩猎的对象，综合体现为多物种在同一块地上种植、生长，同时辅以充分利用生态系统中的各种自然生态资源。这样的生计类型往往很难明确区分主种作物和主饲动物，也没有储存食物和粮食的习惯，但是获取食物的来源和种类纷繁复杂，总体呈现出多物种、多渠道、多层次利用，以及种与收并存的经济特点。前文已有提及，黄金寨古茶园实为一个相对独立的、多种生物物种并存的复合农耕系统。黄金村村民通过这样的复合种养体系，几乎一年四季都有自己的劳动内容，包括作物的种与收、牲畜的繁殖和出栏、树林的管理与维护等，始终表现出同步交错进行的常态性运作。

国家作为特定共同体的基本组织框架，决定着整个社会的秩序与规范，拥有绝对的、最高的社会强制力。一般而言，国家会在参与社会经济活动的过程中不断调整自身的参与策略、手段和行为，以满足整个社会发展的需求。国家作为一个存在实体，必然要从这样的参与过程中"依凭权力来获取生存收入，并力求实现国家利益最大化的根本动机"[1] 来维持其自身的生存。当然，采用的参与方式会依据时代背景和不同发展阶段的需求而灵活多变，主要包括"直接经济参与"和"间接经济参与"两种基本方式。[2] 有时仅以某种方式为主，有时两种方式同时并行，有时两种方式又会交错进行。"改土归流"后，中央王朝为了加强中央集权，推动和维系共同体的有序运行，以一种特殊的身份参与到社会经济活动中来，并

---

① 陈庆德，潘春梅，郑宇. 经济人类学 [M]. 北京：人民出版社，2012.

② 陈庆德，潘春梅，郑宇. 经济人类学 [M]. 北京：人民出版社，2012.

实现对全国各地的直接管控。在这一时期，中央王朝对茶叶施行的是国家专卖制度，即黄金村苗寨的茶园经营被纳入国家社会经济一体化的框架之下。黄金村自然增大了黄金茶的种植规模，但是黄金村苗民的处置方式仅仅是在原有复合农耕体系中补种一定数量的茶树，并没有改变原有复合农耕体系的基本框架和劳作方式。黄金村茶叶产业在这一时期取得了辉煌的成绩，茶园面积也非常壮观。中华人民共和国成立以后的四十年间，国家实行计划经济，通过实施"统购统销""以粮为纲"等政策，黄金村村民加大粮食种植面积，以致出现了毁茶种粮的现象。幸亏随后政府及时调整政策，提出"以粮带茶、以茶促粮、粮茶双收"，在一定程度上缓解了毁茶种粮的局面。总的来说，虽然湖南省在统购统销时期的茶叶产业在很大程度上得到恢复，但是黄金村茶叶产业在这一时期发展并不景气。如表3-1-1所示，保靖县在1949—1977年间茶叶年均产量不到16担（约800公斤/年），相对于同期全省年均产量5 400吨，其茶叶产量几乎可以忽略不计。

表 3-1-1　保靖县历年茶叶产量、采购量、调出量（1949—1979 年）

年份	产量	采购量	调出量	年份	产量	采购量	调出量
	担	担	担		担	担	担
1949	6	/	/	1965	10	9	/
1950	7	13	/	1966	12	7	/
1951	7	14	/	1967	12	3	1
1952	9	14	/	1968	5	3	/
1953	10	16	/	1969	7	10	/
1954	8	17	/	1970	7	6	/
1955	9	15	/	1971	10	8	14
1956	8	19	6	1972	17	14	1
1957	8	6	/	1973	14	12	/
1958	7	18	/	1974	25	15	1
1959	6	24	/	1975	27	10	1
1960	5	14	/	1976	12	10	18
1961	5	6	9	1977	19	13	/
1962	5	1	/	1978	62	48	2

| 年份 | 产量 | 采购量 | 调出量 | 年份 | 产量 | 采购量 | 调出量 |
	担	担	担		担	担	担
1963	/	/	/	1979	111	75	34
1964	9	8	8	/	/	/	/

1978 年以后，我国农村全面推行"家庭联产承包责任制"，政府几乎退出了农村，农村集体化时代宣告结束。土地分田到户，农民获得了土地承包经营权和自主生产经营的收益权，生产积极性大幅提高。

（一）黄金茶的生产

1. 黄金茶的育种

20 世纪七八十年代，由于茶园长期无人管护，当地留存的茶树开花少，种子也少，加上老鼠吞食茶树种子，茶树的繁殖育种能力较弱。大家认为是茶树品种问题，认为这里不适宜种植原有的茶树品种。于是，在 20 世纪 70 年代中后期，相关部门给当地引种安化茶、福鼎大白、云南大叶茶等外来品种，并且将黄金村作为保靖县茶叶技术培训基地。1975 年，黄金村引进安化群体茶种子 0.7 万千克，种植 300 亩；1975 年年底从福建引进福鼎大白茶种子 0.5 万千克，种植 300 亩。[①]村里 70 岁以上的长者都清楚地记得，20 世纪 70 年代引种的外来茶树品种都无一例外地出现"水土不服"现象而无法存活，引种工作最终不得不以失败告终，外来品种在黄金村全军覆没。当地茶树繁殖育种工作也就自此搁置。

1994 年，保靖县农业局的以高级农艺师张湘生为代表的科技攻关小组，在时任湖南省茶科所副所长彭继光教授科研团队的帮助下，研究发现当地茶树种子少的原因是承接雄性花粉的"柱头"太短，常常被花药掩盖，而导致难以受孕。但与此同时，他们的研究发现"当地茶树品种的枝梢生长量大，扦插易生根，幼苗生长快，非常适合无性繁殖"。于是，他们改换思路，彻底放弃过去从外引种新品种的思路，果断选择将本地茶树品种作为研究扦插技术的突破口。最早使用扦插技术育苗的示范基地主要是当时葫芦镇的黄金村和茶坪村，实验母株采自当地的群体茶。时任茶坪村书记的龙明旺率先将自家稻田改种茶园，育苗实验成功。

① 薛达元，赵富伟，武建勇，等 . 遗传资源及相关传统知识获取与惠益分享案例研究 [M].
北京：中国环境科学出版社，2014.

龙书记家的茶苗育成后立即被一售而空，此后随即成立"保靖茗旺黄金茶产销专业合作社"，后又组建天成茶叶有限公司。

技术的突破值得肯定，不可否认无性扦插技术解决了黄金村本地茶树繁殖育种的难题。但是，人们是否认真思考过黄金村茶树种子少和受孕难的问题所在。如果说本地茶树品种真有遗传问题，那么为什么其历史上有着辉煌的茶业历史？为什么直到现在黄金村还有七片非连片活态古茶园存在？甚至有些古茶树树龄还在 400 年以上？又是否有人考虑过，一旦新技术推广，则意味着古老的黄金茶园整套复合系统都要被全部置换，包括茶树的育种、培植、维护等内容和配套设施。如果原来的古茶园复合系统已经不适应现代社会和生态环境的需求，出现产量低或者破坏生态环境的现象，其全被置换则无可厚非；但事实和历史经验告诉人们，答案是否定的。作者在田野调查中，发现仍有个别年长者还依稀记得他们小时候父母长辈育种黄金茶的场景，他们反复提及茶树种子育种是需要伙伴的。作者再结合相关文献资料，尽量还原古法茶树育种的方法。一般古法茶树育种都是采用有性繁殖育种技术，其基本操作方法如下：第一步，选种净种。一般选取春茶早发、萌发整齐、树势强壮、叶肉厚且叶色翠绿的茶树种子。先用清水将茶树种子淘洗干净，用少许盐搅拌以杀菌防虫，暂且放置一边以备下种。第二步，平土刨坑。平拿锄头，刮去地表浮土，然后刨出一个大小如斗口的坑。第三步，"多籽穴播"。根据"孤子不生"的经验，与陆羽提及的"凡艺而不实，植而罕茂，法如种瓜，三岁可采"的种瓜培植方法有着异曲同工之妙。陆羽《茶经》中这一段关于种瓜的记载可能转引自《齐民要术》。《齐民要术》的种瓜法："凡种瓜法，先以水净淘瓜子，盐和之。盐和则不笼死。先卧锄，耧却燥土，不耧者，坑虽深大，常杂燥土，故瓜不生。然后掊蒲沟切。坑，大如斗口。纳瓜子四枚、大豆三个于堆旁向阳中。瓜生数叶，掐去豆。"[①] 种瓜播种是要将 4 颗瓜子、3 颗大豆一起放在土堆旁边向阳的一面。一般待到瓜苗长出叶子后才会将豆苗掐掉。由于瓜苗萌发力较差，不能单独出苗，需要在瓜苗萌发的同时依靠豆苗帮助顶土。但是，等到瓜苗和豆苗都长出以后，如果不去除豆苗，豆苗反而会盖住瓜苗、抑制瓜苗生长。值得注意的是，只拔豆苗，不拔豆根，以免造成土虚干燥，而且去掉的豆苗扔在土壤中，还可提供必要养分。茶树种子也很难单独存活，播种时需要"多籽穴播"。

---

① 贾思勰. 齐民要术 [M]. 北京：团结出版社，1996.

下种时在每一个坑穴中成行地撒播3～4颗备好的茶树种子，萌发力相对较强的种子首先萌发帮助顶土出苗，充分提高种子的出苗率。第四步，育苗移栽。一般播种两年后，茶苗破土而出，长至0.3米以上时就择优移栽，移栽后的茶树要等至第三年才可以采摘。通过上述方法可保证茶树苗木存活率高，生长快。

其实，从目前黄金村仍然活态存在的古茶园中的5 900多株古茶树来看，当地的黄金茶树品种不仅品种优良，而且生命力顽强。对此，黄金村的茶树株系被列入湖南省科技厅重大专项和湖南农业科学院重点项目。经过几年研究试验，科研团队发现这里的茶树地方品种的很多单株性状优良，且数量高达300多个。2005年，湖南省农作物品种审定委员会通过了对黄金茶的品种登记，并将其定名为"保靖黄金茶"。同年，被农业部列入国家级种子名录库。保靖黄金茶被认为是中国绿茶产业的一座"茶叶金矿"，是中国两个最珍贵的绿茶资源体系之一，另一个则是浙江安吉白茶。相关研究发现，黄金茶的氨基酸含量很高，适宜采摘时间长，而且是由群体资源体系构成的巨大茶树品种基因库，具有无可比拟的系列品种和产品研究的开发价值，而且在保靖县的葫芦镇辖境的村寨（2005年—2016年黄金村已划归葫芦镇管辖）生长的黄金茶品质最好，这就赋予了保靖黄金茶的独特优势，将使"地方的、民族的特产更易饮誉于世界"。

可以说，黄金村现存的七片非连片古茶园给人们留下了丰富的茶树基因种子宝库。2006年，湖南省茶叶研究所专家从黄金村群体茶中收集了249个具有代表性的单株样本进行保存，并申请项目建立保靖黄金茶种子基因库，为开展进一步的研究做好准备。随后茶科所的专家从黄金村古茶园几百株优良单株中成功选育出"黄金1号"（HJ0301）和"黄金2号"（HJ0302），并认定其为最具潜力的株系。至此，湖南茶科所成为拥有黄金村黄金茶育种技术的权威。他们在葫芦镇租用了几亩地作为扦插技术研究实验基地，"黄金1号"和"黄金2号"通过新技术被成功育种（图3-1-1）。茶科所专家一边进行试验研究，一边在黄金村推广无性短穗扦插技术。扦插育苗技术的不断普及，使得黄金村的群体茶苗在全县范围内备受推崇，茶园面积迅速扩充。经过多年"无性扦插育苗技术"的示范推广，黄金村已有90%的茶农掌握该技术，茶苗扦插成活率已由80%提高到90%以上，目前每亩地出圃可达8万株以上。

图 3-1-1　黄金茶扦插繁殖基地图

政府为了扩大茶园规模，也为了促进茶叶产业的发展，出台和制定了一系列的扶持政策和措施。2009 年，保靖县政府出台《关于进一步加快黄金茶产业发展的意见》（保发〔2009〕2 号）规定：本县茶农按技术规范新建黄金茶园，向各自村镇政府上报开沟撩壕的新增茶园面积，镇村政府负责验收实际面积并上报县茶业办，给验收合格的新造茶园农户补助 1 000 元 / 亩（包括茶苗补助 600 元 / 亩，和肥料补助 400 元 / 亩）。根据保靖县葫芦镇乡镇府提供的保靖县 2010—2012 年统计补助报表显示，各村农户按照新增茶园面积，以每亩定植 2 500 株茶苗的标准给农户免费提供茶苗，茶苗由县茶叶办按 0.2 元 / 株的单价统一组织。2010 年，据统计黄金村新造茶园面积 951.1 亩，共补助苗木（"黄金 1 号"）713 325 元，750 元 / 亩，0.3 元 / 株；肥料补助共 184 513.3 元，194 元 / 亩。据统计，2011 年黄金村新增茶园面积 500 亩，2012 年新增茶园面积 300 亩，黄金村均没有苗木补助和肥料补助数据，但其他大部分有新造茶园的村寨都有补助数据。在田野调查中（2018 年），作者特意向黄金村茶农询问了茶苗补助的相关事宜，村民表示："哪有什么补助，五六年前给我们补过茶苗，按每亩 2 500 株的标准，肥料象征性地补了点。现在早就不补助茶苗费了，只给新开辟的茶园补，肥料就是每户发两包，我们根本就不够用，还得自己花钱去买。"村民的反馈与政府的政策基本上是吻合的（表 3-1-2 截取的是黄金村 2010 年一组的新造茶园补助表）。政府正是通过这一系列扶持政策极大地推动了黄金村甚至全县的现代黄金茶园改建和扩建。

表 3-1-2　2010 年度保靖黄金茶园新造补助花名册（黄金村一组）

户主姓名	新造面积（亩）	黄金茶（单株、1号）苗			黄金茶群体苗			小计金额（元）
		数量（株）	单价（元/株）	金额（元）	数量（株）	单价（元/株）	金额（元）	
石明喜	5.800	14500	0.3	4350.00				4350.00
石老三	12.500	31250	0.3	9375.00				9375.00
石自选	1.500	3750	0.3	1125.00				1125.00
石明友	0.800	2000	0.3	600.00				600.00
石生政	11.000	27500	0.3	8250.00				8250.00
石自美	2.000	5000	0.3	1500.00				1500.00
石明配	1.700	4250	0.3	1275.00				1275.00
石田保	13.800	34500	0.3	10350.00				10350.00
石四华	2.200	5500	0.3	1650.00				1650.00
石丁旺	12.000	30000	0.3	9000.00				9000.00
石心利	1.000	2500	0.3	750.00				750.00
石自成	1.000	2500	0.3	750.00				750.00
石二哥	9.500	23750	0.3	7125.00				7125.00
石新章	23.000	57500	0.3	17250.00				17250.00
石万生	2.000	5000	0.3	1500.00				1500.00
石四哥	8.700	21750	0.3	6525.00				6525.00
石自坤	3.500	8750	0.3	2625.00				2625.00
石万全	11.500	28750	0.3	8625.00				8625.00
石新配	0.800	2000	0.3	600.00				600.00
石三哥	6.600	16500	0.3	4950.00				4950.00
石民要	5.500	13750	0.3	4125.00				4125.00
合计	136.400	341000	0.3	102300.00				102300.00

此外，实施推广现代茶园的那几年，全县茶农的茶苗都由保靖县茶叶办免费提供。政府要求全县所育茶苗必须按照短穗扦插技术的操作方法，而当时这一技术主要由湖南茶科所掌握。因此，县茶叶办要满足全县茶苗的需求就必须与湖南省茶科所以及在当地找到的专业育苗合作伙伴进行合作。保靖县人民政府与湖南省茶叶研究所共同签订《保靖黄金茶研究与产业化开发合作协议书》。该协议书第二条甲方责任（保靖县人民政府）第一款约定：甲方负责每年 500～1 500 万株苗木定植的组织宣传发动工作，并按 0.2 元 / 株标准督促县内黄金茶种植户受益后及时偿还乙方赊销提供的育苗成本费。协议书第三条乙方责任（研究所）第一款约定：乙方负责争取项目资金或垫资，每年繁育 50～500 亩良种茶苗，保障为甲方每年提供 500～1 500 万株茶苗，并按成本价 0.2 元 / 株赊销，在保靖县境内发展保靖黄金茶生产基地，种植户 3 年受益后从当年鲜叶销售收入中逐步偿还。合同有效期为 10 年，从 2007 年 12 月 1 日至 2017 年 11 月 30 日止。

与此同时，保靖县政府还与一些本地的、懂得新技术且有一定规模实力的个体茶农建立育苗合作关系。现任黄金村妇女主任石超英，自家有 60 亩茶园，丈夫戴四生是州级手工制茶工艺传承人。夫妻二人在村里成立了一家个人独资企业"保靖县壤寨古茶坊家庭农场"。石主任在工作之余也和丈夫一起种茶、制茶、卖茶。每年茶叶热销时间过后，大约在每年 8 月，石主任一家也会育苗，待到 2～3 年后茶苗即可出售。她的家庭农场还与政府签订育苗合同，按照政府推行的扦插育苗技术和规范操作而履行合同。石主任说："2016 年，我家光育苗收入就是二三十万元，在市场上出售的话，"黄金 1 号"茶苗 3 角 / 株，"黄金 2 号"茶苗 1 元 / 株。除了我家，村里还有几家也有和政府订立育苗合同的。县茶业办一般会与个体农户、茶叶公司、合作社等签订委托培管合同。政府回收我们的茶苗一般价格是群体苗 0.35 元 / 株、"黄金 1 号"苗和"黄金 2 号"单株苗 0.5 元 / 株。"

2. 现代黄金茶园的培植

明清时代的黄金古茶园选址多在陡坡位置，茶树的种植区段是间种在森林中、稻田间，配以"仿生种植""以牧代耘""以修代种"的传统管护培植方式，仅追求合理高效地利用土地等资源，确保了人与生态环境各取所需。中华人民共和国成立以后，国家为了快速恢复茶叶产业，提倡对新开辟茶园依据"坡地建园，等高筑梯，深垦撩壕，增施基肥，采用良种，合理密植"的技术要求，实施规划与经营，而针对逐步衰败的老茶园则实施进一步改造。20 世纪 60 年代中后期，国家提出在低产的老茶区大力推行"三改一补"（即改园、改土、改树、补植）的更新改造措施。"改园"是指对老茶园中缺蔸断行、茶丛衰败严重的地方采取移蔸并块、补植成行的措施，有的还会针对缓坡地带的茶园进行就势筑堤，以防止水流的冲刷。"改土"主要是改良土壤结构，加厚土层，加大施肥量（包括畜肥、人粪肥、土杂肥等有机肥），以增强地力，为茶树提供充足养分补给。"改树"主要是针对未老先衰的茶树树冠，根据树冠各自的老化程度而分别采取深修剪、重修剪、台刈的方式每年进行更新，可促使茶树来年重新萌发新枝。一般而言，深修剪是减去树冠部分的 1/4 至 1/3，重修剪是剪去树冠部分的 1/2，台刈则是砍掉茶树的地上部分，也就是俗称的"砍蔸"。"补植"主要是补植缺株，用以增加茶树种植的密度，合理利用空间地力。但是，一般老茶园更新后补植幼苗，往往会因为争水、争肥、争光等限制，导致幼苗难以成活，而改采用更新改造时补种大苗的方法，这样更加省时省力，而且大苗成活率较高。[①] 逐渐地，茶树的培植过程将追求高产量视为唯一的终极目标，其他因素慢慢淡化。湖南省茶科所专家通过实地调研，针对当地茶农在黄金茶栽培上存在种植密度偏小、没有进行系统修剪、管理较粗放、不施肥料等问题提出了相应的建议，后由县政府以正式文件的形式下发给各村农户，要求各茶农必须按照专家意见和技术标准执行，验收合格的新增茶园才能获得补助。相关种植标准如下：

（1）种植密度

黄金茶采用单行双株种植，行距株规格为 1.5 米 ×0.33 米，每亩种植茶苗 2 500 株左右。在田野调查中，一些有二三十年植茶经验的老茶农不解地抱怨："我们以前种茶树没有这么密的，太挤了茶树生长不好，营养也不够，就像人一样，茶树也需要足够的生长空间。一般来说，顶多一亩地种个 1 500 株。但是，农科所专家说可以这么种，产量才高嘛。政府也是这么要求的。"

中华人民共和国成立以前，老茶园的茶树种植并不是一味追求数量和形式上的连片集中，一般都会随坡势横行穴播或条植。正如村民所说的"哪里适合就种哪里"，而且相对集中种植茶树的地方也往往间种有其他林木或作物，讲究不同

---

① 皇甫睿. 从传统到现代：生态扶贫语境下的生计变迁研究——以湘西保靖县黄金苗寨为例 [D]. 张家界：吉首大学，2018.

物种的搭配种植。现代茶园的种植密度，差不多是过去传统茶园种植密度的两倍，其单产量也必然会大幅增加（图 3-1-2、图 3-1-3）。图 3-1-2 是按照现代矮化茶园的建造标准种植的"黄金 1 号"茶园茶树苗发根的图片；图 3-1-3 是该茶园已长成可采摘的茶树图片。不难看出，这两幅图中茶园茶树种植的密度很大，茶树的生长空间显得非常拥挤。现代茶园的种植密度都是以高产为宗旨而制定的标准，至于对环境有负面影响、对茶树生长期的延长和茶叶品质的提升等因素考虑较少，甚至忽略。

图 3-1-2 黄金村"黄金 1 号"扦插发根图

图 3-1-3 黄金村"黄金 1 号"茶园

20 世纪 50 年代以前，中国茶园种植方式多以丛播为主，每亩约 200～400 丛，每丛约 3～8 株，约合每亩 600～3000 株。20 世纪 70 年代以后，我国茶树种植方式主要包括单行种植和双行条植两种，均可获得高产。一般实行单行单株条植的多为乔木型或半乔木型茶树，每亩可植 800～900 株；灌木型茶树则多实行单行丛植，每亩可植 2 500～3 000 株。还有一种密植免耕茶园类型，主要采用宽幅多条密植方式，多为 3 行或 4 行条播，每亩可植 15 000～20 000 株，种植密度最高可达每亩 27 600～30 000 株。当然，实际种植的时候一般不会超过 4 行，行数过多不便于茶园管理。虽然高、中种植密度的茶叶产量显著高于低密度的产量，但是过度密植很容易引发茶树生长中的营养问题和病虫害问题等，简单粗暴而又快速有效解决问题的方式只有依靠化肥和农药。不可否认，茶树种植过密，茶树个体生长受到限制，密度增加到一定程度时可能引起严重庇荫，甚至改变生态环境的基底特征。如果种植过稀，个体树势虽健壮，但个体产量的增加并不等于一定面积内产量的增加，茶树个体采摘面积受限。日本密植试验表明，行距 1.8 米，种植密度 5 566 株 / 亩，产量在第三年已达干茶 300 斤 / 亩，5～6 年可达 600 斤 / 亩。通过密植比较，"不管株距如何变动，其前期产量都较高，而极端密植（株行距 50cm），第三年可获干茶 300 斤，但他们认为几年后就显示弱点。"[1]

所以，合理密植成为现代茶园种植的重要条件。在种植茶树的时候，为能达到合理密植的标准和要求，人们需要在种植茶树时遵循两点原则：生态第一，高产第二。也就是说，首先茶树的合理密植度要充分结合、考虑各茶区的生态环境特征，其次才是考虑茶树行丛距、每丛定苗数和茶树品系（一般区分小叶种茶树和大叶种茶树）。

（2）定型修剪

除了通过增加茶树种植的密度以扩大产量，还要求辅以标准的定型修剪方式以促进茶树的增产。一般过去茶叶产区的农户仅将茶收入视为附带收入，传统茶园内都间种有各种林木和作物，很少有农户专门对茶园进行管护。前文已有提及，茶园的管护主要是通过对作物和林木的抚育一起完成的。农户其实是对整个林粮间作复合种养系统实施的整体管护。当时黄金村的苗民所有生活来源皆来自这个复合种养系统，他们定期在林中给高大乔木间伐，间伐的同时也就完成了对茶树的修剪工作。每年仅需小修老化或死亡的枝叶，大概 20～30 年左右才会实施一

①陶汉之 . 茶树合理密植与光能利用 [J]. 中国茶叶，1979（1）：33-36.

次大修，对多年采摘的茶树或者长势不好的茶树进行坎菟或砍掉病害的粗枝。有时候小修的工作都是由山羊来完成的。森林也是他们放牧的场所，牧群中的山羊喜食茶树一类的灌木树枝。山羊在"修枝"的时候，他们就给乔木间伐；他们在林中耕种粮食作物的时候会给茶树锄草。这可称得上是一种高效利用时间和资源的生产方式，一举多得。

建造了现代茶园后，相关配套技术都发生了变化。对树冠的培养要求定型为平形或者弧形状，茶树高度控制在70～90厘米，幅宽控制在110厘米左右，以便茶树外观平整划一，芽叶齐整，便于采摘。为使茶树的单轴分枝转为合轴分枝，使其分枝结构更加合理，骨干枝更加粗壮，一般要求对幼龄茶树进行三次定型修剪。第一次修剪是在对茶苗进行移栽的时候，修剪高度以离地面15厘米为宜，剪去主枝上端，不剪剪口以下的侧枝。在第一次修剪完成一年后进行第二次修剪，由于黄金茶顶端优势强，修剪时间也可选在月底进行。第二次修剪的高度在上次剪口上提高10～15厘米，即距离地面25～30厘米处修剪。第三次修剪一般在春茶后进行，在第二次剪口的基础上提高15～20厘米，在该处水平剪除上部枝梢。通过三次定型后，在春茶打顶采摘时注意"采高留低、采顶留侧、采强扶弱"，以进一步促进茶树分枝，扩大树冠，增加茶芽密度。[①]

对于成龄树也需要专门修剪。幼龄树经过前三次修剪后，再经过一两年需要给成龄树打顶养蓬，接着进行二、三次整形轻修剪，确保控制树高在70～90厘米，幅宽在110厘米左右，以便采摘。每年只要进入采摘期，再对茶树进行一次轻修剪和一次深修剪。一般性的轻修剪，一是剪去突出树冠面的枝梢，二是对整个树冠要轻修剪3～5厘米，以控制一定高度。对树势生长差、树冠面长出鸡爪枝的茶树，以及芽叶生长不好或者被多年连续采摘的茶树，要进行一次深修剪。深修剪的时间多选在春茶后进行，要求在树冠最宽处剪去树体高度的1/3或1/4。一般经过轻修剪后的茶树可增产10%～20%，经过深修剪后的茶树可增产40%～50%以上。

（3）科学施肥

过去，黄金村苗民对茶园并没有人工施肥的传统。原因在于：一是当地土壤

---

① 皇甫睿.从传统到现代：生态扶贫语境下的生计变迁研究——以湘西保靖县黄金苗寨为例 [D]. 张家界：吉首大学，2018.

肥沃，富含茶树生长的营养物质；二是由于在复合种养过程中，很多家养牲畜、野生动物粪便残留林中，混合高大乔木落叶等形成的腐殖质层都能给茶树提供生长所需的养分肥料，根本就无须人工施肥。但是，按照现代茶园的规模和技术要求改建后，其他提供养料的物种全被清除或驱赶出茶园，加之稠密的种植密度，土壤肥力被过度消耗，茶树生长必须依靠化肥来供养，否则就会出现营养不良而无法存活。

现代茶园一般要求采用重施基肥，基肥与追肥相结合的施肥方式。一般要求以施用氮肥为主，坚持氮肥与磷钾肥配合施用的原则。茶园肥料的施用种类，有机肥选择以生物有机肥、绿肥、饼肥、土杂肥为主；无机肥则选择以茶树专用复合肥、尿素矿物磷、钾肥等为主。年追肥的数量多以当年鲜叶预计单位产量或者上一年实际单位鲜叶产量为参数来估算，一般标准是100公斤鲜叶追施4～5公斤纯氮肥。每年茶园施追肥3～4次，前三次追肥一般在春茶前后、夏茶末期进行，第四次追肥在秋茶后实施，以促进越冬芽发育健壮，利于翌年春茶的增产。原则上，幼龄茶的施肥用量依据树龄的增长而逐年增加，施肥用量标准如表3-1-3所示。同时还推广"根外施肥"技术，即"利用溶解状态下的矿物营养，通过茶树叶片的气孔和表皮细胞渗透到植物体内参与代谢作用，促使茶树光合作用增强。"[①]根外追肥一般多以施氮肥或微量元素为主，微肥一般根据营养诊断施用。一般每亩地每年施肥需要10～15吨。通过施肥，可大大提高茶叶的产量与品质。

表 3-1-3　幼龄茶园施肥用量参考表

树龄	1～2年生	3～4年生	5～6年生	7年生以上
施用纯氮量（公斤／亩）	3～5	7～10	10～15	按产量计算

20世纪60年代以后，全国都大力提倡成片辟荒建造茶园，实行专业化、集约化经营管理。这样的管理经营培植模式，必然需要大量的农药、化肥。茶农们过去没有使用化肥农药的传统，加之农药化肥会增加农户生产成本，国家与各级政府一方面出台鼓励和引导使用化肥农药的政策，另一方面在农药化肥使用上直接提供资金扶持（图3-1-4）。

---

① 朱先明.湖南茶叶大观 [M].长沙：湖南科学技术出版社，2000.

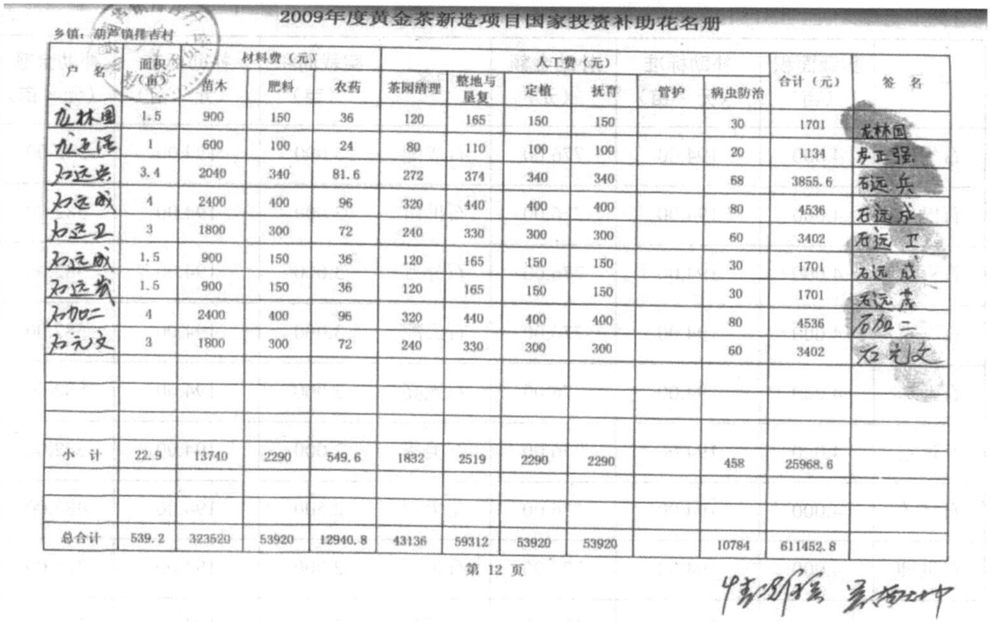

2009年度黄金茶新造项目国家投资补助花名册

乡镇：葫芦镇排吾村

户名	面积（亩）	材料费（元）			人工费（元）						合计（元）	签名
		苗木	肥料	农药	茶园清理	整地与垦复	定植	抚育	管护	病虫防治		
龙林国	1.5	900	150	36	120	165	150	150		30	1701	龙林国
龙正强	1	600	100	24	80	110	100	100		20	1134	龙正强
石远兵	3.4	2040	340	81.6	272	374	340	340		68	3855.6	石远兵
石远成	4	2400	400	96	320	440	400	400		80	4536	石远成
石远卫	3	1800	300	72	240	330	300	300		60	3402	石远卫
石远成	1.5	900	150	36	120	165	150	150		30	1701	石远成
石远茂	1.5	900	150	36	120	165	150	150		30	1701	石远茂
石加二	4	2400	400	96	320	440	400	400		80	4536	石加二
石元文	3	1800	300	72	240	330	300	300		60	3402	石元文
小计	22.9	13740	2290	549.6	1832	2519	2290	2290		458	25968.6	
总合计	539.2	323520	53920	12940.8	43136	59312	53920	53920		10784	611452.8	

第 12 页

图 3-1-4　2009 年度黄金茶新造项目国家投资补助花名册

20 世纪 70 年代至 20 世纪 90 年代，湖南省政府每年都从地方化肥中拨出 1 万吨专项计划指标，由农商、生资部门联合分配各地用于抚育茶园和育种茶苗，每年还要安排专项资金用于农户的化肥补助。2009 年，保靖县委、县政府出台《关于进一步加快黄金茶产业发展的意见》（保发〔2009〕2 号）规定，给验收合格的新造茶园农户补助 1 000 元 / 亩，其中包括茶苗补助 600 元 / 亩，和肥料补助 400 元 / 亩。后又出台政策规定按茶农所需以种植面积为标准，免费给茶农提供茶苗，并按 194 元 / 亩的标准给茶农发放化肥补助资金（表 3-1-4）。

表 3-1-4　2010 年葫芦镇堂朗乡新造黄金茶园肥料补助资金发放到户花名册

户名	实栽面积（亩）	补助标准（元 / 亩）	补助金额（元）	户名	实栽面积（亩）	补助标准（元 / 亩）	补助金额（元 / 亩）
石正明	4.000	194.00	776.00	石海妹	3.000	194.00	582.00
石东爱	4.000	194.00	776.00	石远长	3.000	194.00	582.00
石远位	4.000	194.00	776.00	石泽光	3.000	194.00	582.00
石喜万	4.000	194.00	776.00	石二贵	3.000	194.00	582.00

续表

户名	实栽面积（亩）	补助标准（元／亩）	补助金额（元）	户名	实栽面积（亩）	补助标准（元／亩）	补助金额（元／亩）
石先配	4.000	194.00	776.00	石成配	3.000	194.00	582.00
石巴先	4.000	194.00	776.00	石世伍	3.000	194.00	582.00
石喜化	4.000	194.00	776.00	石分万	3.000	194.00	582.00
石喜贺	4.000	194.00	776.00	石云配	3.000	194.00	582.00
石远球	4.000	194.00	776.00	石光亮	3.000	194.00	582.00
石远定	4.000	194.00	776.00	石美华	3.000	194.00	582.00
石远才	4.000	194.00	776.00	龙生贺	2.500	194.00	485.00
石世坤	4.000	194.00	776.00	石正万	2.000	194.00	388.00
龙子远	4.000	194.00	776.00	石泽先	2.000	194.00	388.00
石泽飞	3.500	194.00	679.00	石泽兴	2.000	194.00	388.00
小计	55.50	194.00	10767.00	小计	38.50	194.00	7469.00

　　2010 年，据统计，黄金村新造茶园共获得肥料补助 184 513.3 元。随后一系列优惠政策出台，2012 年保靖县政府据此将扶持政策调整为，保靖县茶叶办以每亩定植 2 500 株的标准无偿地为农户供应茶苗，并匹配价值 960 元每亩每年的茶叶专供肥，并将肥料补助降至 127 元／亩。有的村寨是由县茶叶办直接免费分发化肥，2012 年以后，黄金村均没有苗木补助和肥料补助数据，但其他大部分有新造茶园的村寨都有补助数据，这类补助此后逐年减少，直至取消。

（4）防治病虫害

　　在植物培植过程中，最头痛、也最为普遍的问题就是如何防治病虫害。有生命的物种，包括人类自己，在其生命存续的过程中不可避免地都会生病。传统农耕方式关于解决防治病虫害的问题，各地农户都有自己的一套经验总结。过去茶树种植多以丛播稀植为主，行间间种其他作物或林木，使得茶树病虫害种类较少，且害虫食性单纯。一旦生虫，往往采取人工捕杀的方法即可解决。查遍古代典籍，历代茶叶经营机构只负责管理茶叶加工和销售，关于对茶树病虫害防治的相关记载鲜有提及。其实，黄金村的先民们防治茶树病虫害的朴素哲学就是"生物防治"。

首先，自我防御机制。茶树自身会有一套古老的应对病虫害的防御机制。茶树的天敌之一，也是茶树最常见的虫害之一，即茶小绿叶蝉。茶小绿叶蝉（Empoasca Pirisuga Matumura），俗称浮尘子、叶跳虫，半翅目叶蝉科，全国各产茶地区均有出现。茶小绿叶蝉的成虫和若虫都是长期依靠吸食茶叶汁液为生，身体演化出易于伪装的茶叶绿色，身长仅3～5毫米。茶小绿叶蝉用其针状口器刺入茶叶，以吸食嫩叶汁液为生。但是，这一过程会破坏茶叶的细胞组织，严重危害夏茶和秋茶，可导致受害芽叶蜷缩、硬化，叶尖和叶缘变为红褐色而枯焦。出现这样的现象就说明茶叶已经失去光合作用的能力，芽梢生长缓慢，对茶叶产量和品质的影响很大。此外，茶小绿叶蝉的繁殖速度极快，几乎每月都能生产一代。面对茶小绿叶蝉的大举进攻，茶树自有的一套古老的反应体制立即被启动。当茶小绿叶蝉的口器分泌物接触到茶叶时，茶体内释放出几种特殊的信息素。这种气味马上会通知茶小绿叶蝉在自然界的天敌——猎蛛，并告知其猎物就在这里。当然，仅仅依靠信息素只能帮助茶树抵御像茶小绿叶蝉一类的天敌，却无法抵抗自然界中无处不在的具有破坏性的细菌和真菌。细菌和真菌无孔不入，茶叶一旦感染，树叶凋落，茶树将会失去生长动力，直至死亡。为了对抗这些虎视眈眈的敌人，茶树自然演化出一套独特的化学防卫机制，分泌出茶多酚等物质隐藏于茶叶中，这些物质具有杀菌作用，可抵御有害细菌的入侵。这些物质如同给茶叶提供了一层隐形的保护屏障，使其远离毁灭性灾害。

其次，多物种防治。茶农们发现，茶树原生地都伴生有大戟科、樟科、芸香科、桑科等乔木，在扩建茶园时，他们不仅不会砍伐林中的乔木，还会特意为茶树配种各种芸香科、樟科、壳斗科等植物。其间的科学原理在于，这些原生的伴生乔木不会与茶树产生负面的化感作用①，可在一定程度上有效防治茶树病虫害。目前，人们在古茶园中仍然能见到乌桕、柚子树、桑树等原生伴生树种，还能见到辣蓼草、葛藤等伴生草本植物。据经验丰富的老茶农介绍，他们一定会将油茶树与茶树分开种植。因为茶树和油茶树都属于山茶科植物，互相之间很容易传染病虫害，二者不能共生。古茶园中的辣蓼草具有防治茶枯病、稻瘟病等功效，还有杀死蚜

---

① 注：化感作用，也称异株克生，是指植物通过向环境释放特定的此生物质，从而对邻近的其他植物生长发育产生的有益和有害的影响。

虫、菜青虫等效用。前工业时代没有农药，当地村民将辣蓼草一类有杀虫功效的野草制作成天然杀虫剂。这些天然草类只对茶树害虫起效，不会对植物生长产生副作用，更不会危及或破坏土壤健康。

然而，经过现代集约化茶园的建造，植株种类单一，种植密度过大，使得茶树非常容易染上病虫害。最便捷、最有效的防治病虫害的方法就是喷洒农药。社会上不断涌现出各种农药科研人员，针对不同的病虫害研制出五花八门的农药，衍生出一条新的产业链。

湖南省茶园农药的推广使用经历了以下几个阶段。

一是20世纪50年代以前。一般茶园在这个阶段多以"丛播稀植""林粮间作"的培植方式为主，因此很少有病虫害发生。一旦茶园发生虫害，一般都是采取人工捕捉或者自制土法农药肥皂水剂、号筒杆、辣蓼草等来防治。

二是20世纪50年代至20世纪70年代。随着一批批集中连片的条播茶园建立，茶园不仅产生了新的害虫，如小绿叶蝉、椰园蚧等，还多喷洒有机氯农药，后又被马拉硫磷、敌百虫、乐果、敌敌畏等代替。这类农药对茶树天敌的杀伤作用极强。但由于这类农药只对特定虫种有效，加上当时茶农喷洒农药的操作方式不规范，对刺吸式口器害虫不仅没能控制住，反而刺激了这类害虫的发育，导致刺吸式口器虫灾频频发生。

三是20世纪70年代至20世纪90年代。由于茶叶市场在这一阶段有所波动，湖南省的茶园面积没有扩建，茶农的积极性有所挫伤，部分茶园管理较为粗放。不仅刺吸式口器害虫猖獗，咀嚼式口器害虫也普遍回升。常见的虫害有灰茶尺蠖、小绿叶蝉、黑毒蛾、黑刺粉虱、茶叶瘿螨等；常见的茶树病害有茶心枯病、茶黄萎病、根腐病等，这类灾害发生频率都有所上升。这一阶段的化学工业兴盛起来，对天敌杀害作用极大的拟除虫菊酯类农药被普遍使用，包括半自动喷雾器和机动喷雾器等小孔径、低容量喷雾工具也被推广使用。人们发现，在上一阶段防治病虫害时仅关注某一种虫害，而忽视了整体茶树生态系统的平衡，往往出现灭了这一类虫害又助长了另一类虫害的现象。这一阶段，大家总结经验教训，将病虫害的防治由单一化防治转向合理用药，通过综合药物治理以平衡生态系统。

四是20世纪90年代以来，根据相关调查和统计，湖南省的茶园每年均会发生病虫害，常见的病虫害有茶小绿叶蝉、茶尺蠖、茶毛虫、茶角胸叶甲、茶丽纹象甲、茶炭疽病、茶饼病等①。在过去的 40 年内，针对各茶区出现的病虫害种类，全国已筛选出氨基甲酸酯类、有机氯、有机磷、昆虫生长调节剂、拟除虫菊酯类等 40 多种农药，先后在生产上推广应用。这一阶段的农药使用技术主要是考虑如何提高、优化农药的利用率，其操作方式是在不断筛选高效、低毒、低残留农药新品种的基础上，采用不同容量、不同喷雾方式的喷雾器，结合农药雾点分布规律等，发明出一套较为完善的茶园农药优化利用技术。据考查，推广农药优化使用技术可省药 45 %～60 %，省工 50 %～80 %，且对降低茶叶和环境的农药污染、保护茶园生态具有重要作用。②

黄金村位于湘西山区，这里的茶园虫害与其他茶区虫害稍有区别。黄金村最为常见的虫害包括小绿叶蝉、茶毛虫、油桐尺蠖等，局部茶园中偶有蓑蛾类、刺蛾类、卷叶蛾类等虫害发生。国家和政府对茶园农药也安排有补助，前文已有提及（图 3-1-4），村里的化肥、农药和苗木都是同步补助和扶持的。2018 年以前，当地政府统一为茶农采购苗木，免费发放茶叶专用肥，或给予补助；2018 年以后，政府对茶农购苗、购肥实行奖补政策。近年来，随着茶园的迅速扩建，茶园病虫害也频频发生，迅速蔓延，茶农们最快、最有效的办法只有喷洒农药。村里的老乡说，前几年有一批销往新加坡的出口黄金茶，经检验，茶叶有害物质超标，随即被全部要求退货。现在的农药喷洒后，会有农药残留，可直接影响人的身体健康。所以，面对当下激烈竞争的茶叶市场，茶叶品质不好，价格必然会受到严重影响，出现不同程度的滞销，以致经济受损。

此外，培植黄金茶的同时，还需要定期除杂草。过去除杂草，一是人工将部分影响茶树生长的杂草铲除，在茶园间农耕的同时就可一次处理；二是利用牲畜在园间觅食即可消耗很多杂草。茶农在园间农耕除草时，是不会将如辣蓼草一类可防治茶树病虫害的野草铲除的，放牧时也会特别留意看管牲畜，绝不允许牲畜啃食或践踏这类野草。而现代茶园除草的唯一方式就是使用除草剂。

（二）黄金茶园的发展规模

目前，黄金村扦插育种的株系品种基本上仅以"黄金 1 号"和"黄金 2 号"

---

① 王洁，舒灿伟，刘少群，等 . 浅谈湖南主要茶树病虫害发生现状与防控对策 [J]. 农业灾害研究，2022，12（6）：1-4.

② 殷坤山 . 20 世纪我国的茶树病虫害防治 [J]. 中国茶叶，2000（6）：12-14.

母株为基准，这是湖南省茶科所专家从黄金村众多株系品种中选育出来的最优良的品种。从 20 世纪 90 年代末期到 2006 年，黄金村的现代黄金茶园以平均每年增加 500 亩以上的速度已经增长到 5 800 亩。其中"黄金 1 号"基地 3 000 余亩，"黄金 2 号"基地 300 余亩，群体茶基地 2 200 余亩，其他株系基地 300 余亩。同时，也因为"黄金 1 号"和"黄金 2 号"株系的独特优势，之后政府都鼓励只种植这两种品种，而将其他大部分老茶树都挖掉，置换成"黄金 1 号"和"黄金 2 号"茶树。到 2023 年，黄金村全村茶园面积已达 3.2 万亩，人均可达 10 亩，已成为保靖县黄金茶的核心产区，村里家家种茶、人人炒茶。整个湘西自治州全州推广种植黄金茶，目前全州的茶园面积居全省首位，茶园面积高达 91 万亩。

黄金村茶园一共分为三类。第一类"黄金 1 号"茶园。该茶园主要是以"黄金 1 号"古茶树为母株基础，通过短穗扦插无性繁殖育种技术培植而成。这棵古茶树树龄超过 400 多年，最大分支胸径 24 厘米，最大主干胸径 50 厘米，树高 4.8 米，树冠幅度 5.5 米×4.82 米，围径 120 厘米，主干围径 95 厘米，现已由政府挂牌保护起来。第二类是"黄金 2 号"茶园。"黄金 2 号"茶园是以"黄金 2 号"茶树为母本，通过无性繁殖培植技术发育而成的。"黄金 2 号"株系是前期"冷"，后期"热"。因为只是到了近期，当地政府才开始对"黄金 2 号"母株进行挂牌保护，茶农才开始重视"黄金 2 号"的。但是，当"黄金 1 号"大面积扩张之后，市场逐渐在供需机制的调节下走向了"理性"。特别是当消费者发现"黄金 2 号"的茶叶品相、汤色和耐泡度不比"黄金 1 号"差，甚至更好时，市场的选择也就逐渐偏向了"黄金 2 号"，特别是清明前茶价格可卖到 1 200 元～2 000 元/斤。于是，茶农们又争先恐后种植"黄金 2 号"。黄金村至今还流传"以前砍掉群体种 1 号，现在砍掉 1 号种 2 号"的说法，市场决定茶农的选种。第三类混合品种茶园。当地人称"群体"茶园，是早年间从各种单株古茶树上剪下枝条进行扦插而形成的茶园。这类茶园开辟时间较早，茶园种植的茶树株系种类繁多，都混杂在一起。从外观来看，这类茶树参差不齐，茶芽颜色、形状和厚度大小不一。因此，鲜叶被加工成茶后，不管是外观色泽还是品质都不够理想，无法和现代化、标准化的茶叶市场进行对接。故而，茶叶（顶级春茶）的价格仅 300 元～400 元/斤，与"黄金 1 号"和"黄金 2 号"春茶价格差距较大。目前，随着"黄金 1 号"和"黄金 2 号"茶叶价格水涨船高，当地又掀起置换"黄金 1 号"和"黄金 2 号"的高潮。

作者在田野调查中也发现这类"群体"茶园的种植面积已经锐减，只有少量零星分布在黄金村的各个自然寨，部分树龄超过 50 年的老茶树也被置换成"黄金 1 号"和"黄金 2 号"茶树。如图 3-1-5 所示，黄金村目前几乎全部都是现代矮化茶园的景观地貌，除了仅剩的七片古茶园（面积约 534.9 亩）、群体茶园以及村民的宅基地，其他地方已全部是"黄金 1 号"和"黄金 2 号"茶园。村内已无空地再扩建茶园了，有的村民直接在外村租地辟园，或者在外寨租地育苗出售。近五年来，村民们又重新开发了"黄金 8 号"茶树，有些"黄金 1 号"和"黄金 2 号"茶园被置换成"黄金 8 号"茶园。

图 3-1-5　黄金村现代黄金茶园景观图

（三）黄金茶园的生态现状

从上文提及的黄金茶茶园的培植和建园规模来看，现代茶园的建造实际上就是一种"盎格鲁－撒克逊"的农业模式。黄金村位于湘西保靖县，位于云贵高原东侧的武陵山脉中段，辖地山高坡陡，原本就不适合实施集约化农业。如果人们不改变生态资源的利用方式，长此以往，必然对当地生态环境造成巨大威胁。经过近几十年的茶园扩建与茶业发展，当地的生态问题也在逐渐暴露与凸显。

1. 水土流失

可以对比一下黄金村古茶园、群体茶园和现代茶园的景观地貌（图 3-1-6、图 3-1-7、图 3-1-8）。

图 3-1-6　夯纳屋古茶园

图 3-1-7　群体茶茶园

图 3-1-8　现代矮化茶园

从图中可以非常明显地看出，古茶园和群体茶园的植被不仅茂盛而且物种多样性水平很高，特别是古茶园的植被层次多达五六层。黄金村的地形地貌特征是，冷寨河从北向南贯穿村寨全境，河两岸高山围绕，山谷深切，黄金村苗民就世代居住在山谷湿地和河谷坡面上。冷寨河流经地带属于古生代地质层，河谷坡面基岩以石灰岩为主，富含二氧化硅砂砾，其所成土壤含沙量大，透气、透水性能好，完全符合陆羽《茶经》中"上者生烂石"的最佳土壤条件，非常适合种植茶树。但是这里的山体基岩成土速度慢，石多土薄，特别是由于河谷深切、山高坡陡，产生重力侵蚀和流水侵蚀，进而导致水土流失隐患极为严重。过去这些生态隐患之所以隐而不显，是因为黄金村世代苗民精心呵护和维护的常绿阔叶林生态系统起到了保护作用。原来常绿阔叶生态系统中的森林地表长满了葛藤一类的藤蔓植物，避免了基岩表面裸露在太阳的直射下，起到了很好的固土保水作用。林中地表积累起厚厚的一层腐殖质层，加之高大乔木的庇荫固根，使得森林河谷坡面的固土保水能力极强，水土流失现象在历史上几乎不曾发生。对于这些藤蔓植物和腐殖质层，村民们从来都不会去破坏。然而，现代黄金茶园中只有黄金茶树单一物种存在，地表经几百年积累起来的腐殖质层早已被破坏，包括杂草、藤蔓植物也全被清除干净。作者在田野调查中发现，当代存留下来的各种乔木包括古茶树，其树干基部都被水土流失带来的次生堆积物所掩埋，这种现象也只有当代才会发生。不仅如此，为了迅速扩大茶园面积，持续不断开荒拓土，连河谷湿地等最不适宜种植茶树的地方也种植了茶树，水田也被置换成了茶园。如图 3-1-8 所示，冷寨河河面宽度大大减小了，河两岸全部是茶园。

因此，采取茶园全垦方式，过度关注茶叶产量，必然使园中其他植物物种遭到严重破坏。如此一来，茶园河谷坡面的储水、保土能力逐渐减弱，一旦遭遇大雨天气，水土流失就更为严重，茶树被冲走，土地最后只能撂荒。当地村民们都提及，清水坪镇的几千亩茶园在几年前被大雨洗劫一空。本来这里最大的生态隐患就是水土流失，全垦方式将其他附着于地表的植物杂草全部铲除，大雨将泥土连同茶树苗全部带走，现在在白云山风景区山上还可以清楚地观望到这几千亩的荒地。2016年下半年，葫芦镇旁边的默戎镇发生严重的山体滑坡，导致当地铁路、公路等交通要道几近瘫痪半个月。2017年8月，一场大雨过后，黄金村出现的严重山体塌方，进村的交通要道严重受阻，经过当地村民和村委的奋力抢修，道路才最终得以疏通。这类频发的自然灾害在地方志、古典文献中很少出现。现在，湘西自治州的武警消防人员每年都要进行地质灾害的抢救演习，这项工作已成为常态。

2. 化学污染

"在当今全球性环境污染中，化学药品的危害程度堪比辐射，改变着自然界，也改变着自然界生物的本质，而这一点却鲜为人知。"[①]

（1）农药污染

1949年，全国农药施用量仅64吨；2018年，全国农药施用总量达150万吨；2022年农药施用总量达249.7万吨。大量农药的施用，只有10％～30％的农药量对靶标生物产生作用，其余部分经迁移转化而残留于植物体表、土壤、水及大气环境中，"喷洒在农田、森林或花园中的化学农药会长期积存在土壤中，侵入生物机体，在生物链中迁移，进而引发一系列中毒和死亡；抑或这些化学农药随着地下水神出鬼没地转移，流出地面，在空气和阳光的共同作用下合成新的物质，对动植物造成危害，同时也对饮用地下水的人造成难以觉察的危害。"[②]据统计，"中国每年农药的施用面积达1.67亿hm²以上，受农药污染的面积达0.13亿hm²，占全国耕地面积的1/7以上，土壤的农药污染程度相当严重。"[③]20世纪40年代中期以来，现代人类为了消灭他们称之为"害虫""杂草"的生物物种，已经累计研制出200多种化学药品，并且冠以数千种不同的农药商品售卖。近年来，人们也开始关注生物防治，但是由于茶园生物多样性水平低，生物防治效果不明显，

① 蕾切尔·卡尔森. 寂静的春天 [M]. 辛红娟，译. 南京：译林出版社，2018.
② 蕾切尔·卡尔森. 寂静的春天 [M]. 辛红娟，译. 南京：译林出版社，2018.
③ 闵庆文，孟凡乔，韩永信，等. 稻田生态农业：环境效应研究 [M]. 北京：中国环境出版社，2015.

相关技术难以推广。农药的持续施用，必然造成生态系统的持续恶化，"包括大气、水体、土壤和作物，进入环境的农药在环境各要素间迁徙、转化并通过食物链富集，最后对生物和人体造成危害"[①]。农药的施用初衷仅是为了除掉一小部分或者某种特定的杂草或昆虫，但其后果是同时将很多益虫也杀死了。目前，生活在黄金村冷寨河的各种鱼类、贝类已濒临灭绝，甚至影响到当地村民的生活用水。残留于土壤的农药，经过大雨冲刷，便会流入冷寨河，整条河水流经区域的中下游都会受到污染。

此外，除草剂的使用也呈螺旋递升态势。一旦园中长出杂草，现在的做法就是直接使用除草剂。"化学除草剂是一种颇有噱头的新把戏，效果非同凡响，其威力能够令使用者产生一种凌驾于自然之上的优越感。而除草剂潜在的隐性后果往往遭到忽视"[②]，甚至有人还认为除草剂的毒性没有杀虫剂强，对野生动物无害。然而，从长远来看，除草剂对生态环境造成的破坏是不可估量的。除草剂能够干扰生物细胞内呼吸的基本生理过程，对染色体造成破坏，即使是远低于致死的剂量，除草剂都可能危害很多生物物种的繁殖，比如鸟类。除草剂可将土壤中的有机物质，如虫子、微生物等杀死，导致土壤失去活性而成为"死土"，土壤肥力下降。不仅如此，除草剂会导致杂草根部被毒死，杂草根部一旦死亡，就会萎缩，土壤层产生大量空隙，使得河谷坡面失去固土能力。过去黄金村的先民们在林中放牧时，都会特别注意控制牲畜觅食时掀翻牧草根部或者啃食牧草根部；他们在林中除草时也只会用镰刀砍掉杂草影响粮食作物和茶树生长的地上部分。过度持续使用除草剂，土壤会逐渐展现出疲惫状态，不仅会大大消耗地力、降低土壤肥力，而且很容易导致土壤板结，可能对土壤造成永久性伤害。

（2）化肥污染

化肥，是现代农业获得高产的重要手段，可为农业带来巨大的经济效益。但是，如果在农业生产中过量施用化肥，一方面，会破坏土壤酸碱度平衡，引起土壤酸化或者土壤板结。土壤一旦遭受硝酸盐污染、重金属污染和土壤次生盐渍化，可导致土壤中有益菌类和较小生物的死亡，而降低土壤肥力，最终造成土壤贫瘠。另一方面，很多化学污染会形成强致癌物最终危害人类自身的身体健康。自1978

[①] 蕾切尔·卡尔森. 寂静的春天 [M]. 辛红娟，译. 南京：译林出版社，2018.

[②] 蕾切尔·卡尔森. 寂静的春天 [M]. 辛红娟，译. 南京：译林出版社，2018.

年以来，随着化肥施用量的急剧增长，目前中国已成为世界最大的化肥生产和消费国。1978 年，全国化肥施用总量为 884 万吨；2018 年，全国化肥施用量已达 5 653 万吨；近几年稍有下降，2021 年全国化肥施用总量达 5 191 万吨。"中国农业施到土壤中的化学肥料高达世界平均水平的 3 倍，平均施肥量达到 434.3 公斤 / 公顷，化肥施用量是世界警戒线 225 公斤 / 公顷的近 2 倍，造成了土壤的酸化；加上以煤电为主要能源带来的酸雨，更加剧了土壤的酸化。"[①] 我国农药平均用量为 2 133 千克 / 公顷，比发达国家高 2.5～5 倍，每年遭受残留农药污染的作物面积达 12 亿亩。[②] 近几十年来，由于大量施用农药、化肥，农业源污染已超过工业排放和居民生活污染，成为中国主要水污染的最大来源。[③]

很多化学污染是无法用肉眼观察到的，有时候连技术手段也难以检测出来，甚至致力于生态资源保护的化学专家也没有根治的办法，只有大量生物突然莫名其妙死亡时，人类才会慢慢觉察到。在这场"农业工程师"大肆鼓吹的"化学耕种"，即用喷枪取代犁铧的革命中，化学农药控制似乎花费不多。事实上，所有这些农资物质全部需要从市场上购买，而且不是一次性使用，而是持续不断地投入。1920 年，一批澳大利亚昆虫学家"经过对数种昆虫的反复实验……昆虫防治的花费为每英亩不到 1 便士；相反，早期效果不尽如人意的化学农药控制花费却高达每英亩 10 英镑。"[④] 然而，传统农耕方式和培植方式在防治病虫害方面不仅效果好、成本极低，而且不会对生态环境造成破坏。

3. 旱灾与冻灾

茶树生长需要"阳崖阴林"的环境，是指茶树生长需要充足的阳光，但又不能受阳光直射。光环境是影响茶树生长和发育最重要的环境因素之一。光照强度在茶树生长过程中起着信号因素的作用。茶树本身具有耐阴、喜光怕晒的生物属性。生长在植被茂盛的高山或云雾缭绕环境中的茶树，其茶叶品质才是最为上乘的。光照过强会导致茶树叶子过度光合作用，叶子长得又大又厚，影响茶叶品质，

① 温铁军，唐正花，刘亚慧. 从农业 1.0 到农业 4.0：生态转型与农业可持续 [M]. 北京：东方出版社，2021.

② 闵庆文，孟凡乔，韩永伟，等. 稻田生态农业：环境效应研究 [M]. 北京：中国环境出版社，2015.

③ 国家统计局. 第一次全国污染源普查公报 [EB/OL].（2010-2-11）[2023-10-10]. https://www.stats.gov.cn/sj/tjgb/qttjgb/qgqttjgb/202302/t20230218_1913282.html.

④ 蕾切尔·卡尔森. 寂静的春天 [M]. 辛红娟，译. 南京：译林出版社，2018.

而制作茶叶最好的原料是嫩叶；太阳直射，还会使得茶树水汽蒸发量过大，很容易导致茶树晒伤，甚至干旱而死。近几十年来，为了建造现代矮化茶园（图3-1-8），黄金村原来茂密的植被已经被全部置换成矮化茶树。失去了高大乔木为茶树遮阴，茶树直接别暴晒在太阳下，一旦夏季连续出现高温干旱天气，大片茶树就有旱死的生态隐患；一旦出现连续低温寒冻的天气，茶树又很容易冻死。其实，自从现代茶园建造以来，保靖县几乎每年多地都会出现因干旱而造成茶树连片干死的情况。如表3-1-5所示，2011年保靖县政府统计的葫芦镇各村茶叶旱灾的统计数据，黄金村没能幸免，其旱死茶园的面积是最大的。

表 3-1-5　葫芦镇茶叶旱灾情况统计表 [①]

茶园类别：2010 年度种植茶园			统计时间：2011 年 5 月 21 日	
村别	项目			
	干旱死苗 20 % 以下面积（亩）	干旱死苗 20 % ～ 50 % 面积（亩）	干旱死苗 50 % 以上面积（亩）	备注
黄金	400	350	120	
排吉	450	200	80	
傍海	300	120	75	
黄皮	200	250	60	
木耳	10	5	/	
葫芦	100	70	30	
枫香	17	20	10	
茶坪	150	250	50	
瓦厂	120	120	40	
米塔	80	180	20	
堂朗	90	120	45	
青岗	70	80	30	
大岩	200	380	150	
木芽	70	90	40	
啊着	40	50	20	
排扭	150	100	55	
合计	2447	2385	825	

①注：2015 年以前，黄金村归属葫芦镇管辖；2015 年以后，黄金村与傍海村、排吉村合并为一个新的黄金村行政村，划归吕洞山镇管辖。

2013 年 8 月，由于受到持续烈日高温干旱天气的影响，保靖全县共 18 468 亩茶园受灾。其中，成龄茶园受灾面积约 1 910 亩，幼龄茶园受灾面积约 15 228 亩，苗圃受灾面积约 1 330 亩。2017 年，黄金村妇女主任石超英家大片茶园也遭遇高温干旱（图 3-1-9）。

图 3-1-9　旱死的黄金茶

2017 年 2 月，由于低温冻害，保靖县最低气温已降到 0℃以下，导致保靖黄金茶园受灾面积达 40 020 亩，春茶减产 50 %，经济损失达 1 600 万元。2022 年 8 月，保靖县持续出现高温干旱天气，导致土地龟裂，农作物也出现连片枯萎，湘西州立即启动"抗旱 IV 级应急响应"。当时的保靖黄金茶园已出现 70 % 以上的茶树干枯，消防车往返于城区和茶园之间 6 次，共洒水 36 余吨，这才及时缓解了千亩黄金茶园的旱灾危机。①

为了避免茶树冻伤或晒伤，现代茶树培植模式还需要一种配套农资物品，即遮阳网。20 世纪 90 年代末期，黄金村茶农就开始使用遮阳网培植茶树。葫芦镇

① 保靖县人民政府.保靖消防"人工降雨"让千亩保靖黄金茶树畅饮甘露[EB/OL]. （2022-8-26）[2023-10-10]. http://www.bjzf.gov.cn/zwgk/xzfxxgkml/gzdt/202208/t20220826_ 1925349.html.

的颜家生最早带领村里人去长沙购买遮阳网。黄金村现代茶园已经在特定的季节广泛使用遮阳网（图3-1-10），且在全镇范围内普遍推广。

图3-1-10 覆盖遮阳网的黄金茶园

遮阳网对于茶园培植来说，是农资耗材，消耗量较大，意味着茶农的生产成本又有增大。茶树本属于喜阴植物，对光照、水热条件都有较高要求，而现代矮化茶园的生长环境已经完全异于传统茶园，只有依靠遮阳网才能帮助茶树安全度过炎夏寒冬。自遮阳网遮阴技术投入使用以来，很多学者专家致力于研究遮阳网的遮阳效果以及研究证明使用遮阳网产生的经济效益高。"遮阳网是选用无毒塑料为基材加入抗老化剂等各种成分拉丝绞织而成的网状织物，它具有夏季遮阳降温，冬季保暖增温，改善栽培小气候的优点。遮阳网是继地膜、棚膜之后又一重要的新型农用覆盖材料。遮阳网的主要应用机理是：蔬菜在炎热的夏季高温下，植物叶绿素被破坏，呼吸剧增、水分不足，蒸腾受阻，衰老加速，粗纤维含量很快积累，净同化率争下降，影响作物正常的生长发育。采用遮阳网覆盖后，由于改变了作物生长的小气候环境，使得热害造成的生理伤害指标明显缓和或下降"。[①]遮阳网可以避免茶树被太阳直射，调解茶园温度，以提高产量。

至于遮阳网可以提高产量、增加经济实效一类的研究也有很多。相关实验结果表明，"茶树蓬面覆盖1层遮阳网即可明显抵御倒春寒对春茶生产的影响。按1亩茶园约需遮阳网1000㎡，遮光率达85%的遮阳网价格为1.65元/㎡计算，需1650元。遮阳网一般以高密度聚乙烯为原料，加一定量的色母和抗老化剂拉丝

① 黄斌.新型无公害蔬菜覆盖栽培材料——遮阳网、防虫网 [J].江苏科技信息，1998（3）：18-19.

编织而成，使用寿命较长，一般可用 3—5 年。如按 3 年计算，平均每年每亩成本 550 元；覆盖和卸除遮阳网共需劳动力 2 个工，每工 30 元，计 60 元，合计成本 610 元。本试验如明前茶鲜叶按 50 元/kg，明后茶按 20 元/kg 计算，则 1 层遮阳网处理的茶园亩产值为 5669 元，而不覆盖遮阳网的仅为 1840 元。扣除遮阳网及工资成本，遮阳网覆盖比不覆盖遮阳网可净增利润 3219 元/亩，经济效益十分显著"[1]。"据浙江三明茶业有限公司 1995—1996 年试验报道，遮阳网覆盖每亩茶园增加投入 388.20 元（其中覆盖材料 239.56 元），产值增 1587.84 元，提高 71.46%，剔除成本，每亩茶园净增收入 1199.64 元，经济效益十分显著"[2]。上述实验结果均发生在 2006 年，以现在的行情来算，相关价钱至少要翻 10 倍。按照这样的前提去计算经济效益，不管什么实验，也不管什么研究，覆盖了遮阳网的茶园肯定是比不覆盖遮阳网的茶园更加高产。因为现代茶园的茶树全部是直接暴露在太阳的照射下，如果不覆盖遮阳网，后果肯定很严重。但是，如果换一种前提和方式做实验，实验结果可能大有不同。按照传统茶园的培植方式，茶树培植全过程都无须农药、化肥、遮阳网等现代农用物资，同样高产，仅种植面积比现代茶园的面积小，但是生态环境维护得非常好，像山体滑坡、水土流失这样的生态灾害鲜有发生。不仅如此，茶叶品质上乘，完全没有农药残留的顾虑，健康环保；还有生物多样水平很高，园中其他可供人类利用的生物物种也可带来巨大的经济效益。所以，应该用这种培植模式产出的单位产量与现代茶园培植模式产出的茶叶单位产量做对比，包括其各自抵御风险的能力和保护生态环境的能力都要加以量化后纳入总量计算；还有各自所产茶叶的品质也要进行对比。只有这样的对比研究才能真正对现代人的生活方式和现代社会的发展起到关键作用。

此外，使用遮阳网，还有几个问题也是值得人们关注的，因为遮阳网并不能解决所有问题。其一，普通遮阳网会减弱植物对光的有效吸收，影响部分植物进行有效的光合作用，进而导致其果实弱小、纤细等品质问题。大部分在市场上售卖的遮阳网遮阳率都在 85% 以上，否则起不到遮阳、调节温度的效果。也就是说，使用遮阳网期间，茶树很难接收到阳光，必然会影响茶叶进行光合作用，以致影响茶叶的品质。有试验表明，"遮光率 60% 以上条件下，对茶叶产量有负效应，

① 韩文炎，蔡雪雄，童正坤. 遮阳网覆盖防治茶树春季冻害的效果 [J]. 中国茶叶，2006（6）：15—16.

② 吴妍. 茶树遮阳网覆盖技术与应用效果 [J]. 福建茶叶，2006（3）：26—27.

表现为茶芽密度和百芽重下降，说明遮光率太高，对产量是不利的。综合同类研究，认为遮光率不超过 50％，对提高茶叶产量是有利的"①。所以，为了解决这一难题，茶农们只好频繁揭开、覆盖遮阳网，以尽量减少对茶叶品质的影响。但是，这样的操作起到的效果非常有限，而且会增加人工成本。其实，在传统茶园中，就不会有这类问题的困扰。高大乔木的树叶是天然的遮阳棚，透过枝叶缝隙，可为茶树提供生长需要的闪射光，其功效胜过任何现代人工遮阳棚。其二，湘西地区的茶园属于山地苗圃，不能实施引水灌溉，只能实施浇灌，如果浇灌时苗床铺有地膜，就会直接影响水的渗透，一般干旱气候条件下，不宜使用地膜。其三，由于山区风大，使用高棚遮阳网不仅容易损毁棚网，而且由于棚内空气流动过大、苗床水分蒸发较快，也会影响茶树苗木的生长。针对市场需求，很多科研机构、企业又不断研发新型遮阳网。比如，近年来江苏华昌织物有限公司与南京工业大学化学与分子工程学院韩国志教授研究团队合作，历时两年研制开发出"光谱可调遮阳网"。这种新型遮阳网可以"将阳光中的紫外线转化成植物光合作用所需要的长波段光"，减少紫外线对植物的伤害，将不利光转变成有效的"光肥"，提高植物进行光合作用的效率。②只要遮阳网有弊端，新型遮阳网的研发工作就不会停止，而由此带来的只不过是生产成本、研发成本、企业投入成本的增加。

集约化的种植模式，必然导致单一化、规模化的培植方式，以及需要大量的化肥、农药、遮阳棚等农资物品。传统的培植方式，从不需要这些农资物品。而这些农资物品都需要农户从市场上购买，大大增加了农户的生产成本。整个生产过程就如同工厂般，"土地就是一条流水线，各种机器、管道将利用生物技术生产的种子、化学肥料、农药作为原料不断倾向土地。这些原料被分解、组合、装配成一件件高度标准化的产品，最后再由机器来收割"③。茶农只不过是这个工业生产链中的工人，导致人与土地之间的关系转变成冷冰冰的人与工具的利用关系，土壤成为一个供植物吸收化学物质的纯粹的媒介。

① 方华春，戚康标，陈栋.用遮阳网覆盖茶园对提高夏茶品质的研究简报[J].广东茶叶，1995（3）：3-5.

② 金凤.会"呼吸"的遮阳网变不利光为"光肥"[EB/OL].（2020-9-28）[2023-10-10].http://www.stdaily.com/index/kejixinwen/2020-09/28/content_1023729.shtml.

③ 亨利·伯恩斯坦.农政变迁的阶级动力[M].汪淳玉，译.北京：社会科学文献出版社，2011.

4. 古茶树之伤

根据现代茶园的开发模式，茶农首先是以牺牲当地生物多样性为前提的。在中华人民共和国成立前，黄金村所辖范围由亚热带常绿阔叶林生态系统、亚热带湿地生态系统和疏树草地生态系统三种类型构成，其间常绿阔叶林生态系统面积约为 8 866 亩，约占村寨面积的 70%（村寨占地面积约为 12 364 亩）。其中，油料林和茶树林地占地面积 1 300 多亩，其他用材林占地面积 1 600 亩，灌木林地占地面积 5 800 多亩。各种动物、植物物种丰富。2015 年行政规划调整后，黄金村合并了周边几个村寨，其辖区面积为 27 150 亩，但其茶园面积已达 3.2 万亩。

在黄金村现存七片非连片古茶园中，存活了 100 年以上的古茶树 5 923 株，茶科所专家从中收集了 300 多种优质活株种子，并建立了茶树种子基因库。早期的研究认为其间的"黄金 1 号"和"黄金 2 号"是最为优质的，但是由于研究水平和科研条件的限制，这个结论不一定就是最准确的。不可否认的事实是，黄金古茶园的优良株系品种远远不止两个。但是，近几十年来的新茶园扩建却把其他群体茶园的茶树，甚至有的古茶树都被置换成"黄金 1 号"和"黄金 2 号"。作者在田野调查中惊讶地发现，黄金村几乎家家户户屋檐下堆积的干柴都是砍伐的老茶树，大多用来作炒茶柴薪（图 3-1-11）。

图 3-1-11　黄金村农户家堆积的干柴

这些干柴大部分都是有 50 年左右茶龄的老茶树，甚至还有具有文物价值的百年老树（图 3-1-12）。如图 3-1-12 所示，是作者在湖南省茶科所驻黄金村厂房锅炉旁边的薪碳材料中发现的。

图 3-1-12　省茶科驻黄金村厂房所锅炉旁的古茶树蔸

根据茶蔸的大小粗细，作者目测这棵茶树至少有上百年的树龄。因不忍这棵茶树蔸被当作柴薪烧掉，作者找人帮忙把古茶树蔸拖回了作者学校（吉首大学）图书馆三楼办公室。如图 3-1-13、图 3-1-14 所示，是 2016 年 11 月，黄金村茶农挖掉有 50 年茶龄的群体茶老茶园，置换单株的现场图片。

图 3-1-13　砍伐的 50 年树龄以上的老茶树

图 3-1-14　砍伐的 50 年树龄以上的老茶树

村民们都说，现在省茶科所和隆平茶业的厂房所在地原为云盘山（图 3-1-15），以前云盘山上的老茶树和古茶树最多。

图 3-1-15　隆平茶业公司驻黄金村厂房

现在的云盘山上的老茶树、古茶树已不复存在。作者问村民们为什么砍掉老茶树和古茶树，村民说，"上面叫我们砍掉老茶树，置换"黄金 1 号"和"黄金2 号"，我们也就砍掉了，砍来就只有当柴烧了。我们看不了那么远，政府说怎么做我们就怎么做了。"简单地说，就是烧掉老茶树、古茶树，来炒制现代茶。幸运的是，吉首大学科研团队说服保靖县政府，于2016年开始准备将黄金村现存的七片古茶园申报中国重要农业文化遗产，抢救性地保护这珍贵的基因宝库。在吉首大学、保靖县政府以及黄金村村民的共同努力下，2020年1月，"湖南保靖黄金寨古茶园与茶文化系统"成功申报第五批中国重要农业文化遗产。至此，县政府开始关注古茶树保护和严厉打击砍伐古茶树行为的相关工作。目前，黄金村现存七片古茶园均已被挂牌保护。2021年，保靖县启动种质基因库建设项目，在全国茶产业领域首开先河。2021年6月，在保靖县黄金村举行"中国重要农业文化遗产揭牌暨保靖黄金茶种质基因库"启动仪式。

第二节　厕所革命与技术治理

几千年来，中国人民对排泄物的处理方式实质上经历了三个阶段。以文明形态的转换为界限，即农耕文明时期的排泄物处理、工业文明时期的排泄物处理和生态文明时期的排泄物处理。目前，人们正处于工业文明向生态文明的过渡阶段。

一、农耕文明时期的排泄物处理

不同民族有各自不同的如厕方式，以及与之配套的排泄物管控和处置方式。这样的传统与其所处生态系统特征，以及所持有的特定文化密切相关。要想了解和研究各民族对排泄物的处理方式，最直接的切入点就是观察其厕所形态与构造。

（一）汉族—蹲式旱厕—肥料

在中国汉族的广大农村地区，猪圈和厕所往往连为一体，一般修建在正屋旁边。既可以保持室内的干净整洁，又可为家庭成员排泄提供便利。这种蹲式旱厕设计比较特殊，在狭小的空间内，猪粪、人粪以及猪生活的空间、人排泄的空间，相对都是隔离开的。厕所被分离为两层，每层分为两格。上层一格储放猪草，留一个大孔通向下层的猪槽，可为猪添加猪草或其他饲料；另一格则是供人们蹲厕的地方，用两块长条形木板简易搭建而成，中间分开，以便人粪掉落，且距离下层在一米以上，以防止人在排泄时受猪的影响。下层则为猪生活的场所，虽然猪共住一居室，但其实是有简单分区的。正对上层大孔处放置有猪槽，方便主人为其提供猪食。猪槽旁边会堆放一些松散的干草，由于猪会在下层随处排泄，有些地方会特别泥泞，猪在运动的过程中会掀翻干草，铺散在泥泞处，经过猪的反复践踏，可保持猪圈的相对干燥。经由猪反复踩踏、搅拌后的干草粪便混合物，被人们定期清理堆放一旁，形成了优质的堆肥，随时都可以取出施于农田，不仅大大节省了人制堆肥的人力成本，而且节约了堆肥仓储的空间。下层对应人粪垂直掉落处的地面设置稍有凹陷，猪会将人粪作为食物补充。猪是一种杂食性动物，其天性决定了其口味广泛，人粪含有可为猪提供营养和能量的物质。由于猪的消化系统不是特别完善，肠道较短，粪便中含有促进猪肠胃消化的物质。除了消化系统，猪的行为习惯与吃粪便也有关系。猪其实是一种好奇、好动的动物，习惯用猪嘴到处探寻，一旦发现有可食的食物就会品尝。不仅如此，猪与猪一起分享食物（包括粪便）是一种亲密行为的社交表现。人粪被猪食用，猪粪被人用作田间肥料，进入新的物质循环。

汉族农村还有一种旱厕与上述类型稍有差异，不分上下两层。有的虽然与牲畜圈设计在一起，但是与牲畜圈是完全隔离的；还有的就是与牲畜圈分开，单独设立的旱厕。这类旱厕与上述类型的差别就在于，在人蹲厕处的两块木板下方挖出一大坑，放置一口超大瓦缸，以供存储人的排泄物。两块木板间的缝隙处，倾斜放置一根宽扁竹条，以防排泄物掉入粪缸后的"水花"溅到身上。村民们会定期将粪缸中的储存物舀出，运至农田。当然，村民们不会用其直接灌溉农田，虽然排泄物已在旱厕经历了发酵、沤制，但是由于其浓度太高，可能导致蔬菜、作物等根部烧死。一般会在田坎处设置一个灌溉池，通过雨水或额外加水进行稀释后，再施于农田。

20世纪初，美国学者富兰克林·H.金（Franklin Hiram King）率领其调研团队来到中国、日本、朝鲜等国家考察农业，将一路上所见所闻记录下来，并于1911年出版了《四千年农夫》英语版。美国农业与贸易政策研究所所长郝克明评价该书："这本百年前描述中国农民管理土壤以增进肥力的书籍在20世纪50年代成为美国有机农业运动的《圣经》，这本书的作者也成为引领那个时代的美国有机农业运动的先驱。然而，书中描写的许多传统农业耕作技术已经被依靠化肥、农药的现代农耕技术所取代。当前，化学农业的弊端逐渐显现，我希望这本书能够激发中国人民改造化学农业的热情，并将积累了几千年的丰富、卓越的农耕经验与现代科技相结合，创造出更加有效的现代生态农业体系。"①

富兰克林·H.金记录浙江某农村：人们将上海一个马厩里的马粪通过15英里的水路运到该村，并"将它们存放在从运河中挖起的薄薄的淤泥层之间以便发酵"，再"由8名男子将这些混合肥放进早已挖好的巨大的粪坑里（约5英尺深）"，每一次运送的量几乎能将整个粪坑填满。冬天，在这些堆肥中还会添加约5—8英尺高的苜蓿，"中间夹杂层层淤泥，浸湿苜蓿，使其得以发酵，与堆肥一起腐熟"。②此段描述充分说明这里的农村一直就有利用马粪与植物混合制作堆肥的传统。富兰克林·H.金笔下还记录了山东农村到处可见的堆肥池，池中都堆放有泥土、作物秸秆、田间废料与粪便混合制作而成的堆肥。还有在山东更北的地方，由于气候干燥，村民们往往将干粪储存在草棚下，需要使用时就会把大块的干粪磨成细小的粉末，均匀地撒在田里，与土壤充分融合。

（二）游牧民族（藏族、蒙古族）—无厕—柴薪

1.藏族对排泄物的处理方式

很多游牧民族一般不设厕所，或者没有固定的厕所。特别是在西藏广袤无边的牧区，基本上没有村寨设置厕所。作者在班戈县加苏村调研时，对于本人这个外来的汉族人来说，最为尴尬的事情就是上厕所。村里家家户户都没有厕所，人有三急，要解决问题时，只有找个背人的、稍远的地方就地解决，上完用脚拨点砂粒盖住。在山区，有的藏区会在山上利用现场地形搭建一个简易厕所，一般随山势而建。如图3-2-1和图3-2-2所示，这是典型的藏式旱厕。所谓旱厕，顾名思义就是没有水的厕所。西藏的这类厕所没有水冲洗却没有任何臭味，是露天式的，山顶视野也很开阔，连上厕所都可以欣赏到自然美景。因为这类旱厕多修建在海拔较高的山上，厕所坑很深。其实，厕所底下是山谷，排泄物从坑里掉进山谷。蹲厕处离山谷有很远的高度差，排泄物会七零八落地散去，不会堆积在一起。而且这些地区常年有干燥的大风，排泄物很快就会被风干，经过大自然的长时段洗礼，也会将它们变成养分。加之很多藏族地区地广人稀，生活方式又是移动的，

① 个人图书馆.国际有机农业发展,有几个阶段?清华大学老师来解读[EB/OL].(2021-5-28)[2023-10-10].http://www.360doc.com/content/21/0528/14/75519624_979389165.shtml.

② 富兰克林·H.金.四千年农夫：中国、朝鲜和日本的永续农业[M].程存旺,石嫣,译.北京：东方出版社,2016.

人类排泄的那些粪尿不足以对其产生威胁。所以说，一是由于藏区地广人稀，二是由于藏区水资源极为匮乏，藏民不会浪费更多的资源去处理牧民产生的排泄物，大自然足以消化、吸纳这些排泄物。

图 3-2-1　藏式旱厕

图 3-2-2　藏式旱厕

但是，动物则不一样，动物的数量远远超过人口的数量。藏族是传统的游牧民族，每户家庭可饲养成百上千头牲畜。牦牛排泄量的多少和次数会受到季节的影响，一般而言，牦牛平均排粪量为 7.99 千克/天·头（鲜粪）或 2.00 千克/天·头（干粪），平均排粪 9.33 次/天·头。据相关研究表明，平均每堆牛粪覆盖地表面积为 0.020 8 平方米，按照每头牦牛每日排粪 9.33 次，所以每头牦牛每日排粪共覆盖地表面积为 0.194 平方米。其中，"草地上排粪覆盖面积占全天总覆盖地表面积的 40.37%，故每天每头牦牛排粪覆盖草地面积平均约为 0.078 平方米"[①]。要知道，在海拔高的牧区，其气候特点表现为"海拔极高""温度极寒""气候极旱"。在如此严酷的自然条件下，只有那些长期适应严酷自然环境和抵抗严寒的物种才能生存，因而这里的生物种类较为贫乏。牦牛则成为牧区藏族非常重要的食物来源和其他生活物资所需的主要来源。每个牧区有成千上万的牦牛，每天都要多次排泄。相关实验结果表明，"分解过程中，马粪因含氮量和含水量较高而紧实度低，因此分解速率和养分释放最快；牛粪的含氮量最高，但易形成硬壳而阻碍分解；羊粪的含水量较小，且含氮量低，因此分解最慢"[②]。然而，在青藏高原这样的环境下，如果没有人工干预，牦牛粪更难自然降解。据统计，青藏高原目前生活着 1 330 万头牦牛和 2 万头野牦牛[③]。一旦不能自然降解，牛粪就会不断堆积在草地地表，甚至形成粪石，覆盖地表会严重影响牧草生长。藏区牧民们经过千百年来的经验积累，已经形成了一套合理利用牛粪的方式，历史已经验证了这套资源利用方式的有效性和合理性。一方面，对牦牛粪的回收利用解决了牧民们在游牧过程中的日常生活所需。牦牛粪最重要、主要的用途就是被当作柴薪燃料以满足牧民烹饪、取暖的需求。牦牛粪用作柴薪，无色、无烟、无味、易燃，就地取材，即用即取，无须额外花费。很多生活物资要从外部运进来，这是很不现实的，牧民们都是依靠自行解决。他们把牛粪用来作建筑材料、制药、清洁用具、孩童玩具等。人们眼中的"废物"，在藏区却如同"金子"一般珍贵。在藏民们心中，"牛粪这个词没有任何脏的含义，因为牦牛不喝脏水，也不吃脏草。牦牛粪是我们的伙伴。没有牛粪，我们藏族人在高原上就无法生存"。另一方面，藏民们将牦牛粪回收利用还避免了因牛粪过度堆积草地而无法进行新的物质循环所导致的生态隐患。

① 鱼小军.牦牛粪维系青藏高原高寒草地健康的作用机制业[D].兰州：甘肃农业大学，2010.

② 王柽楠.内蒙古典型草原优势植物凋落物和主要家畜粪便分解过程研究[D].呼和浩特：内蒙古大学，2020.

③ Lin X., Wang S., Ma X., et al.Fluxes of CO_2, CH_4, and N_2O in an alpine meadow affected by yak excreta on the Qinghai−Tibetan plateau during summer grazing periods[J].Soil Biology and Biochemistry, 2009, 41（4）：718−725.

2. 蒙古族对排泄物的处理方式

内蒙古自治区从东北到西南跨四个干湿区，具有复杂多样的地貌形态，其中地貌以蒙古高原为主体，高原面积占据自治区总面积的53.4％。以"大兴安岭—阴山—贺兰山"一线为界，界线以北主要是高平原草地，界线以南主要是以丘陵、台地和平原为主。内蒙古全区面积约为118万多平方千米，草原总面积约为86万多平方千米，约占全区总面积的73％。内蒙古草原又有多种不同的生态类型，大体分为暖温型典型草原、暖温型荒漠草原、中温型草甸草原、中温型典型草原、中温型荒漠草原等，而这几种类型下又可细分为多种亚型生态类型。目前，内蒙古自治区有呼伦贝尔、锡林郭勒、科尔沁、乌兰察布、鄂尔多斯和乌拉特6个著名大草原，其中呼伦贝尔草原是内蒙古也是我国面积最大的草原。即便在同一草原文化背景下，也形成了多类型的区域草原文化圈。因此，不同区域的蒙古族人对生态资源的利用方式也是有差异的。

内蒙古草原生态系统具有三大特点，也是其生态脆弱环节，即"风沙大""水资源总量少""气温低"。蒙古族牧民千百年来所形成的传统文化、传统生计方式以及传统利用生态资源的方式等均是围绕规避上述生态脆弱环节展开的。与藏族的传统生计相似，传统蒙古族同样也是采用的游牧生计方式。由于蒙古包具有流动性，牧区自然不会专门设置厕所和蹲便等设施（内蒙古的农耕区使用旱厕）。传统蒙古包里是不会修建厕所的，因为空间不大而且在密闭空间容易串味，一般到野外大自然中解决私人问题。蒙古包驻扎在一望无际、人烟稀少的大草原上，在野外上厕所丝毫不用担心会被人看到，而且传统的蒙古族服装比较肥大、宽松，可以起到遮蔽功能。一般对于蒙古族男人来说，找个没人的地方就地解决，上大厕一般是挖个临时的坑然后填埋即可，这样还能够让土壤保持肥沃；对于蒙古族女人来说，相对讲究一点，一般会在附近搭建一个临时的小蒙古包，当作厕所。不过，在野外上厕所一定要注意千万不能靠近水源，更加不能在河里解决，这是蒙古族人非常忌讳的事情。因为在蒙古人的观念中，水是圣洁的，要珍惜和爱护水资源，并且牧民都依靠水来生活，而蒙古族地区本身水资源就很稀缺，排泄物会污染水源，对环境的影响极为严重。即便是现代社会，他们已经过上了定居的生活，房间里都装有现代化的冲水马桶，除了偶尔让客人使用，他们平日是从来不会使用冲水马桶的。因为冲水马桶太耗费水资源，他们非常珍惜草原的水资源。

　　由于内蒙古与西藏生态环境差异很大，蒙古族喂养的牲畜种类比藏族要多，最为普遍的就是"五畜"，即牛、山羊、绵羊、马、骆驼。"在蒙古族中，五种家畜本身有不同的称呼，不同家畜的粪便也有不同的名称，甚至同一家畜的粪便根据其干湿程度等也有不同的叫法"。[①] 由于不同牲畜的食草习惯、草料种类不同，其粪便质量也相应有所不同。牧民们对不同种类和不同状态的牲畜粪便的处理方式都是不一样的。

　　牛粪，是用作燃料的最佳选择。相对于其他牲畜粪便，干牛粪最易燃烧，且无烟、无异味、火力较大、燃烧时间较长，多用于急而大的火熬茶、煮肉、烧水等。牧民们一般把湿牛粪捡拾回来，并制作成粪饼，晾晒在蒙古包外面，经过长时间晾晒风干，即可成为最好的燃料。

　　由于羊属于反刍动物，羊粪的质地结构细腻而紧凑，可燃烧时间较长，火力较大，但是羊粪不易燃烧，且燃烧时烟量大、有异味。如果将羊粪单独使用，又很容易把火压灭，故一般牧民在调整火力时加入适量干羊粪以减小火力，调整火力大小以满足各种食物的烹饪。牧民们把羊粪制作成羊粪砖，可使燃烧火力更大，且烟量小、无异味，燃烧时间更长。所以，除了干牛粪外，用作燃料最多的就是羊粪砖，一般会在需要长时间燃烧和均匀的慢火、小火时使用，比如制作奶皮等。

　　骆驼粪，相比于其他粪料不易燃烧；一旦燃烧火力很强，而且烟量大、有异味。骆驼粪的燃烧时间较短，故一般不将其用作燃料，但可以用来防蛇。在内蒙古草原，骆驼是蛇类的天敌，蛇类特别惧怕骆驼的粪尿。当然，如果将内蒙古的驱蛇技术搬至我国南方地区，肯定就不起效用了。比如在南方的苗族聚居区，蛇的天敌是旱鸭和鹅。只有在干旱草原，蛇的天敌才是骆驼，这是生物之间长期协同进化的产物。

　　马，属于不反刍动物，其粪便结构松软、密度小。相比于其他各种畜粪，干马粪火力最小、烟量小、有异味，而且燃烧时间短，故一般很少单独将马粪用作燃料。但是，由于干马粪是最容易点燃的，一般仅在点火时会与牛粪混合使用。马这种动物是个直肠子，消化道较短，吃得多，排得也多，消化不是很彻

---

①　白俊瑞.洁净与污秽：游牧民有关家畜排泄物的本土知识及其应用 [J].西北民族研究，2012（4）：148—154.

底，所以粪便中含有很多未被消化的草籽。马的移动范围比较大，所以有利于不同草场之间牧草品种的更替交换，有利于传播草种。马粪中富含有机肥料，因此自然成为排出体外草籽的"培养基"，对牧草的生长和牧草质量的改善有很大作用，因此马成为草场天然的"播种机"。不仅如此，到了严冬，草原极易遭逢"白灾"，马用它的蹄子抛开积雪，吞食枯草度荒，而马粪又可成为绵羊和山羊的度荒"食材"。

此外，也有将牲畜粪尿用作肥料的传统。在内蒙古的农耕地区，农民早有施用牲畜粪尿、堆肥等农家肥料的传统。当时农区没有化肥，但也不用专门去捡拾牲畜粪便，每家每户的旱厕就是人粪尿储存罐，家家户户养着家畜，牛粪、马粪、驴粪、猪粪、羊粪等堆积在一起。先经过太阳暴晒，杀菌除湿，再混入青草和淤泥搅拌沤制或者熏制，而成农家杂肥，再拉到田间。如果自家农家肥不够，还可上别人家或者外出收购。在牧区，蒙古族牧民并没有给草原人工施肥的传统。为了保持草原的地力不减，一方面他们采用游牧生计方式，通过超长时段和超长距离的游牧，有利于草原自我恢复地力。另一方面，没有人工利用完的牲畜粪便自行留在草原，牧民们所做的就是从不去掀翻草地表层的风化壳。所谓风化壳，是由牲畜粪便、植物残株与地表沙土混合而成的堆积物，也被称为"腐殖质层"。前文有所提及，内蒙古草原有一个生态脆弱环节就是风沙大，具体表现为风速大，刮风的天数又多，日照时间长，水分蒸发量大，气候较为干燥，植物生长期较短，草原地貌风化现象较为普遍。在这样的生态环境下，内蒙古之所以至今仍然分布有大片面积的草地，最大的功臣莫过于这珍贵的风化壳。风化壳覆盖整个地表，可隔绝阳光直射而有效降低水分的无效蒸发。一旦遭遇风沙天气，可最大限度规避草原地表被风蚀，使之形成固定沙丘。风化壳结构疏松，透气、透水性能强，不会妨害牧草穿过风化壳而长出，且具有保温保湿功能，可成功规避草原"气温低""水资源总量少"的生态脆弱环节，为牧草提供优良的生长环境。同时，风化壳中也含有丰富的养分，可为牧草生长提供足够的营养。畜粪的分解受到许多生物和非生物因素的影响。在内蒙古草原，滞留地表的畜粪可以通过降水和淋溶作用、粪甲虫和蚯蚓等土壤动物和风力作用加速畜粪的破碎化，以及通过微生物对有机物质的分解，进而形成各种营养物质并返还草地。所以，风化壳是草原生态系统稳定延续的保护层。蒙古族牧民在放牧时不走回头路，就是害怕牲畜践踏掀翻这层珍贵的保护层。他们在放牧时，也会注意慢赶慢放，尽量避免牲畜在觅食时连同草根一起拔出食用。虽然蒙古族牧民没有人工施肥于草原的传统，但是他们的放牧技巧——避免掀翻风化壳，就是对草原生态系统最好的维护，也是其游牧生计的本土生态知识的核心内涵。

（三）苗族—人畜共居—农家肥

传统苗族主要从事游耕生计，热季上山实施游耕，冷季下山实施狩猎采集，住有"三窟"，行踪不定，排泄皆在野外，不设固定厕所。苗族逐渐演化出定居方式后，就开始建造传统的干栏式房屋。一般苗族、侗族、土家族、布依族等民族传统民居多为干栏式建筑，分为标准干栏式、假干栏式和半干栏式三种类型。

标准的干栏式民居，建有两层，底层装有简易板壁，不住人，供临时性使用，二层住人，楼梯等登楼工具一般建在户外，住房层外延还建有宽敞的游廊或平台，以供休闲起居或者储存农产品。

假干栏式民居，住房分为上、下两层，下层住牲畜，上层住人，有的还建有顶层，但比较低矮，主要用来储存粮食。楼居黑苗的住房就属于这种假干栏式类型。百苗图记载楼居黑苗"好楼居""最喜鬼而爱牲畜，人处楼上，畜处楼下"[①]。楼居黑苗是指生活在今贵州毕节八寨镇和黔东南雷山县丹江镇一带的苗族。这里的"楼居"就是指百越民族的传统居室，楼居黑苗长期与水族、布依族等交错杂居，受其影响，采用干栏式住房。其厕所与下层的牲畜圈在一起。

半干栏式民居，依山势或靠河而建，依山而建的房屋背面是斜坡，正面留空，成三角形状便于稳固地基；靠河而建的房屋，底层悬空，四角用房柱支撑在池塘里，人和牲畜皆住楼上。湘西生苗"依山结茅""牛马鸡犬之属皆居其下，相习莫知其秽"[②]。湘西生苗居住的房屋大多依山势而建，以茅屋居多，较为简陋。湘西生苗的住房则属于这种半干栏式类型，又被称为"吊脚楼"，其家中饲养的牛马鸡犬等牲畜与家人共处一室，只不过把它们安置在不远处的"火床"[③]旁边而已。对于人与牲畜长期共处的生活方式，苗族人已经习以为常，并没有人会觉得和牲

---

① 李汉林.百苗图校释[M].贵阳：贵州民族出版社，2001.

② 严如熤.苗防备览·风俗考[M].贵阳：贵州人民出版社，2011.

③ 注：火床是苗族屋内设置的一种家具，是一张特殊的大床，床高约四五尺，中间挖空放置火炉以生火，全家人做饭、用餐、取暖、睡觉等都是围坐在大床上。

畜住在一起会污秽肮脏。当然，有的苗族吊脚楼修建 2～3 层，走廊围白木质栏杆。一般吊脚楼下层用来贮藏粮食、存放农具、堆放柴草，或圈牛、羊、猪及厕所等；上层则为人居住。设置有厕所的农户，一般都把厕所和猪牛羊圈相连。人的粪便和猪牛羊的排泄物共入一坑一池，一起发酵。每家都是在粪池上架上数根木条，在木条中留出一些空隙，以供人们排泄粪。厕所的具体形式也是各式各样，一般以浅坑式、敞口缸式、联茅圈和深坑式等形式居多。苗民之所以要把厕所和猪牛羊圈安排在一起，目的是集中管理和处置所有的排泄物，制成农家肥以供施于田间。当然，也有的农户家里不设置厕所。比如，在 20 世纪 90 年代的田野调查中，发现贵州罗甸县罗羊乡的下宜、罗祥两村共 286 户，无一户有厕所，粪便全排于野外。[①] 这里的气候、温度、湿度等生态环境有利于粪便的自行降解，无须人工处理。粪便和一些植物残株、落叶、动物尸体等降解后在林间可形成厚厚的腐殖质层，以供林中各种植物的生长。

苗族人饲养牲畜的方式并不是圈养，而是野外放牧。牛、羊在野外喜欢啃食构树叶，猪喜欢啃食构树的浆果。猪啃食完浆果后，构树种子不会在猪体内消化，会随着猪粪排出，猪粪则成为构树育种生长的最佳场所。构树对于苗族人来说，用途非常广泛，不可或缺。构树皮中可提取纤维织布，构树枝干可砍下用作薪炭燃料，构树树干可用作建筑材料。这就是苗族人对猪在户外排便的处理方式。

由于苗族居住地区一般山多地少、土层薄，特别是山高坡陡，容易因重力侵蚀导致水土流失，不利于各种植物物种的生长。但是，在苗族地区这一现象隐而不显，而且植被非常茂盛，这与世代苗族对生态系统的维护有着密切的关系。比如，有些高大乔木在当地不容易定植存活，苗族人则有自己的一套技术手段。他们会在野外收集各种鸟兽粪便，并塞至选定的山体岩缝中。因为很多鸟兽吞食浆果类或肉果类植物果实后，会将其体内无法消化的植物种子随着粪便排出体外。苗族人就是使用这样一套省时省力的苗木定植技术，而且苗木存活率很高。

（四）彝族—旱厕—厩肥

一般从事农耕的民族都有将排泄物用作肥料的传统，只是制作肥料的工艺和使用畜粪的种类不同而已。传统彝族主要从事农牧兼营，其农田和牧场是有规律、

---

① 吉永贵，郑尚宁．黔南州农村厕所及粪便处理背景调查报告 [J]．黔南民族医专学报，1994（Z2）：74-75．

有规划地互换、配合的。一般农田收割后就会作为牧场使用，持续使用的牧场多年后又会改作农田。

传统彝族人一般家家户户都建有旱厕，选址往往靠近牲畜圈。旱厕建造简单，多为一层，有的两层，搭个简陋的小棚屋，里面"一个茅坑两块砖，三尺土墙围四边"，在地面挖一个约为"长 2m、宽 2m、深 1.5m"的粪坑。传统彝族文化中并没有"公共垃圾场"的概念，自家垃圾均由自家存放或处理。彝族人非常擅长将各种排泄物和生活垃圾进行粪化处理，包括集中堆放、浸泡、焚烧、自然风化降解等方式，加工成各种农家肥。[①] 这里供人使用的厕所，完全可视为一个排泄物处理站。彝族人将蒿草类植物混入粪坑，并一起在粪水中浸泡，最后全部化为粪水。这里的液态有机肥主要用于菜园子的浇水施肥。

与汉族处理牲畜粪便的方式不同，彝族人将秸秆捡拾回来堆放在畜圈上方，以供牲畜食用。没有食用完的秸秆就会被丢入畜圈，让牲畜反复踩踏、搅拌，而混合成粪土。彝族人往往每隔 10 天就会把牲畜圈中的粪土不断移出，直接堆放在农户家门口进行暴晒。直至春耕时节，粪土已经晒成干粪，以备农用。因为彝族人认为，"山不过火，土不肥"，暴晒粪便主要是通过加温促进粪便快速降解，只有这样处理的粪便才有肥效。[②] 这种粪便被称为"厩肥"。四川彝族、贵州彝族多生活于海拔较高的山区，甚至有的彝族区域位于海拔 3 600 米以上的山区，温度较低，且气候较为干旱，不利于粪便的自然降解。彝族很多地区海拔都在 2 700 米以上，土层下方有永久冻土层，一年内，土层解冻的时间不到三个月，也不利于农作物的生长。彝族人种植马铃薯的方式很奇特。他们将整个种薯直接放在已经脱水的粪土上。这样的干粪土中有很多细小空隙，透气透水，又储水保温，有利于微生物和小型昆虫活动其间，给马铃薯的生长提供了优良的生态环境。

彝族地区的一个生态脆弱环节就是属于高寒地区，温度太低不利于排泄物的自然降解。彝族人经过世代积累，根据不同牲畜种类的食性和习性，对不同牲畜粪便进行系统分类，并总结出一系列不同的加工和处置办法，以加速厩肥的及时

---

① 李金发. 彝族传统农业生活中的垃圾分类及处理 [J]. 农业考古，2014（3）：227-230.

② 杨庭硕，杨曾辉. 彝族文化对高寒山区生态系统的适应——四川省盐源县羊圈村彝族生计方式的个案分析 [J]. 云南师范大学学报（哲学社会科学版），2011，43（1）：27-33.

降解或延缓降解，确保作物生长的肥效能够得到及时的满足。[①] 他们认为羊粪和鸡粪是肥效最好的，主要用来种植园艺类作物，比如圆根。一般羊圈在使用一段时间后，羊圈地表会布满羊粪，然后他们把羊全部赶到另外的羊圈中。布满羊粪的羊圈就成为秋季种植圆根的耕地，圆根种子被直接播撒在羊粪上，任其自然生长。圆根根系横向分布在羊粪土壤层中，水分、养料、空气、温度等都适宜圆根的生长，使得圆根的产量极高。鸡粪由于量少，需要精心收集。彝族人认为马粪的肥效等级为中等，发热太强，不利于某些作物的生长。他们也会大量收集马粪，用来松土，或者与牛粪混合制成干粪。彝族人认为最没有效用的是猪粪，因为猪粪含水量高，易冻结又难自行升温。一般不收集处理，任其排在野外，自行降解。

此外，传统布依族主要从事稻田种植生计。布依族在收割水稻时，只割稻穗，而将稻秆滞留田中，目的是吸引过往的彝族人放牧其间。牲畜在田间觅食，必然留下大量粪便，这样可提高稻田的土壤肥力。传统侗族将厕所建在户外的水田或池塘上，有敞篷的形式，也有加顶的形式。前文已有详细阐述侗族的"生态厕所"——露天蹲厕，他们将人粪主要用来养鱼，而形成了一套完整的"稻—鱼—鸭"共生系统。

综上，中国各少数民族依据各自所处的生态环境，凭借各自的民族文化，都总结出自己的一套处理排泄物的体系与方法。除了中国外，很多传统的农业国家在对待人畜粪的处理方式上，也有与中国类似的做法。富兰克林·H. 金记录下他所见到的日本，"在 1908 年，日本农民往田里施用了 22812787 吨堆肥，这种堆肥是由牛、马、猪以及一些家禽的粪便和植物混合而成，或是和土壤、草皮及沟渠、运河中的淤泥混合而成。若将这些堆肥平均到南部三个主要岛屿的耕地上，则施用的堆肥每英亩达到 1.78 吨"[②]。韩国知名人类学家全京秀一直致力于研究粪便与资源，被人们称为"粪便博士"，曾出版《粪便是资源》等相关著作。在其《环境人类学》一书中就有详细阐述韩国松堂里村（位于中山间地区，距离济州市约 40 千米）传统利用粪便的情况。济州岛农村的厕所一般都与猪圈建在一起，人粪

---

① 杨曾辉. 川西南彝族厕肥处理与生态维护 [J]. 广西民族大学学报（哲学社会科学版），2013，35（4）：26—32.

② 富兰克林·H. 金. 四千年农夫：中国、朝鲜和日本的永续农业 [M]. 程存旺，石嫣，译. 北京：东方出版社，2016.

可供猪食用，猪粪供人使用作肥料。不仅如此，比如厨房的一些生活垃圾和生活废水等也是排放在厕所的。厕所不仅成为他们的"粪尿污水处理厂"，也是提供肥料的重要场所。他们会在猪圈里撒上杂草或者一些农作物根茎，与猪粪混合在一起，再经由猪不断踩踏，就形成了"黏肥料"。①济州岛人把经过猪踩踏过的"黏肥料"清理出猪圈，并不会立即直接施于农田，而是先与菜种均匀搅拌，再施于农日，最后轻轻盖上一层土。

　　1899 年，上海市卫生官员阿瑟·斯坦利（Arthur Stanley）博士②在市政问题报告中提到："在谈到东西方卫生观念之不同，上海的公共卫生状况可以作为例子。可以这样说，如果一个民族的健康长寿表明其有良好的卫生习惯，那么对所有关注公共卫生问题的人来说，中国人就是一个值得研究的民族。即使没有可靠的数据，我们仍然知道，从中华民族诞生以来的 3000 或者 4000 年间，中国的出生率一直都显著地超过死亡率，且中国的卫生习惯比中世纪的英国好得多。家庭卫生的主要问题就是要每天打扫房子，假如在打扫卫生的时候又能获得一些额外的利益那就更好了。极富文明的西方人花费大量金钱，精心制作肥料焚化炉来焚烧垃圾，将粪便排入大海，中国人则是将两者都用作肥料。中国人不浪费任何东西，并且总是时刻将神圣的农业职责铭记于心。对细菌的研究工作表明，处理人粪尿和生活垃圾最好的方法就是将它们埋在干净的土壤中自然净化。我认为以目前上海的条件，销毁垃圾必然会产生一些负面的影响。将污水进行处理后采用输水系统将未经处理的污水输往河里，并用河水供应生活用水，这对居民的身体健康将造成巨大的损害，甚至可以说是一种卫生自杀。最好的办法就是利用中国卫生习惯的长处。正如我们所见，那是公元前 1000 多年前演变下来的结果，非常值得我们尊重。"③

二、工业文明时期的排泄物处理

　　人类进入工业文明时代后，在全世界范围内打破了农耕文明时代人类处理排泄物的方式。富兰克林·H.金曾感慨："当反思我国（美国）农场的土地在不到

---

　　① 全京秀.环境人类学 [M].崔海洋，译.北京：科学出版社，2015.

　　② 注：阿瑟·斯坦利博士系 1898 年上海市设立的卫生处首任处长。

　　③ 富兰克林·H.金.四千年农夫：中国、朝鲜和日本的永续农业 [M].程存旺，石嫣，译.北京：东方出版社，2016.

100 年的时间里就耗尽了地力的原因，以及为了保证土地的年产量而不得不施用巨量的矿物肥料时，我们便意识到必须深刻了解和认识东方人自古以来一直延续的施肥方法。因为这种方法，中国人利用六分之一英亩的良田就足以维系一个人的生存，而在日本最南边的三个主要岛屿上，每英亩良田也足以能养活三个人。"[①]

（一）国外对排泄物的处理方式

1. 欧美模式

富兰克林·H. 金曾说："一般来说，人畜粪便会污染环境，进而妨碍一个地区产业的发展，但是中国人却将它们充分利用于田间，但美国人却将它们排入大海。如果我们每天将 100 万成年人的粪便施于田间，那么每天就能给土壤带来一吨多的磷和两吨多的钾。"[②]"依据沃尔夫、凯尔纳、卡彭特或者霍尔的分析数据，美国和欧洲每年倒入海洋、湖泊、河流以及地下水等各种水体的 100 万成年人的粪便中含氮大约 579.43 万到 1200 万磅，钾大约有 188.19 万到 415.1 万磅，磷大约有 77.72 万到 305.76 万磅。而我们竟把这种浪费引以为是文明的巨大进步。在远东地区，三千多年以来人们一直延续着保存粪便的习惯。现在，那里 4 亿成年人口，每年把包含 15 万吨磷、37.6 万吨钾和 115.8 万吨氮，合计达 1.82 亿吨的粪便，无论在乡村还是像武汉三镇这样半径四英里内聚集有 177 万人口的大城市，都从家家户户收集起来，并且施用到田间。"[③]

"人类是这个世界上最放肆的废物制造者。在触手可及的范围内到处都是人类作用的痕迹，他们作用于一切事物，各种生物都加速毁灭，连人类自身也没能排除在外。在这一代毫无节制的人手里，把土壤的肥力扫进了大海。这种肥力是无数世纪的生命才积累起来的，也是所有生命赖以生存的基础。我们必须认识到，往田里施用磷的做法只是在土壤肥力大量流失的情况下的一种补充肥力方法，增加还谈不上。据估计，北美每立方英里流入海里的河水中携带超过 500 吨的磷。

---

① 环察方圆. 农业文化遗产为啥要保护？该怎么保护？[EB/OL].（2021-06-07）[2023-10-10].https://baijiahao.baidu.com/s?id=1701874592832116975&wfr=spider&for=pc.

② 富兰克林·H. 金. 四千年农夫：中国、朝鲜和日本的永续农业 [M]. 程存旺，石嫣，译. 北京：东方出版社，2016.

③ 富兰克林·H. 金. 四千年农夫：中国、朝鲜和日本的永续农业 [M]. 程存旺，石嫣，译. 北京：东方出版社，2016.

现代文明又通过液压排污的处理方法，加大了这种损失。5 亿人口大约要排掉 19.43 吨的磷，这些磷并不是 129.5 万吨纯度为 75% 的磷酸盐所能代替的。现在东方人口将近 5 亿，但他们耕地面积不到 80 万平方英里，这些耕地中许多已有了 2000 年或 3000 年，甚至是 4000 年的耕作历史，若不是很好地利用了人类粪便，他们在没有矿物肥料可利用的情况下，不可能生存下来，居住环境更不可能避免受到粪便污染。东方民族的特质之一就是能够很好地保护土壤，为了很好地保护土壤、避免破坏土壤肥力，东方人采用就地取材的方法"[①]。

所谓欧美模式，是以城市排水管网和污水处理厂作为粪便收运和处理为基础的，即污水粪便合并处理的高成本模式。[②]19 世纪上半叶，欧洲和北美已开始建设城市下水道用以收集和处理粪便。20 世纪初，欧美国家开始兴建城市污水处理厂，对污水和粪便进行合并处理。比如，美国城市下水道和污水处理厂的兴建已有 100 多年的历史，直至 20 世纪 90 年代，其下水道和城市污水处理厂的普及率均达到 80 %。美国对其城外没有修建下水道和污水处理厂的区域，则主要采用化粪池和土壤吸附床或砂滤床进行现场处理。按照目前的排泄物处理技术水平和技术投入，美国至少已累计投入基建资金 2 500 亿美元。[③] 可以说，欧美国家几乎花费了一个多世纪的时间，以巨额投资为代价，才达到了目前污水和粪便收集处理一体化的高普及率和较高水平。

2. 日韩模式

如果按照每个成年人每天排泄大便 0.14 升、小便 0.9 升（共 1.04 升）来看，韩国济州岛 50 万人口每天排泄量达 50 万升。然而，济州岛通过粪尿处理厂处理的人尿粪量还不到总量的一半，根本没有处理的粪尿和处理过的粪尿最终都是被排放到大海。"据专家报告，根据生物学方法对粪尿的处理存在着许多后遗症。即使经过了粪尿处理厂的处理，仍然存在设施工程费用高、维护管理费用高以及水源污染严重等问题。汉城地区的设施相关内容如下。安养污水处理厂内，按厌

① 富兰克林·H. 金. 四千年农夫：中国、朝鲜和日本的永续农业 [M]. 程存旺，石嫣，译. 北京：东方出版社，2016.

② 陈朱蕾. 国内外城市粪便处理系统模式比较的研究 [J]. 武汉城市建设学院学报，2000(1)：48-51.

③ 陈朱蕾. 国内外城市粪便处理系统模式比较的研究 [J]. 武汉城市建设学院学报，2000(1)：48-51.

氧性方式处理的设备需要 33 亿韩元，每年消耗的维护管理费用大约 2 亿韩元。采用相同的方式的北部处理厂的设施共需要 34 亿韩元，以及大约 5 亿韩元的维护管理费用。安养污水处理厂、北部处理厂，按固液分离方式处理的设备分别需要大约 17 亿韩元。而北部处理厂，按标准稀释通风方式处理需要 40 亿韩元以上，以及每年 12 亿韩元以上的维护管理费用。"[①]

所谓日韩模式，是合并处理与单独处理相结合的中成本模式，分为两种方式，一种是将污水和粪便通过粪尿污水处理厂进行合并处理，另一种则采用车辆收运进行集中处理，然后在净化池现场分散、单独处理。日本在 20 世纪四五十年代就已开始使用加热处理法、化学药物处理法、多池腐败处理法及粪尿分离处理法等多种粪便简易无害化处理方法。20 世纪 50 年代，日本政府引进欧美污泥厌氧消化处理技术，并兴建粪便收集机构和污水粪便净化处理厂。20 世纪 60 年代开始，日本采用湿式氧化及化学处理等新技术。目前，在日本将粪便排入下水道的占 35 %，采用净化池净化的占 35 %，使用旱厕的占 30 %，其投入的基建资金累计达 150 多亿美元。

3. 发展中国家模式

发展中国家模式，即为采用多样化粪便处理系统的低成本模式。一直以来，大多数发展中国家就有将粪便作为肥料来源和土壤调节剂的悠久历史，人们长期以来更多的是关注对粪便的再利用方面，而较少考虑粪便带来的污染问题。然而，随着西方工业文明的渗入，发展中国家开始使用农药化肥等工业化生产和生活物资，导致传统的对排泄物的资源利用方式被逐渐淘汰，导致可变废为宝的排泄物又成了废弃物和垃圾。至此，排泄物在城市和农村的堆积成为城市和农村环境污染的主要来源。直到 20 世纪 70 年代，很多发展中国家都还没有卫生设施建设和优化城市环境卫生的概念。据世界卫生组织报道，20 世纪 70 年代的发展中国家约有 10 亿人口缺乏下水道系统，80 % 的疾病皆源于水污染和粪便没有卫生处理。[②] 因此，1978 年联合国大会重点提出在发展中国家执行"国际饮水供应和环境卫生十年"的十年规划。大多发展中国家依据联合国大会制定的十年规划的要

---

① 全京秀. 环境人类学 [M]. 崔海洋，译. 科学出版社，2015.

② 陈朱蕾. 国内外城市粪便处理系统模式比较的研究 [J]. 武汉城市建设学院学报，2000(1)：48-51.

求，采取与其经济能力相适应的多样化粪便处理模式。目前，发展中国家较为广泛使用的粪便处理系统有"改良型旱厕和化粪池、渗井、真空吸粪车、小口径污水管、混合堆肥及沼气发酵等"①。

（二）中国对排泄物的处理方式

据 2023 年人口统计数据，中国人口总数为 141 175 万，仍然是世界人口数量最多的国家。如此庞大的人口数量，14 亿多人每天都要吃喝拉撒，平均每天排出约 240 万吨粪尿，还有饲养的大量牲畜每天也要吃喝拉撒，如何处理这些上千万吨的排泄物？

1. 中国城市对排泄物的处理方式

目前，中国的城市粪便处理系统基本上是各种模式的混合。比如：深圳、珠海等发展较快的沿海城市主要模仿欧美的粪便污水合并处理模式，且已接近美国 20 世纪 80 年代初的技术水平；广州、上海等少数大城市则模仿日本模式，但并未达到日本 20 世纪 70 年代中期的技术水平；其他绝大部分的城市则与其他发展中国家的多样化模式相似，但在技术水平上仍低于部分发展中国家。

随着改革开放、城市化进程以及旅游业的发展，中国的城市厕所问题遭遇外国人的诟病，中国的厕所卫生问题也屡屡成为西方记者报道的重要题材。20 世纪 90 年代开始，中国推进了一场从城市开始的、自上而下的"厕所革命"。特别是在旅游领域，其革命性最为彻底。2016 年，国家旅游局颁布《关于表扬 2015 年"厕所革命"先进市的决定》，对青岛等 101 个先进市（区）推进"厕所革命"的突出成绩予以表扬。目前，这场革命已经向全国基层蔓延，城市的现代化厕所改造已经基本完成。②

城市的厕所革命只是解决城市居民上厕所的卫生问题，蹲厕环境变得干净、清爽、便捷；但是，对于这么多排泄物合理处理问题的解决道路，仍然任重道远。西方工业文明在 20 世纪 80 年代末至 20 世纪 90 年代，对中国传统农业文明的影响逐渐加大。城市粪便农用市场在此阶段迅速衰退，农药、化肥进入，传统

---

① 陈朱蕾. 国内外城市粪便处理系统模式比较的研究 [J]. 武汉城市建设学院学报, 2000(1): 48−51.

② 周星，周超. "厕所革命"在中国的缘起，现状与言说 [J]. 中原文化研究, 2018, 6 (1): 22−31.

的对粪便进行资源再利用的处理方式逐渐被边缘化，相当数量的粪便无处可去，最后只能向城市附近区域随意倾倒。这给城市居民的生活环境和身心健康都带来了更为严重的影响，已成为城市急需解决的重大问题。政府以及相关机构开始研究和建设新的城市污水粪便处理系统。目前，对城市居民粪便的处理包括收集、处理、净化、排放等环节。对城市居民的粪便污水的收集主要是通过城市下水道完成。城市下水道作为一种收集生活、商业、公共场所等生活垃圾和排泄物的管道，是城市建设中很重要的一部分。然后，通过市政的下水道排污管网运送至污水处理厂进行一系列处理，以保证水质的安全性及保护环境。常用的处理粪便工艺包括粪便絮凝脱水、粪便厌氧消化、粪便固液分离预处理等工艺，一般在粪便农业利用时才采用厌氧发酵法。具体操作分为以下几步：第一步是机器筛查。主要通过特殊机器处理收集到的未经处理过的粪便、垃圾。机器设置有沉淀池、旋转筛、格栅等，先筛除体积较大的废弃物，可使运送废弃物的水质变得更加清澈。第二步是初级处理。在这一阶段，污水会进入沉淀槽或者是大池子，之后会通过沉淀以及混合等做法将悬浮物质或者沉淀物质去除。第三步是生物过滤。在这一阶段，需要使用生物滤池或活性污泥法，对废水中的有机物及微生物进行脱除。生物过滤器一般是一种填充了生物膜的过滤设备，可以通过微生物的附着和降解将有机物质转变成无害物质；活性污泥处理器则是利用活性污泥来生物降解有机物质。最后一步是化学处理。这一阶段主要是对经过处理的废水进行二次处理，以除去残留的微生物及营养物，以及使用紫外线灭菌等化学处理法。污水经过处理，且达到规定的排放标准后，才会直接排入江河湖海，也有个别地方将处理后的废水用于灌溉田地。剩余的固体残渣堆积则会运到特定的加工厂，加工成植物养料。

中国的排污处置体系一直在试图模仿欧美模式，欧美模式是历经了一个多世纪才逐步发展起来的高成本处理系统。然而，中国具有庞大的人口基数，其人口是欧美国家的十几倍甚至二十几倍，中国的技术水平和资金条件等都决定了中国采用欧美模式是不可行的。据统计，"1997年我国668座设市城市年清运粪便2900万吨，被无害化处置的不到1/2，多数只是经过化粪池的简单处理就被直接排放，粪渣也得不到妥善处置"[①]。我国城镇粪便的低处置率和污水处理厂的低普

---

① 周敬宣，李冠峰，李艳萍.我国粪便处置现状与治理对策的研究 [J].2003，4（3）：9-11.

及率直接相关。我国近 40 % 的城市缺乏完善的下水管网，城镇污水处理厂严重不足，化粪池达不到应有效果，一些现代大都市污水处理率还不足 10 %，造成了全国 90 % 以上的污水粪便得不到及时、有效的处理就直排江河湖海，致使城市流经河段 86 % 的水质超标。目前，"全国 90% 的城市水域污染严重，50 % 的城镇水源不符合饮用水标准，40 % 的水源已不能饮用"①。在全国 46 个重点城市中，"只有 28.3 % 的城市饮用水源的水质良好，26.1 % 的城市水质较好，45.6 % 的城市水质较差"②。目前，我国一些主要的大城市只有 23 % 的居民饮用水符合国家卫生标准，小城镇和农村饮用水合格率则更低。其实，饮用水最主要的问题是粪便排污，其次才是工业和农业化学污染。根据国家的产业政策规划，"到 2000 年实现城市排水管网普及率 70 %，污水处理率 20 %，到 2025 年时分别为 85 % 和 50 %—60 %"③。如果按照这样的规划，以及中国现有的城市排污处理技术水平、财力现状、发展速度，中国的排污处理系统要达到欧美模式水平，至少还需要 50 年以上的时间。而且，即使达到了西方水平，由于巨额的设备维护费用、技术水平的不断更新以及城市人口密度的不断增加等因素限制，这种模式的可持续性也是值得商榷的。

此外，城市对禽畜粪便的处理方式也与过去有很大差异。目前，我国针对城市禽畜类粪污处理的主要技术包括物理法、化学法和生物法。其中，厌氧发酵和堆肥是应用较为广泛的方法，"具有处理成本低、效率高、运行稳定等优点"④。目前，畜禽粪污处理的具体模式包括还田肥土、建造沼气池、发展生态农牧业、发酵床生态养殖、畜禽粪污集中处理等。然而，随着养殖业规模的不断扩大，目前我国每年畜禽粪便综合利用率还不到 60 %。依据 2018 年"农业农村绿色发展理论与政策"创新团队对全国 7 个省 14 个地市 28 个县的调研发现："规模化养殖场一般都严格按照要求，配有废弃物处理设施，对畜禽粪便实现了资源化利用。但是，很多散户养殖场的养殖户因为没有能力也不愿意配备畜禽粪便处理设施，众

---

① 高晓钟 . 莫让"天赐之水"白白流走 [J]. 生态经济，2006（3）：14-19.

② 甘萍 . 浅析我国水资源污染状况及处理技术 [J]. 江西化工，2006（4）：82-83.

③ 陈朱蕾 . 国内外城市粪便处理系统模式比较的研究 [J]. 武汉城市建设学院学报，2000，17（1）：48-51.

④ 徐特秀，卞志浩 . 禽畜粪便处理与资源化利用技术研究进展 [J]. 污染防治技术，2013，26（3）：5-8.

多的散户养殖户点位分散，废弃物难以收集，粪便直排污染环境。"①。这已直接导致畜禽粪便污染成为生态环境污染的主要来源。

2. 中国农村对排泄物的处理方式

我国有 14 亿多人口，其中有 8 亿多人口在农村，而且中国的农村地区生态系统差异很大，农村人口居住相对集中且人口密度很大的城市更为分散。如果使用城市排污系统的处置方式，其难度不言而喻。

前工业文明时代，中国无论是在城市还是农村，人畜粪便基本都是被回收再利用，以进入新的循环。20 世纪 70 年代以前，全国的人畜粪便为中国农业提供了 1/3 以上的肥料。直到 20 世纪 80 年代，中国约 90% 的城市粪便都是运往农村，并进行集中回收利用。城市粪便的收运经历了人工掏粪、机械掏粪的阶段，而这一时期城市粪便清运机械化程度达到 83%。农村最大限度地吸纳处理了来自城市的排泄物，从某种程度上讲，这样的处理方式也没有让排泄物成为环境污染源。然而，20 世纪 90 年代以后，随着化肥、农药在农村被广泛使用，农民已逐渐接受农药化肥，而不再将人畜粪便作为肥料使用。这使得城乡之间良好的物质循环关系也随之不复存在。不仅如此，农村的人畜排泄物由于失去了"市场"和价值，彻底沦为废弃物，不断地累积，也最终演变为农村环境卫生问题的罪魁祸首。

21 世纪初，随着国家推行卫生乡镇县城的创建，中国农村掀起一场"厕所革命"。2010 年，国家启动以农村厕改为重点的全国城乡环境卫生的整洁行动，目的是加快农村厕所改造的进程。党的十八大（2012 年）以来，国家将农村"厕所革命"纳入乡村振兴战略，同时制定《全国城乡环境卫生整洁行动方案（2015—2020）》，目标是使农村卫生厕所的普及率到 2015 年达到 75%，到 2020 年达到 85%。2019 年，中央财政对农村"厕所革命"整村推进给予补助，以提高农村厕改的普及率。2021 年 12 月，国务院办公厅印发《农村人居环境整治提升五年行动方案（2021—2025 年）》强调"厕所革命不能简单化，一个模式，而是要因地制宜，宜水则水，宜旱则旱"。自农村推行"厕所革命"以来，我国农村卫生厕所类型包括三联沼气式、三格化粪池式、沼气池式户厕、双坑（双池）交替式、粪尿分集式、完整下水道水冲式和双瓮（双格）漏斗式等类型。总体而言，农村

---

① 黎勇，钟格梅，黄江平. 我国粪便处理现状及问题研究 [J]. 应用预防医学，2020，26（5）：450-452；449.

改厕的普及率现状表现为"东部高""西部低""南方高""北方低"。据国家数据统计，截至2022年，"全国农村生活污水治理率为31%，全国卫生厕所普及率超过73%"，累计改造了农村户厕四千多万户①。

近几年来，农村的厕所革命确实取得了明显的效果，农村的环境面貌焕然一新。但是，根据实地调研情况和相关学者专家的研究成果发现，农村的厕改行动仍然存在以下两个方面的问题。

（1）只建不用的"数字改厕"

通过全国各地的实地调研与回访发现：一方面官方改厕的数字在逐年上升，全国平均改厕普及率已超过73%；另一方面，农户对新改厕所处于观望或闲置不用状态。比如，刘七军等对宁夏2市3县区10村359户的厕所改建情况进行了调研与数据分析，结果发现调研样本中农村卫生厕所改造率虽然接近90%，但仍有"39.69%的卫生厕所处于长期闲置状态"②。截至2018年初，西藏"厕所革命"项目累计开建"1346座，建成投入使用仅220座"③。截至2021年底，内蒙古乌兰察布市共建成农村牧区户用卫生厕所77 689户，卫生厕所普及率为32.5%，覆盖"全市11个旗县市区、93个苏木乡镇、1228个嘎查村"④。修建卫生厕所类型包括双坑交替式旱厕（61 269户，占78.9%）、三格式冲水厕所（7 602户，占9.8%）、双瓮式旱厕（4 331户，占5.6%）、完整下水道厕所（3 187户，占4.1%）和室内生物降解马桶（1 300户，占1.6%）等类型。⑤在这一地区，不仅卫生厕所的普及率不高，而且已经建好的卫生厕所使用率也不高。农牧民还是习惯使用旧厕所，还有部分改造的水冲式厕所由于用水、防冻等条件限制，冬天根本就不能使用。

2019年1月24日，焦点访谈栏目"新厕所为啥成摆设"报道，甘肃武威市

① 中国政府网.2022年全国农村生活污水治理率较2020年提升约5.5个百分点——水美乡村景色新[EB/OL].（2023-6-12）[2023-10-10].https://www.gov.cn/yaowen/liebiao/202306/content_6885862.htm.

② 刘七军，刘树梁，李钰婷，等.农户改厕与其使用行为悖离现象探究——基于宁夏微观调研数据[J].中国农机化学报，2023，44（4）：230-238.

③ 何一民，李捷.20世纪中叶以来西藏城市"厕所革命"述论[J].西藏大学学报：社会科学版，2019，34（3）：168-174，199.

④ 董佳.内蒙古乌兰察布市推进农村"厕所革命"的实践与思考[J].当代农村财经，2023（4）：40-41.

⑤ 董佳.内蒙古乌兰察布市推进农村"厕所革命"的实践与思考[J].当代农村财经，2023（4）：40-41.

凉州区，自 2018 年开始大力推广修建卫生厕所。由于这里的卫生厕所无法建造统一的下水道管网，而是将墙外的白色塑料排气管一头与室内的冲水便器连接，另一头则与户外地下独立埋放的塑料化粪池连接。政府统一免费安装化粪池、排气管、冲水桶和蹲便器，政府文件显示总价值 1 400 元 / 户 [①]；化粪池的埋坑安装（200 元左右）和侧屋修建（800 元左右）都由村民自己出钱建造。凉州区大众村有一半以上的厕所闲置，上坝村改造的厕所也几乎全部闲置不能使用，很多村户家中的新建厕所内堆放着自行车、塑料筐等各种杂物，完全成了一个杂物间，化粪池中也没有任何物质，都是空的，揭开盖子，池口结满了蜘蛛网。花费了如此之大的人力、物力、财力，厕所却不能使用，村民们纷纷抱怨。据村民讲述，其原因如下：一是设备质量太差。化粪池的材质是塑料的，材质太软，埋入土里后受到挤压变形，经过长时间的风化，化粪池管道口的塑料材质已经破损。二是自然条件限制。每年 11 月到来年 3 月，在这长达 5 个月的时间里，武威日平均气温仅 0℃以下，改造后的厕所很容易结冰。还在勉强使用厕所的农户表示，每次上厕所时还得先烧热水冲抽水桶以化冰，这在日常使用的过程中是很难持续做到的。改造后都采用的水冲式厕所，由于当地农村的条件有限而无法接入排污管网，所有的污水、排泄物、生活垃圾只能进入修建的化粪池，再通过沉淀、发酵，需要定期清理。而对于当地农户而言，雇用专业车辆清运的费用是个大问题。村里 60 岁以上老人的养老金仅 60～80 元 / 月，可每月清理一次化粪池需要 100 元。要想长期持续使用这样的厕所，显然不现实，村民们只好又在户外建起了旧式旱厕。

在山东省临沭县玉山镇水官新村东官庄组也有类似情况发生。2016 年，由省、市、县三级财政出资为村里改造卫生厕所。村民不用自己出钱改造，一般利用村民的原有厕屋，财政按照 600 元 / 个的标准来出资补贴，主要用于修建水泥框架的化粪池，以及配置蹲便器和冲水设备等。水官新村新建厕所的景象是，坍塌破碎的化粪池随处可见，没有一家安装蹲便器。厕所验收的村支书表示，他以为都安装了，所以就签字验收了。台账中显示很多村户家都安装了两个厕所，实地调查后发现，这些村户家里只安装一个；还有的村民根本就不知道改厕的事情，家里也根本没有安装卫生厕所，但他们的名字都在数据台账中出现了。据统计，该

---

① 注：经调查后发现，公开招标文件上的采购价格为 1 400 元 / 套，但公司内部签订的合同显示成交价为 775.74 元 / 套，最后实际成交价不到 600 元 / 套。

村组有 200 多户村民，实际没有改厕，但被列入改厕名单的至少有十几户。显然，这个村上交的改造厕所数据翻倍了，与实际情况完全不符合。

2023 年 6 月 3 日，焦点访谈栏目"厕改成摆设，方便变麻烦"报道，湖南省桂东县于 2016 年已经启动厕改工程，几年过去了，很多村寨新建厕所基本上闲置从未使用。寨前镇流源村的卫生厕所没有安装配套设施。当地政府免费安装了蹲便器，免费提供化粪池，但由村民自己挖坑，化粪池放入坑后政府统一安排人砌砖粉刷；化粪池管道虽然已经安装，但没有连接室内的蹲便器。沤江镇竹坑村也存在没有安装配套设施的问题，户外的白色塑料管道仅挂在墙上，并没有与室内厕所蹲便器连通，户外的化粪池安装地比村民房屋地基高出很多，厕所排泄物根本就无法到达化粪池。竹坑村的新建厕所还有其他五花八门的问题，比如有化粪池泄露、破损等情况，有的把厕所管道接到了村户的厨房门口等。无奈之下，村民们又只能启用旧式旱厕。政府改厕数据显示，全县的卫生户厕普及率已达 92%，竹坑村共 285 户，2017 年已完成厕所改造 231 户。改厕成绩显著，但改厕问题也非常突出。

（2）排泄物的处置与去向

广大农村地区经过厕所革命，基本上都改建了卫生厕所，也修建了统一集中处理的化粪池。但是，这些排泄物的最终去向是当下亟待解决的问题。

目前，国内针对无论是处理过的还是未处理过的人畜粪便，基本上都是排入江河湖海。然而，粪便中含有大量的氮、磷等元素，以及其他有机物质，若直接排放，会造成水体污染，"粪便散发含氨、硫化氢、硫醇、硫醚等恶臭成分的有害气体，病人的粪便含有多种肠道致病菌、寄生虫卵和病毒，发展中国家 70% 的疾病与粪便的生物性传染有关"[①]。目前，我国农村农用粪便集中处理制成厩肥、沤肥等有机肥料的仅占 16%。如果按照城市排污处理系统的标准，我国农村地区粪便的"减量化、无害化和资源化"处置现状不容乐观，有学者将其原因归结为"粪便收运系统和资源化技术落后两个问题所致"[②]。但是，要想在拥有 8 亿多人口的农村推广下水管网和污水处理厂系统，其难度可想而知。农村厕所粪污处理现状为，

①周敬宣，李冠峰，李艳萍. 我国粪便处置现状与治理对策的研究 [J]. 环境污染治理技术与设备，2003，4（3）：9-11.

②周敬宣，李冠峰，李艳萍. 我国粪便处置现状与治理对策的研究 [J]. 环境污染治理技术与设备，2003，4（3）：9-11.

居民粪便主要通过无害化卫生厕所进行处理，处理后的粪便被直接排入小型粪污集中处理系统进行处理，最终也是被排入江河湖海，也有少量的粪便被用作农作物肥料；部分农村地区还未进行厕改的或者厕改不到位的，排泄物就没有经过无害化处理，那基本上就是随意丢弃、堆积，往往给环境造成污染，也影响整个村寨的干净整洁。除此以外，由于农村地区的养殖业规模化水平比较低，禽畜类养殖产生的粪便污水基本不会进行处理，这就会给周围的河流、农田等环境造成不同程度的破坏。不仅污染水资源，也会造成生态环境的破坏。比如在太湖流域，畜禽养殖每年排入太湖的生活污水约 30 万吨，已成为该流域最大的污染源。

太湖流域平原地区农村厕所有 94% 的排泄物是经过化粪池处理的，但是处理之后再经污水处理厂处理的比例差异还是很大。比如，上海农村经污水处理厂处理的排泄物为 62.6%，江苏农村为 31%，浙江农村仅 17%。江苏和浙江农村地区的排泄物经化粪池处理后分别仅有 34% 和 29% 的返还农田，上海地区仅 1.9%，其余则几乎被直接排入江河湖海。可以说，江苏、上海的农村厕所污物有 30% 是经过化粪池处理后就被直接排入河流的，而浙江农村地区有将近一半的厕所污物是经化粪池简单处理后就被直接排入河流的。化粪池的去污效率很低，其"对氮、磷的去除率仅 8.9% 和 27.8%"[1]。江苏、浙江丘陵山区的农村厕所排泄物经过化粪池处理的达 87%~89%，经过化粪池简单处理后，有 46%~52% 被排入河流，18%~33% 被农田回收利用，10%~18% 进入污水处理厂后再被排入河流或进入农田。[2] 这些丘陵地区的农村排泄物虽然绝大部分都进入了化粪池进行初级处理，但仅有少部分进入污水处理厂进行二次深度处理，几乎有近 50% 的初级处理物质被直接排入了江河湖海。太湖流域位于我国长江三角洲核心区域，同时也是我国人口最稠密、经济发展最具活力的区域。然而，相关研究调查了全国 5 省（江苏、四川、陕西、吉林、河北）101 个村的环境污染现状，结果表明，太湖流域的江苏省环境综合污染程度在很长一段时间内都位居榜首。[3] 因此，仅经过化粪

---

① 徐洪斌，吕锡武，李先宁，等. 太湖流域农村生活污水污染现状调查研究 [J]. 农业环境科学学报，2007（S2）：375-378.

② 李新艳，李恒鹏，杨桂山，等. 江浙沪地区农村生活污水污染调查 [J]. 生态与农村环境学报，2016，32（6）：923-932.

③ 黄季焜，刘莹. 农村环境污染情况及影响因素分析 [J]. 管理学报，2010，7（11）：1725-1729.

池处理后就排入江河的部分给地表水和饮用水环境造成的污染是不容忽视的。

再比如，本书第二章第二节提及的贵州黎平县双江乡黄岗侗族村寨一直以来使用的是传统的搭建在池塘上的"生态厕所"，经调研发现，该村人畜粪便用于农业生产的占 79.2 %，包括储存于有覆盖物的储粪池中并制作成肥料使用的和用于池塘养鱼的；填埋于山上、倒入水塘中的分别占 7 %、3 %，有 6 %的是没有经过任何处理而被随处丢弃的。可以说，绝大部分的人畜粪便都被转化为了资源进行再利用。该村响应国家号召，于 2008 年开始改建卫生厕所。起初改建推广的难度很大，最大的障碍除了资金问题，就是当地侗族的传统观念认为，厕所是不干净的，不应该建在家里，会影响家里的环境卫生。所以，大家还是习惯去原来的户外"生态厕所"解决如厕问题。2008 年，政府给村里统一修建和安装了沼气池和配套设施，结果仅使用几个月就停止使用了，至今人们还能在有些家庭里看见房屋内侧的沼气管道和悬挂的沼气指示盒。其原因是，政府没有给村民宣传讲解沼气池的使用方法和使用禁忌，村民把肥皂水之类的生活污水也一并倒入沼气池，进而导致沼气池被停止使用。随着改革力度的加大和政府的不断努力，直到 2012 年才开始有更多的家庭接受将家庭式独立卫生间修建在屋内，村民们逐渐习惯在家里上厕所，加之村里的鱼塘不断减少、公共厕所的修建，村里传统的"生态厕所"要么被废弃，要么被改建为公共厕所，其数量也就迅速减少。2012年以前，村里大概有生态厕所 300 多个，现在减少至 100 多个。据 2018 年田野调查发现，被调查村户有 50 %家中没有修建卫生厕所，另外 50 %已经修建独立卫生厕所，主要有蹲式冲水马桶（78 %）、砖式便坑（18 %）和木质板间式（4 %）三种形式。但是，生活污水没处去，很多村民就只有将其丢入排水沟。黄岗村几乎每家每户门前都修有一条排水沟，生活污水正好随着排水沟直接通向河流。2013 年以前，村民有将家禽家畜粪便随生活污水排入排水沟的，大部分则随意堆置于畜圈墙外，多为露天丢弃。后来，考虑到村里的环境卫生，政府要求将家禽家畜粪便储存，再统一处理。

李婧等人于 2018—2020 年对内蒙古 10 个盟市 29 个旗县区 580 个行政村进行了厕改监测，结果发现这些地区的生活污水经过处理后排放的仅占 8.4 %[1]。吉

---

① 李婧，王雪，李丽，等.2018—2020 年内蒙古自治区农村环境卫生调查结果分析 [J]. 现代预防医学，2021，48（23）：4249-4251；4264.

秀亮等人于2015—2018年，按照分层随机的方法从青海省6个涉农市（州）抽取16个县（区）、320个村、1 600个农户，并对其进行相关监测，结果发现卫生厕所覆盖率为66.5%，而4年生活污水随意排放的平均值为70%。[1]杨雨婷等人于2014—2018年选取辽宁省14个市的16个县、90个乡镇、320个行政村，共计1 600户农村家庭为监测户，以收集辽宁省农村环境卫生的相关数据。结果表明，其每年非卫生厕所使用户数比例虽然逐年下降，但仍超过60%，其普及率远低于2017年广州市（98.36%）、上海市（91.93%），而且随意排放生活污水的现象较为严重。[2]

总体而言，目前我国农村的生活设施较为完善，卫生厕所经过"厕所革命"的推广，其普及率逐年有所上升。由于农村地区的生态环境差异较大、人口分布分散、文化背景不同、宗教信仰不同等因素的影响，要想实现城市那样的集中污水处理与治理难度很大，因此也就导致目前农村虽然在一定程度上改建了厕所，但是农村的人畜粪便最终以排入水体、排入农田和其他途径为主，三种途径占人畜粪便排放方式的90%以上。其中，经过人工处理后被排入水体和农田的仅占总排污量的25%，而未经过处理直接被排入水体和农田的粪污约占总排污量的55%。"我国农村生活污水治理的技术效率仅为8.6%，且区域差异较大，其中有23个省份均小于10%，技术效率普遍较低。其主要原因是我国农村生活污水普遍缺乏有效治理，全国有效治理比例仅为11.0%，同时沿海用水量较大的地区如上海市、浙江省、广东省、福建省、广西壮族自治区等水冲式厕所比例超过80%"[3]。

三、生态文明时期的排泄物处理

在农业文明时代，人们没有处理垃圾、废弃物、排泄物等的烦恼。因为在农业文明时代，人们的脑海中根本就没有这类的词汇。在中国，无论什么民族，排

① 吉秀亮，杨君胜，王瑾，等.2015-2018年青海省农村环境卫生状况分析[J].现代预防医学，2019，46（22）：4056-4059；4069.

② 杨雨婷，王舒，王俊龙，等.2014—2018年辽宁省农村环境卫生状况分析[J].环境卫生学杂志，2021，11（3）：244-249.

③ 王俊能，赵学涛，蔡楠，等.我国农村生活污水污染排放及环境治理效率[J].环境科学研究，2020，33（12）：2665-2674.

泄物都是资源、宝贝的概念，从他们的语言词汇中即可证明。

蒙古语中牛粪的称谓很多，基本都带有褒义色彩，比如"bagasu"（牛粪统称），"sarimdasu"（牛粪），"argal"（干牛粪），"sira argal"（黄色的牛粪，即春天的牛粪），"pirdugusu"（夏天的稀牛粪），"koke argal"（秋天的牛粪），"koldegusu"（冬天的牛粪）等。特别是"argal"（干牛粪）这个词，在蒙古语中充满着喜爱、珍贵和感激之情，在他们的很多歌颂家乡的歌曲中经常出现。

藏语中牦牛粪被称为"久瓦"，在藏语中的意思并不是排泄物而是柴薪。藏族妇女在制作粪饼时还会专门歌唱有关牦牛粪的歌，"牛粪牛粪，宝贵的牛粪，你比金子还贵重，你把自己燃烧尽，给人们奉献温暖和光明。"藏语中关于牦牛粪的称谓也很多，如"久瓦色冈玛"（黄色牛粪，深秋的干牛粪），"达儿"（贴在墙上的牛粪饼），"日儿"/"亚儿"（山上捡拾回拾的鲜牦牛粪），"唐儿"（黄牛牛粪），"那几"（质量最差的牛粪），"棚几"（夹杂羊粪、杂草的混合牛粪）等。不同的称谓说明，排泄物在这些民族日常的生产生活中具有不可或缺的功能和地位，已经深度与其文化相融合。

中国古代的汉族先民们早已发现粪便的重要性，经过堆肥的粪便是恢复土地肥力的重要物资。在古代人口较为密集的城市，一般都有专门收集粪便的粪夫，定期挨家、挨户吆喝，多使用人力车或牛车等工具，将粪污运往郊外；再经过发酵处理后，就将城市粪便制成各种农田肥料。古人创造的这种粪便处理方式，让古代的城市和乡村都非常干净。

对于传统肥料而言，各族农民主要使用草木灰、绿肥、沤制肥、动物粪便和人粪五种。[1] 草木灰主要来自灶窝灰、火塘灰、杂草树枝火焚灰等；绿肥指特定的有肥料功效的植物，比如桦木科的旱冬瓜树、豆科的苦刺花等都是肥力较好的植物；沤制肥就是把杂草和一些农作物的秸秆放入池中沤制而形成的肥料；动物粪作肥料一般包括猪粪、牛粪、羊粪、鸡粪等，这才是真正意义上的农家肥；人粪多施用于菜地，厕所修建与菜地靠近，便于施肥。黔东南黄岗侗族村寨在其"稻鱼鸭"复合系统中，厕所直接建在水田中，人粪不仅可以提高水田地力，还可直接用作鱼的饲料。这些都是纯天然的生态肥料，不仅不会污染环境，还会变废为宝，增强土壤肥力，使得土地能够被长期地循环利用。

---

① 街顺宝 . 人类学生态环境史研究 [M]. 北京：中国社会科学出版社，2006.

显然，物质资源循环利用、文化整体观都是农业文明的产物。而农业文明并不是工业文明的产物，必然不会顺从今天的学科体系，也不可能用现在的某一单一学科体系来解读。传统农业知识体系的构建主要是在其所处自然生态系统与社会背景相互磨合的基础上，通过经验和教训总结出来的。传统农业的生产过程本就是各族民众生活的全部内容。农业文明的生产过程看似属于个体经营，一家一户维持着几十亩地、几头牲畜。在这个过程中，在各自实施农业生产的、有限的农业操作范围内，每一位成员都是生产者，每一位成员都是消费者，每一位成员又都是生态资源的维护者。农民在种地的同时，既生产了粮食，又维护了农田和生态环境。但是，深入了解农业文明的生产过程可以发现，农业实际在操作过程中往往不是一家一户，而是拥有一个以血缘关系或者以地缘关系为纽带形成的熟人社会团体。这样的社会团体不仅保持着社会成员之间的和谐关系，更重要的是起到了社会组织生产的作用。比如，如何保证人与人之间互不侵犯，如何保持土地的稳定，如何保持土地以外的森林、水源等公共资源的稳定，以及如何处理社会成员产生的生产生活污物，等等。所以，农业文明的背后并不是个体的经营，而是落实到一个社会团体整体的经营。历代王朝并不直接插手管理县级以下事务，而是由这一个个社会团体形成的社区、村寨等内部组织机构进行直接管理。各村寨老、头人就是这内部组织机构的代表与象征，以及实际管理者。朝代不断更迭，但农村的这种基层建制从未变动过，只不过是向哪朝统治者上交公粮的差异而已。因此，农业文明时代并不是以个人为单位在承担生产生活，而是由一个相对独立完整的社会团体掌控着全体成员的生产、消费、管理、生态维护、人际关系协调等全部内容。一旦追责，也不是追究某个个体或者家庭的责任，而是代表该社会团体组织的寨老或头人的责任，是整个团体共同的责任。这种方式完全符合人类生存与发展的本质：人类置身于自然生态系统中是具有整体性的，任何一个部分都无法独立存活。这正如韩国全京秀教授所说的"低信息社会"，信息流动小，全体成员仅靠一个很大的保险系数来维护一个稳定的"文化生态共同体"，几乎承担了共同体内部的一切事务，这也是农业文明时代中所有农耕社会所具有的普遍性。

然而，工业文明的生存逻辑打破了人类整体的、本质的生存逻辑，使得农业文明饱受前所未有的冲击。工业文明时代，工业生产过程实际上是要将生产与自然环境隔离开来，完成在人造环境中的生产，以减少甚至摆脱自然环境对工业生产的限制和影响，以利益最大化、成本最小化为其核心价值，进而把生产的责任落实到个人或企业，生产区域以外的事务一概不管。从某种程度上来说，工业生产本质上才真正属于一种个体经营模式。这里的个体一般指某个个人或者某个企业，而不是一个有组织、有结构的"文化生态共同体"。工业文明时代，以营利为目的的个体投资办厂纯属个人行为，工厂只负责组织生产，是一个纯生产单位。对于农业文明中的某一个具体的生产项目来说，尽管家庭内部有简单的分工，其实也是夫妻二人共同配合完成的，其生产全过程几乎没有社会分工，由一个家庭完成全部的生产过程。而某一种工业产品的生产却有明确的社会大分工，生产组织者把其生产全过程分解为一个产业链，不同的个体仅负责完成其中的某个程序性的工作或者某个生产环节，对于产业链以外的事务一概不管。随着社会的不断发展，工业文明的思维方式与生产模式不断渗透到人类社会的各个领域。人们现在用工业文明的思维方式来改造农业，这就必然使得农业生产从过去的具有复合功能而转变为仅具有生产功能，其目的仅是通过增加农业产量来获取最大的经济效益。由此而带来的环境破坏、生产生活垃圾等事务则一概无人问津，也无人需要为此承担任何责任。然而，生态系统是整体性的存在，人类的生存繁衍也是整体性的存在。一旦整体被碎片化、被割裂，结构不完整，必然打破生态系统的平衡。生态问题的本质在于"在人类整体历史中一个特殊断代上（并且是一个甚为短暂的时期），所形成的一种特殊的生产生活方式，使人类的需要远远超出了生态系统的承载能力，极其严重地破坏着生态系统的整体平衡和稳定，极其严重地危害到整个地球包括人类的所有生命存在的条件"[①]。因此，当工业文明的负效应给人类社会的生存环境带来了致命威胁的时候，人们才不得不把目光投向对环境的治理。进入生态文明时代，人们要想治理好生态环境，处理好人畜排泄物，首先应该解决的是思路问题。

（一）走出单纯技术治理的误区

从中华人民共和国成立之初的"厕所改良"到现阶段的"厕所革命"，几十年来所取得的胜利成果实质上是对技术层面的环境卫生改造和个体层面的价值观

---

① 陈庆德，潘春梅.经济人类学 [M]. 北京：人民出版社，2012.

改造。"厕所改良"和"厕所革命"主要涉及对厕所的样式,厕所器具的形制和对"厕所排泄物的收集、储运、处理、处置、利用等过程的生态链工程,强调物质、能量系统、污染物处理、污水回收的闭路循环"①。所有这些内容,始终都具有明显的技术治理的特点,治理思路也完全是在技术层面。人们总是认为,只有人类社会的技术不断进步才能改变世界,才能得到发展,技术可以解决一切问题。这样的思路会导致人类走向"唯技术论"的误区。

"唯技术论"的出现与工业文明的产生相互关联,而民族学产生的时代与工业文明时代同步,因此民族学的研究从一开始就被烙上了"唯技术论"的印记。早期民族学认为,人类是地球的一员,人类发明技术,技术的进步推动了社会的发展。路易斯·亨利·摩尔根(Lewis Henry Morgan)在其《古代社会》中就提出了这样的思维方式,并以不同技术的出现来划分人类的不同历史阶段,把技术推到了人类发展的基础地位。当然,这样的观念在当时的社会背景下,一方面,与当时的社会观念非常吻合,致使人们很自然地就接受了这种思路。因为西方文化总是把人与自然的关系视为二元对立,人类可以控制和改造自然,可以凭借人类的特殊手段摆脱自然界的束缚。另一方面,由于马克思全盘吸收了这种观念,并在此基础上进行了深入研究,最终将这样的思路固定下来。至此,人们开始拼命寻求技术的不断更新,把每一次新技术的发明都宣布为一次时代的变革。

20世纪60年代,中国提出优先发展重工业、次后发展一般性工业、将农业作为基础的发展战略,受西方技术论的影响,不断提高技术的地位,西方技术论从此对中国社会影响深远。农史研究也认为,随着时间的推移,技术只会越来越先进,农耕技术也是越精细越进步,操作越复杂越进步……而且这样的思路也在一直左右着中国农业的发展。不可否认的是,技术给人类社会带来了便利,但是如果一切都以"技术"为目标,过度强化和夸大技术的地位,就必然走向杨振宁教授提及的"技术异化",即技术在发明和积累的过程中,最后走向了和人类需求相反的道路。在推崇"唯技术论"的同时,人们其实忽视了以下两个问题。

1. 技术具有叠加效应

任何技术不会凭空出现或创新,而总是立足于已有的技术基础。比如,弓箭

---

① 沈峥,刘洪波,张亚雷.中国"厕所革命"的现状,问题及其对策思考 [J].中国环境管理,2018,10(2):45-48.

的发明，实际上是已有的弓、弦、弓背等复杂匹配和重新组合后的产物，因其复杂性远超此前的刀、棍，而被人类认为是一项重大发明。所以，技术不是单项发明，而是一整套技术组合体系，即为技术叠加的结果，是一个特殊的历史过程。一旦改动某项技术体系中的任何环节，其他环节都会受到联动影响，更会牵涉众多关联的社会文化问题。

技术也不是"个人的发明"，历史告诉人们，同一样技术多次被不同地域的人们发明。西方的很多技术发明在中国早就存在原型，像中国古代的"辕"与现代的汽车，中国四大发明之一的火药与西方的热兵器。西方走向了发展现代科学的道路，中国走向了发展农业的道路，西方把科学技术传到中国，中国又把农耕技术传到西方。传播后，科学技术和农耕技术在新的土地上又进行了本土化改造，进而相互在新的环境稳定下来。技术是多线形成的，不断变化的，是社会的整体性创造，是不同社会叠加的结果。技术存在的前提是，技术不仅要得到社会的接纳，而且要与其社会背景相兼容。如同"木桶效应"，一个水桶能够盛装的水量完全取决于最短的那块木板。所以，技术的发展走向也是曲折的，是不断适应、改良的历史过程。技术体系总是在前人已有的发明技术的基础上，针对生态环境和社会需要而选择了最短的木板，进行一个又一个的修补，从而积累起来的一个相对完整、严密的整体。不同时期有不同的技术对策，任何单项技术都只能解决特定时期的问题。技术体系本身就带有经验积累的成分，无法用某一科学理论对其进行全面、客观的学理解释。所以，人们要对技术体系进行解读与应用，绝对不可忽视技术体系叠加效应的历史进程。

属于我国典型传统游牧民族的藏族和蒙古族，自古以来没有建造厕所的习惯，他们也没有垃圾、废弃物的观念，因为他们通过各自的方式将人畜排泄物再利用而使其进入了新的物质循环。现在推动厕所革命，要在牧区建造厕所。对于游客等外来人口，在其地建造公共厕所无可厚非，但让牧民家家户户建造卫生厕所，这对他们来说是很难接受的，这必然给卫生厕所的推广与改造带来极大的阻力。黄岗侗族人认为厕所是不干净的，从来没有把厕所建在屋内的传统，他们把厕所建在户外池塘上，既可解决如厕问题，又可养鱼塘，一举多得，也不会因排泄物造成环境污染。现在卫生厕所的改造，非要要求他们把厕所建在屋内，一时间他们是很难接受的，也必然给卫生厕所的推广与改造带来阻力。最终，卫生厕所建在那儿根本就没有被使用过，仅完成了政府的数字任务，他们依然回归过去的生活方式，白白浪费了人力、物力和财力。过度强调改厕农户的数量，而不关注改厕之后是否能发挥应有的作用以及农民是否满意，其结果就是，厕所革命将会一直在路上，而且造成国家投资的极大浪费。所以，技术的推广一定要考虑与社会文化背景的相兼容。

2. 技术适用范围的局限性

任何技术都是在特定社会背景和生态环境下产生的。弓箭射程远适宜在开阔地使用，如果在崇山峻岭间，障碍物太多，一旦箭出弦，人就无法控制，反而无用武之地。根据民族学调查资料显示，世界范围内与弓箭一样复杂的工具可随意列举几十种，巴西人在热带雨林使用吹筒箭，移动速度快，小巧锋利，不易受树枝干扰；澳洲人在沙漠狩猎使用飞旋镖，旋转移动，不易受风沙影响；中国的侗族、苗族人在山区狩猎采集使用各种刀和弩，刀用来播种、防身、清理路障，弩用来射杀猎物；中国蒙古族人在宽广辽阔的草原使用弓箭。摩尔根谈及的标志性技术其实仅限于墨西哥和安第斯山脉地区。可见，技术从一开始就具有了生态、文化的属性，而人们现在所看到的主流社会的演进，是相关民族在一种特定文化背景下，对社会力量进行人为放大的结果。其实质就是要强化人类的独立性，强化人类能够掌控和征服世界的能力，把技术发明与人类社会紧密联系在一起，从而让人类产生了"有了技术就有了社会、技术可以解决一切"的错觉，使技术具备了普适性的狭隘结论。这样必然会带来很多有害结果，因为人们忽视了技术产生社会背景和生态背景的差异性，忽视了技术、人类与生态系统的相互兼容性。

西藏气候极寒、极旱，内蒙古早晚和季节温差大、气温低、干旱。拥有类似于这样气候的地区在中国不占少数，若非要在这些地区建造冲水式厕所，由于天寒地冻造成管道冻结，那么厕所如何使用；牧民们一年四季都舍不得洗澡，为了节约珍贵的水资源，他们又如何舍得用如此珍贵的水去冲刷排泄物。在辽阔的大草原，本来就地广人稀，建造卫生厕所，对其的维护技术和管理成本要有多高？有些外来引进的技术还可能导致对生态脆弱环节的破坏，进而打破其原有生态系统的平衡，甚至引发更为严重的生态问题，威胁到当地居民的生存空间。所以，冲水式厕所技术再高级，在这些地区也毫无用武之地。

不可否认的是，技术给人类带来了物质上的丰裕、生活上的便利，促进了社会的发展。唯技术论让人类认为社会发展的终极目标就是追逐更高的技术。但是，技术是社会的产物，先有社会，才有对技术体系的构建；先有社会，才有技术的推进与发展。同理，科学也是社会的产物，而不是科学造就社会。技术只是文化的一个组成部分，是文化的衍生物，是文化创造人类社会的工具和手段，当然不能与全人类社会等量齐观。人类可以凭借其发明的技术，以文化为桥梁，服务于人类社会，解决人类社会的困难。因此，技术只不过是人类想要达到目标的方法和手段而已，人们不应该将技术视为人类社会发展的终极目标。技术的推广也不能仅以是否增加产量为评估标准，而应该把技术具有可持续性作为重要的评估标准。评价技术是否具有可持续性，可从其是否与社会文化背景兼容，是否与生态背景相兼容，以及是否具有抵御风险的能力三个评价指标综合考量。

（二）以本土模式为基础

前面已经介绍了很多民族对排泄物的传统处置方式，仔细进行归纳总结后，不难发现，各民族的传统处置方式对人们当下的生态文明建设仍然具有很高的价值与意义。

1. 经济实惠性

可以说，20 世纪以前的中国各民族在处置排泄物的过程中，都不需要大型机械设备、复杂的科学技术和宏伟的改造工程，往往只需简单的人力和畜力投入即可妥善解决和消除排泄物，还可以带来额外的实用价值。而目前通过技术治理厕所的方式，如果按粪便收运量的 90 ％折算，需要净化处理粪便 3 510～6 000 万吨 / 年，相当于需要建造能够处理 100 吨 / 天能力的粪便净化处理设施 960～1 645 座。[①] 与污水和垃圾同等规模的粪便净化设施，其处理费用、日常维护费用等更为昂贵，需要充裕的资金支持，不仅给环卫部门带来了严峻的财政挑战，也增加了个体农户日常的生活成本。其间，还要持续花费巨大的人力、财力进行技术研发与创新。任何国家即便集中人力、财力也只能确保有限的科研机构正常运行，而在全国范围内进行厕所革命，涉及的改造面积和数量如此之广，生态系统差异又如此之大，花费的人力、物力、财力和技术成本负担是国家难以承受的，也是

---

① 陈朱蕾，唐赢中 . 中国城市粪便的可持续利用研究 [J]. 城市环境与城市生态，1999，12（2）：42-44.

普通个体农户难以承受的。因此，走技术治理道路的治理模式属于高成本投入的欧美模式，并不适宜中国。

2. 与生态背景兼容

各民族处理排泄物的本土模式脱胎于各民族的本土生态知识与技术，本土知识与技术又是针对各民族特定的生态系统建构起来的，超越了其所处生态系统就会失去效用。一方面，不同类型的生态系统相互之间是无法代替的，人们在各自所处的生态系统中生存繁衍，就必须要利用本土生态知识去认识与利用它，其达到的精准度非常高。另一方面，从地球生命体系的演替来看，各种生态系统的演化与更替是非常缓慢的，比人类社会的演化速度要慢得多。一旦掌握了本土生态知识与技术，就可以在超长的历史时段中使用，并长期有效。不用怀疑它的可靠性，因为各民族已经用漫长的民族史证明它的可靠性。本土模式适应范围越窄，越能说明它的有效性。如果在各地区强行推广外来技术，不仅难以保证其能对不同生态系统的生态脆弱环节作出精准的技术应对，也很难兼顾和验证技术推广后可能牵连诱发的其他生态问题。因此，本土模式对特殊的自然生态要素具有很高的针对性适应价值，只有本土模式是最了解当地生态系统的，最能与当地生态系统相互兼容的；如果照搬外来技术，不仅不能规避所处生态系统的不利因素，而且难以抵御突如其来的自然风险。通过超长历史时期的积累，面对自然界可能突发的自然风险，人们早已把精准对应的技术与措施融入了本土模式。

从与生态系统相兼容的层面来看，藏族处理牛粪的最好方式就是将其当作柴薪利用；蒙古族处理人畜排泄物的最好方式就是结成不同组合，可作柴薪，可作肥料；侗族人最好的处理方式就是用排泄物养鱼；彝族人最好的处理方式是用排泄物种土豆；苗族人最好的方式是用排泄物肥田和播种育苗。

3. 与文化背景兼容

由于各民族处置排泄物的本土模式脱胎于各民族的本土生态知识与技术，而任何一种本土生态知识与技术都具有明确的文化归属性，其每一个部分、每一个元素都承载着特定民族文化的价值取向和观念意识。所以，在特定的民族区域启用其本土生态知识与技术，在组织人、动员人、协调人际关系、调动成员参与的积极性等方面的作用是非常迅速和显著的。外来的技术在相同的文化背景下，或者有相似文化认同的背景下，适用范围较广，效果也很显著，但是，一旦进入特定的民族区域，其组织、协调的效用就会大大减小，甚至失效，以致技术推广进展艰难，还会产生不可估量的负面作用。一旦遇到阻碍，往往会针对特定区域追加运行和维护的成本，而且不稳定、不可靠的风险随时存在。

要在没有建厕传统的藏族、蒙古族修建卫生厕所，要在只有户外建厕传统的侗族修建室内厕所，要在水资源极为珍稀的民族地区修建冲水式厕所，要在习惯了免费上厕所的地区修建需要持续资金维护的卫生厕所，他们怎会积极参与、积极支持厕所革命，他们只会以自己的方式来应对。要么抵制不建，要么"你建你的、我用我的"，各不相干。所以，只有本土模式才具有社会运行潜力，其优势与价值是其他外来技术都难以企及的。

4. 整体可持续性

现存的各个民族之所以能够活态传承至今，充分证明他们的本土模式具有整体的可持续性。本土模式的整体可持续性是由各民族朴素的循环利用哲学思想和文化生态系统的整体观所决定的。

所谓循环利用，一方面是指通过对生态资源的维护以确保其再生性，另一方面是指任何的排泄物、废弃物都不是垃圾，而是重要资源。中国的汉族先民们把河里的淤泥、人畜粪便用来制作肥料；把植物残株用来制作绿肥；把吃完的螺蛳壳又丢回田里以提供植物生长所需的钙元素；剥下油菜籽后拿去榨油，榨油后剩下的残渣混合石灰又用来作肥料施于田间；养蚕人将蚕的粪便、褪下的皮以及吃剩的叶子和梗一起埋入桑园地里，返还土壤；林区人把草本植物、乔木砍来用作柴薪，烧尽后的草木灰再施于稻田、施于林间，让庄稼、森林树木生长得更好。在永无止境的循环下，哪来的废弃物。他们的任何一样物质都有用，他们不会浪费任何东西，在他们的生存空间里也从来没有垃圾，资源也实现了永续利用。

任何民族所置身的文化生态共同体都是一个相对独立的复合系统，其间复杂的生态系统和人类社会系统交织在一起，使得这个复合系统更加复杂、更加精细。各子系统经过超长历史时段的磨合，内部的各个元素之间已经相互适应、各司其职、相互协调，有稳定的运行机制，形成了这个全新的复合系统。其内部的任何文化元素、防治对策等都不是单一的、独立的存在，任何环节出现变动，整体都会受到不同程度的牵连和影响。文化生态系统的整体观就是要做到，共同体内部的个体或者某个单一环节出了问题，应对策略应该从整体的角度出发，而不是用单一策略应对单一问题。

比如，治理蛇患，很多民族的治理方案都是系统性的，而不是仅靠技术手段把蛇消灭，甚至将其灭种。生息在贵州荔波茂兰山区的水族人，修建的进出村寨的道路尽量避开毒蛇的饮水通道和杂草丛生的滩涂，这样就可减少甚至避免蛇从寨门出入。茂兰山区的水族人每家每户都饲养旱鸭或者鹅，特别是这类旱鸭体型比普通鸭子大2～3倍，不会游泳，但喜欢在村寨附近到处游走觅食，昼伏夜出。旱鸭和鹅是蛇的天敌，它们一旦遇到蛇就拼命驱赶，一般蛇见到这类旱鸭或者鹅就会自觉躲避。当然，旱鸭和鹅不仅可以帮助水族人驱赶毒蛇，同样也是水族人重要的食物来源。水族人的住房采用干栏式建筑，也可免除蛇进家的隐患。这一整套治理方案，看似粗疏，实际上安排非常合理有效、省时省力省钱，从不同的角度将人与蛇的生活空间隔离开来，蛇患得到有效控制，不会产生其他负面作用，更不会将物种赶尽杀绝。这正是本土模式具有整体可持续性的典范。

黄岗侗族人将厕所建在鱼塘上，人的排泄物进入水体，水中微生物将其分解，池中的漂浮植物大藻吸收排泄物分解后的氮、磷等元素，使得大藻得以快速繁殖。大藻给池中的微小动物、昆虫提供食物来源和生长场所。但是，大藻的生长繁殖速度很快，侗族人将其捞起后用作猪饲料，则可抑制大藻的过速繁殖。当然，吃大藻的猪等家禽家畜也是侗族人重要的食物来源。大藻吸收氮、磷等元素后，水体变清洁了，同时也给鱼提供了良好的生长场所，依附于大藻的微小生物又成为鱼的食物来源。池塘中的鱼可以满足自身种群的播种育苗，一般这种建有生态厕所的池塘里的鱼是用来作种鱼的，母鱼要生产的时候就会被捉去山上的梯田里。进入梯田后与田中其他生物物种配合又可形成"稻－鱼－鸭"复合种养共生系统。高山梯田里种植的水稻，是专门选育的、适宜山地丛林生长的高秆糯稻品种。成熟后的稻穗会高出水田一段距离，则可避免田里喂养的其他生物取食到糯稻种子。从鱼塘捉来的鱼种放入稻田，孕育出很多小鱼，这种鱼多选用的是鲤鱼或者鲫鱼。这类鱼一般以浮游植物或动物为食，不会随意攻击稻根和稻秧，可帮助人类降低稻田虫害，同时鱼等物种的排泄物排入水田，经过微生物降解后又把营养物质返还水田土壤，可增强土壤肥力。人们再适当施入自制的有机肥料，更加确保糯稻的健康生长，提高粮食产量。由于鱼的生长期超过糯稻的生长周期，一般都可以跨年放养。"稻－鱼－鸭"系统中的鸭，是侗族人专门从野鸭中挑选的品种加以驯化的。这种野鸭个头小，有利于鸭在高秆糯稻的夹缝中穿行觅食，既不会伤及糯稻，还可帮助糯稻清除虫害。这种鸭育成快，方便人们规模控制鸭群分批、分量、分时段进入稻田。在育秧、插秧时段，为避免成年鸭伤害秧苗，放入小规模的雏鸭群。同时，鱼苗的放养时节会选在插秧前，基本上与雏鸭同步生长，待到稻田封闭前，鱼苗已长到2～3寸长，可避免鸭子捕食鱼类。待到糯稻抽穗扬花期，侗族人又会陆续分两批放入成年鸭。抽穗是指禾谷类作物发育完全的穗随着茎秆的伸长而伸出顶部叶的现象，即结果现象。很多植物都有类似的生物属性，越折腾它，保持一定的运动量，其结果的能力越强、产量越高。成年鸭和鱼在糯稻中穿行觅食，很容触碰到糯稻的高秆，对糯稻造成一定刺激，以促使其产量增大。扬花是指禾谷类作物开花时花药裂开、花粉飞散的现象，一般水稻是靠风力以及自花授粉的方式传播花粉播种的，有时候也需要人工干预。在糯稻扬花期，成年鸭与鱼穿梭其间，不断碰撞糯稻高秆，可以帮助大大提升糯稻授粉的成功率。稻田里的糯米、鱼、鸭又可成为侗族人餐桌上的美味。人吃了食物后，经过消化系统消化分解，将排泄物排入鱼塘，又开了新一轮的循环，永无止境。原本相克的物种，在侗族人的鱼塘、稻田里巧妙地变为了相生的关系。食物的生产、分配、消费、组织、排泄物的处置全被纳入这个精细而复杂的共生系统中，所有问题在这里都不是问题，而是生活。

相比之下，使用外来技术治理厕改，只会头痛医头、脚痛医脚，没有一套完整的思想和体系，治理效果要么成效缓慢，要么这个问题解决好了，另外的问题又凸显了，最后进入重复无效治理的死循环。而本土治理模式，凝聚着各族人民智慧的结晶，如此精细、如此巧妙，还经济实惠，使得一切问题都迎刃而解，千百年来保障了这个文化生态共同体的稳态运行与延续。

（三）减少农药化肥的使用

农村与城市排泄物成为生态、卫生问题的根源在于脱胎于西方文明的农药化肥的进入。农业文明时代，各民族地区的农村人畜排泄物都通过各民族人民的智慧得以处理，农村从来都没有废弃物，而且将城市的人畜排泄物一并处理、消化。曾经有农民使用各种方法把城里人的排泄物拉回农村作肥料，人畜排泄物使城市、城郊与农村之间建立起了排泄物的市场供需关系。比如在北京，曾经就有一群被叫作"掏粪工"的职业人，专门负责收集城里的粪尿运至农村，这类职业直到20世纪末期才被淘汰。自20世纪五六十年代以来，中国的农药化肥工业迅速发展，各种形态的化肥农药大举进入农村，尽管农药化肥与农家肥也经历了30多年的博弈，但由于化肥可以快速增产，且施用方便，无须人工制作，买来即用，加上政府政策扶持与强推，越来越多的农民开始选择使用化肥农药。这样在农业生产过程中，种植和养殖之间的生态联系就被人为地割断，导致粪污无法还田。中国大部分城市从20世纪80年代开始，全部被要求将排泄物排入城市下水道管网系统，再由官方在污水处理厂进行统一过滤、分解、消毒等处理，最后排入江河湖海。而农村无法建设像城市那样的下水道——污水厂排污系统，导致城乡之间在排泄物的处理方面差距越来越大，农村的人居环境受到严峻挑战，进而才引发"厕所革命"。

1958年，美国学者蕾切尔·卡尔森（Rachel Carson）收到朋友奥尔加·哈金斯（Olga Hawkins）的来信，信中说他所居住的"马萨诸塞州州政府用飞机开展空中喷洒DDT（有机氯类杀虫剂）的灭蚊行动"[1]，致使其私人禽鸟保护区中的很多鸟类死亡，他希望借助卡尔森的影响力，呼吁禁止此类高空喷洒农药事件。这封信成为卡尔森创作《寂静的春天》的最初契机。1962年，卡尔森在众多生物学家、化学家、病理学家和昆虫学家的帮助下，完成并出版了《寂静的春天》。该书向大众提出警示，试图唤醒广大民众，以文学化的方式将其掌握的因过量使用杀虫剂造成大量野生生物死亡的证据与现状呈现在广大读者面前，其阐述内容让人们触目惊心。《寂静的春天》一经面世，立即引发了广大民众的关注，激发了一系列民众运动，最终迫使美国在国内停止生产DDT。之后该书先后被译成法文、德文、意大利文等数十种文字在各国出版，激励着这些国家纷纷进行环保立法，影响极为深远。正是由于卡尔森对现代环境保护思想和观点的开创性贡献，她被学界誉为"现代环境运动之母"[2]。我国于20世纪60年代开始，以"向先进学习"为口号，大力推广化肥，且着手兴办自己的化肥工业；直到20世纪80年代，短短的二十年间，化肥农药已经在全国普及。《寂静的春天》中译版于20世纪70

① 蕾切尔·卡尔森.寂静的春天[M].辛红娟，译.南京：译林出版社，2018.
② 蕾切尔·卡尔森.寂静的春天[M].辛红娟，译.南京：译林出版社，2018.

年代传入中国，并引发了经久不衰的阅读与研究热潮，但其影响仅停留在学术探讨层面，在行动层面并没那么深远。直到 20 世纪 90 年代，中国国内由于滥施化肥农药而导致的生态灾变才渐渐露头。

但是，问题在于，人们为什么会选择接受化肥农药，而摒弃传承千百年的畜粪资源？即使人们在全世界范围内已经对人类滥施化肥农药发出了预警，甚至很多国家已严格立法，严格控制农药化肥的施用量，可是人类似乎还是难以刹住奔驰的脚步。如图 3-2-3 和表 3-2-1 所示，自 1978 年开始，我国对化肥的施用量急剧增长，从 1978 年的年施用总量 884 万吨到 2015 年化肥的年施用总量达到 6 023 万吨的顶峰，2016 年以后才开始呈现下降趋势。目前，我国平均化肥施用量是发达国家化肥安全施用上限的两倍（国际安全施用上限：225 千克 / 公顷），我国农作物每公顷化肥施用量达 506.11 千克 / 公顷，是英国的 2.05 倍、美国的 3.69 倍，远高于世界发达国家水平，我国已经成为世界上最大的化肥生产和消费国。如表 3-2-2 所示，我国对农药的年施用总量从 1994 年的 97.90 万吨急剧上涨至 2013 年的 180.77 万吨，2014 年后才开始逐渐下降。我国农药平均用量为 2 133 千克 / 公顷，农药单位面积使用量远高于世界平均水平，是发达国家的 2.5～5 倍，每年遭受残留农药污染的作物面积达 12 亿亩，致使耕地质量下降，其间施用农药的 80 % 是直接进入环境的。目前，我国农药施用量仍然占据世界第一。

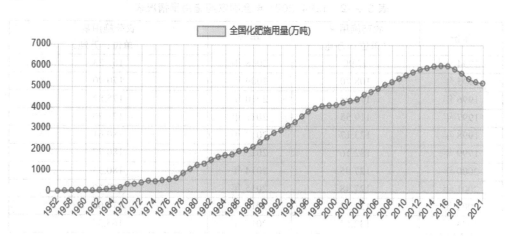

图 3-2-3　1952-2021 年全国化肥施用总量走势图

表 3-2-1　1952—2021 年全国化肥施用量情况表①

年份	化肥施用量 单位：万吨	年份	化肥施用量 单位：万吨	年份	化肥施用 单位：万吨	年份	化肥施用量 单位：万吨
1952	7.80	1976	582.80	1992	2930.20	2008	5239.00
1957	37.30	1977	648.00	1993	3151.90	2009	5404.40
1958	54.60	1978	884.00	1994	3317.90	2010	5561.70
1959	53.80	1979	1086.30	1995	3593.70	2011	5704.20
1960	66.20	1980	1269.40	1996	3827.90	2012	5838.85
1961	44.80	1981	1334.90	1997	3980.70	2013	5911.86
1962	63.00	1982	1513.40	1998	4083.70	2014	5995.94
1963	104.30	1983	1659.80	1999	4124.32	2015	6023.00
1964	129.00	1984	1739.80	2000	4146.41	2016	6005.49
1965	194.20	1985	1775.80	2001	4253.76	2017	5859.00
1970	351.20	1986	1930.60	2002	4339.39	2018	5653.42
1971	364.70	1987	1999.70	2003	4411.56	2019	5403.59
1972	420.70	1988	2141.50	2004	4636.58	2020	5251.00
1973	511.10	1989	2357.10	2005	4766.22	2021	5191.26
1974	485.80	1990	2590.30	2006	4927.70	2022	/
1975	536.90	1991	2805.10	2007	5107.80	2023	/

表 3-2-2　1994—2021 年全国农药施用量情况表②

年份	农药施用量 （单位：万吨）	年份	农药施用量 （单位：万吨）
1994 年	97.90	2008 年	167.23
1995 年	108.70	2009 年	170.90
1996 年	114.08	2010 年	175.82
1997 年	119.55	2011 年	178.70
1998 年	123.17	2012 年	180.61
1999 年	132.16	2013 年	180.77
2000 年	127.95	2014 年	180.33
2001 年	127.48	2015 年	178.30
2002 年	131.23	2016 年	174.05
2003 年	132.52	2017 年	165.35

① 注：数据来源于国家统计局。

② 注：数据来源于历年《中国农村统计年鉴》。

年份	农药施用量 （单位：万吨）	年份	农药施用量 （单位：万吨）
2004 年	138.60	2018 年	150.36
2005 年	145.99	2019 年	145.60
2006 年	153.71	2020 年	140.00
2007 年	162.28	2021 年	175.80

以中国为例，探究其中的原因，不外乎两方面的因素。其一，观念认知问题。据现有文献记载，全世界恐怕只有中国做到了可以保障一块土地持续耕作上千年，不仅地力不减，反而越用越肥沃。这本应该是中华民族的骄傲，是中华儿女最值得传承的优秀文化传统之一，事情却朝着反方向发展。随着化肥农药的滥用，中国传统的施肥技术体系不仅被视为社会发展的累赘，是社会环境卫生问题的始作俑者，成了要革命的对象，而且与之关系密切的本土生态知识与技术在短期内突然中断。在新旧时代交替之际，受西方工业文明中现代与传统二元对立思想的影响，人们认为技术越发达，社会越进步，传统就越落后。很自然地，人们将属于现代技术之一的化肥等同于现代技术和现代科学，并将其强化为唯一正确的科学的代名词；而同时把来自本土生态知识与技术的农家肥视为淘汰的对象，并给其贴上"落后""不卫生"的标签。化肥农药很快在与农家肥之间的博弈中获胜，一切都是那样自然而又顺理成章。很少有人放眼历史，从历史时态的维度去审视传统，对原本属于人类社会重大发明的农家肥，对原本应该让科学去深入探讨和研究的精髓，却步调一致地选择了无视。可是，不要忘记，近半个世纪以来，我国的很多农副产品在销往国际市场时遭到退货，原因就是这些农副产品农药化肥残留超标，危害人类健康。只有农药化肥没有了市场，人畜排泄物才有用武之地。这么说来，发动"厕所革命"，革的不是厕所的命，而应该是农药化肥的命。

其二，巨大的经济利益。如图 3-2-4 所示，1990 年—2019 年，全球农药消费量整体呈上升趋势。据 Phillips McDougall 公司数据统计，2015 年，全球农作物使用农药的市场销售额达 598.27 亿美元，同比上升 3.94 %，非作物用农药市场销售额达 78.02 亿美元，同比上升 3.5 %，累计农药销售额为 676.29 亿美元，同比上升 3.89 %，创下历史新高。2016 年开始，全球农药市场规模增速放缓，维持 4 % 的增速，行业进入存量市场阶段。2011 年全球农药销售额达 653.1 亿美元，2022 年达 677.5 亿美元。全球约 60 % 的农药原药在中国生产，到目前我国 60 %

以上的农药产量用于出口，市场覆盖东南亚、南美、北美、非洲和欧洲等地区，出口约 188 个国家和地区，其中出口上亿美元的国家或地区就有 20 多个。从区域分布来看（图 3-2-5），欧洲和北美地区作为传统的农药消费市场，农药市场需求相对比较稳定。由于亚洲、拉丁美洲地区的经济和农业现代化发展，对农药的需求量急剧上升，目前已成为全球最主要的农药消费市场，特别是亚太地区始终是农药需求和消费的主力军。经过多年的发展，中国已成为全球重要的农业生产国，农药年生产总量在 2016 年达到近 380 万吨的高峰（表 3-2-3）。有相关数据显示，2011 年—2020 年，我国农药企业数量从 2 328 家下降到 1 705 家，降幅为 26.76 %。但是，农药给中国带来的经济产值依然很大。2021 年，我国出口农药约为 220.2 万吨，进口农药 10.4 万吨，进口金额为 9 亿美元，出口金额为 80 亿美元，出口均价 5 146 美元／吨。另外，据中国农药工业协会发布的"2022 全国农药行业销售 TOP100"显示：2021 年，农药行业百强企业总销售额 2 544.14 亿元，同比增长 23.38 %；前十企业总销售额 1 007.88 亿元，同比增长 27.03 %，占百强企业销售总额的 39.62 %；销售额超过 10 亿元的企业达 68 家，较上年增加 4 家，产业整体集中度持续提升。

据国家统计局数据，我国化肥制造业总产值自 2014 年以来有不断下滑趋势，但 2021 年又有所回升。2021 年中国化肥总产值 6 185.72 亿元，同比增长 5.05 %。当然，中国化肥的产量和销售额虽然有所下降，但总的来说还是居高不下，人们一直将化肥行业视为国民经济的基础行业。中国的化肥制造业以出口为主，根据中国海关总署数据，2022 年中国化肥进口数量为 894 万吨，国内生产量为 5 573.30 万吨，出口数量为 2 486 万吨。

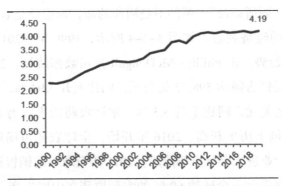

图 3-2-4　1990—2019 年全球农药消费量趋势图（单位：百万吨）

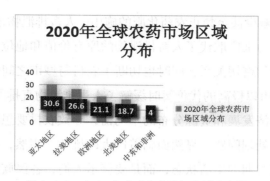

图 3-2-5 2020 年全球农药市场区域分布图

表 3-2-3 2010—2022 年全国农药化肥年生产量 [①]

年份	农药生产量 （单位：万吨）	化肥生产量 （单位：万吨）
2010 年	223.52	6337.86
2011 年	264.80	6419.39
2012 年	354.90	6832.10
2013 年	318.95	7026.18
2014 年	374.40	6876.85
2015 年	374.40	7431.99
2016 年	377.80	6629.62
2017 年	294.09	6065.20
2018 年	208.30	5403.51
2019 年	225.40	5731.18
2020 年	214.80	5496.00
2021 年	249.80	5544.00
2022 年	249.70	5573.30

　　综上，对于国家来说，农药化肥作为国家的经济收入来源之一，为国家的经济产值和税收都作出了巨大的贡献；对于化肥农药经营企业来说，巨大经济利益的驱使，农药化肥产量和销售额有所增加。尽管国家也出台了一系列政策、法律法规等严格限制指定农药化肥品种的使用，但是这两股力量的交锋，必然导致农药化肥带来的生态环境问题久拖不决。解决人畜排泄物所带来的生态环境问题，

---

① 注：数据来源根据国家统计局历年相关统计数据整理获得。

其根源在于，只有减少甚至禁止农药化肥的施用，人畜排泄物才有再利用的价值。正是农药化肥的大力推广取代了人畜排泄物的原有价值和地位，切断了人畜排泄物与农业生产之间的密切关系，同时也切断了农村与城市之间以人畜排泄物为纽带的供给关系。城市以极高的代价暂时缓解了人畜排泄物直排所带来的环境污染，但是农村与城市经济发展和资源分布的不均衡，导致农村要想以城市污水排放模式来解决农村污水处理问题，显然面临着巨大的挑战。当然，并不是鼓吹让人们都回到前工业文明时期的生活状态，而是要警示人们，各民族传统文化中天人合一的朴素生态哲学等文化精髓是人们应该竭力保护和传承的，切忌被现代技术全盘代替。在此前提下，在不改变各民族传统文化底层逻辑和本土核心模式的基础上，利用现代技术去解决所谓的卫生环境等问题，应该不是什么大难题。也就是说，可以利用现代技术手段去更新、升级已经不适应现代社会背景的文化因子，是人们主观能动地去利用现代技术，让其为人类服务，而不是人类被现代技术所奴役。

第三节　公共生态资源制度的变革

生态资源不断遭受破坏的现象在现代社会层出不穷，鉴于生态资源是人类生存繁衍的重要基础与前提，对生态资源的利用与保护是当下人类社会如何治理公共资源的关键所在。曾获得诺贝尔经济学奖的美国著名女学者埃莉诺·奥斯特罗姆（Elinor Ostrom）提出了经常用来为政府和市场提供解决方案依据的三个具有影响力的模型。

其一，公地悲剧。"公地悲剧"是指，如果很多人都可以使用某种稀缺的公共资源，任何使用者都不会珍惜，而且会吸引更多的使用者，最终导致公共资源的耗尽，甚至引发生态退化。"属于所有人的财产就是不属于任何人的财产，这句保守主义的格言在一定程度上是真实的。所有人都可以自由得到的财富将得不到任何人珍惜"。[①] "这是一个悲剧。每个人都被锁定到一个系统。这个系统迫使他在一个有限的世界中无节制地增加他自己的牲畜。在一个信奉公地自由使用的

---

①Gordon，H.S.The Economic Theory of a Common-Property Resource：The Fishery[J]. Journal of Political Economy，1954（62）：124.

社会里，每个人趋之若鹜地追求自己的最佳利益；毁灭就是所有人的目的地"。[①]
没有所有权归属，就没有责任划分，更没有监督机制，任何使用者只会抱有"不用白不用"的心理。因为无论怎么使用都无须承担任何责任，更无须付出任何代价，谁又会放弃使用呢？

其二，囚犯困境博弈。"公地悲剧"可用囚犯困境博弈来表示。假设，在公共草场放牧的所有牧人被视为博弈的对局双方。任何特定范围内的草场都有一个供养牲畜的上限，只要在这个上限范围内，牲畜都可以在这片草场生长状态保持最佳，这个上限数量称为"L"。

在一个两人参与的博弈中，"合作"策略可以被认为是每个放牧人放养 L/2 的牲畜；"背叛"策略则是每个放牧人放养尽可能多的牲畜。只要出售这些牲畜就能够获利（牧人的私人成本是既定的），假定这个数量大于 L/2。如果两个牧人都把放养牲畜的数量限定在 L/2，他们都将获得 10 个单位的利润；然而如果他们都选择背叛策略，他们获得的利润为零；如果他们两人中的一人把他放养的牲畜数量限定在 L/2 之内，而另一个则放养他想要放牧的数量，"背叛者"将获得 11 个单位的利润，而"受骗者"的所得是 −1。如果无力达成有约束力的协约，由每一方独立选择，他们都会选择背叛作为支配策略。当他们两个相互背叛时，他们的获利为零。人们把这称作放牧人博弈。它具有囚犯困境博弈的结构。[②]

在这种博弈模型中，如果没有特定的约束力，所有对局人绝对不会选择"合作"策略，只会站在自己的角度毫不犹豫地选择背叛策略，这样才能保证自身利益最大化。

其三，集体行动逻辑。群体理论认为，具有共同利益的个人会自愿地为了实现集体共同的利益而采取相应行动。但是，曼瑟尔·奥尔森（Mancur Olson）认为，除非群体中的人数较少，或者存在某种强制性手段，一般情况下，由于人类个体本身是理性的，且追求个人利益的天性，其绝不会为实现"集体的共同利益"而采取相应措施或行动。

无论人们选择哪种模型，都绕不开一个问题："任何时候，一个人只要不被排斥在分享他人努力所带来的利益之外，就没有动力为共同的利益做贡献，而只会

①Hardin，G.The Tragedy of the Commons[J].Science，1968（162）：244.

②埃莉诺·奥斯特罗姆. 公共事物的治理之道 [M]. 余逊达，陈旭东，译. 上海：上海译文出版社，2012.

选择做一个搭便车者"①。也就是说，如果解决不了搭便车的问题，任何模型都无法从根本上治理好公共资源的问题。

从目前人们对公共资源采取的治理方案来看，有的选择由国家对公共资源实行控制，有的选择把公共资源实行私有化管理。在通过国家权力来控制使用与管理公共生态资源的情况下，任何对局人一旦采用"背叛"策略，就会受到相应的惩罚，这样可以在国家权力的干预下使得对局博弈人采取"合作"策略，以达到双赢的效果。这样看来似乎是一种最优的治理方案，然而，这样的治理效果是建立在"信息准确、监督能力强、制裁可靠有效益及行政费用为零"②的假定基础之上的。如果对局人没有掌握可靠而准确的公共资源信息，包括公共资源的客观负载力、公共资源的生态特征，没弄清事实真相而进行了错误的或不公平的制裁，管理制度的不完善，以及高额的管理费用等，这样就可能引发很多问题，最终导致国家治理流于形式。

采取对公共资源实施私有化管理的方式，就意味着将公共资源由整体划分为部分再分配给各资源使用者。比如，将大片草场划分为几份，分配给不同的牧户，以围栏作为界限，各牧户只能在属于自己的草场范围内放牧。采用这种方案，牧户们必然面临以下几个问题。第一，每个牧户将在一块非常有限的草场内与自然展开残酷的博弈，会导致牧草供应严重不足，而且严重消耗地力，影响新牧草的生长。或许这才是过度放牧的根源所在。第二，强制落实草场地块分割的难度很大。牧草资源分布不均，草场优劣受季节、气候等自然因素影响极大，而采用私有化管理的前提条件是所有草场资源分布均匀，所有草场完全同质，且一年四季水草茂盛，这显然是不现实的。任何牧户都希望自己分到最好、最优等的草场，这必然使得分割草场的难度加大。第三，徒增额外费用。这些额外费用包括建造和维护围栏的费用，监管和制裁方面的费用，因草料不够要向市场购买牧草的费用，等等。第四，容易出现土地兼并。当公共资源实行私有化，虽然个体可以占有、使用，但也意味着可以自由买卖。只要牧户都渴望拥有更大的牧场，更多、更优质的牧草，土地兼并现象必然产生，与进行公共资源治理的宗旨只会渐行渐

① 埃莉诺·奥斯特罗姆.公共事物的治理之道[M].余逊达，陈旭东，译.上海：上海译文出版社，2012.
② 埃莉诺·奥斯特罗姆.公共事物的治理之道[M].余逊达，陈旭东，译.上海：上海译文出版社，2012.

远。此外，还有像水、渔场这些流动性公共资源，特定的资源在特定的时间转瞬即逝，其私有产权如何确立？所以，人们看到的事实是，无论采用国家治理方式还是私人治理方式，对于公共资源的可持续利用与治理基本上是失败的。这些主张过于简化或理想化，而脱离实际，最终形成的制度只不过是一种"无制度"的制度。然而，把目光聚焦于传统社会，不难发现，很多传统社会的社群或民族团体既不采用国家治理方式，又不采用私人治理方式，却在漫长的历史长河中对很多公共生态资源实现了成功的治理。

一、西藏草场制度的变革

草场是我国重要的生态资源，也是我国最大的陆地生态系统。草场生态资源是我国生态安全的重要屏障，国家畜牧业发展的重要基地，更是相关少数民族生存繁衍的唯一家园。草场制度既是人们对草场资源的占有、使用、管理、继承、交易等方面规则的总和，也可将其视为草场所有权、使用权、处置权、收益权的高度统一。不同的草场制度是社会经济体制的集中体现，从某种程度上对草地生态系统有着巨大的影响。

（一）游牧生计方式下的草场制度

1.西藏牧区草场生态特点

（1）草场面积广阔且类型多样

目前，西藏自治区拥有天然草原 13.34 亿亩，约占全区国土总面积的 72 %，是全国草原面积最大的省区。西藏所辖七个地市中，那曲市草场面积最大，约为 6.32 亿亩，占全区草场面积的 47 %。第二是阿里地区，草场面积约为 3.2 亿亩，占全区草场面积的 24 %。第三是日喀则市，其草场面积约为 1.89 亿亩，占全区草场面积的 14 %。第四是昌都市，草场面积约为 0.85 亿亩，占全区草场面积的 6 %。第五是山南市，草场面积约为 0.47 亿亩，占全区草场面积的 4 %。第六是林芝市，第七是拉萨市，两个地区草场面积占全区草场面积的 5 %。特别是那曲市，除去一些终年积雪的极高海拔山体，其他大部分地区基本均是丰饶的天然草场。①

① 西藏主要新闻.西藏草地面积为全区面积最大地类 天然牧草地占比逾 85%[EB/OL].（2021-12-25）[2023-10-10].https://m.thepaper.cn/baijiahao_16005970.

从水平地带分布来看，西藏草场自东南向西北草场类型为"热性草丛、灌草丛类—暖性草丛、灌草丛类—高寒草甸类—高寒干草场类—高寒荒漠草场类"。从垂直分布地带来看，海拔由低到高依次为"热性草丛类—山地草甸类—疏林草甸类—亚高山草甸类—高寒草场类—高寒荒漠草场类"。其中，高寒草场类型面积最广，约占西藏全区草场总面积的74.9％。

（2）牧草生长特点

西藏气候严寒、干燥，土壤贫瘠，一般牧草长得较为低矮、稀疏，使得全区草场产草量普遍较低。绝大部分地区的草场产鲜草平均仅40公斤/亩，优等草场的鲜草产草量也仅100公斤左右。依据牧民经验，养活一只羊需要平均35亩的天然草场。西藏牧草种类较为简单，禾本科和莎草科牧草居多，常见的牧草有矮嵩草、紫花针茅、毛状叶嵩草等。但是，这里的牧草品质普遍较高，呈现出"三高一低"的特点，即蛋白质高、脂肪高、无氮浸出物高、纤维低，所以牧草叶量多、营养好、易消化、适口性好。

（3）草场资源利用不平衡

西藏草场分布地区由于地形、气候等自然条件的复杂性，草场呈现出显著的季节性利用特征。高山地区的春季和冬季寒冷、风多、雪大，易出现白灾，不适宜放牧；而夏季和秋季的草场则气候凉爽、多雨，是理想的牧场。一般在河谷山坡地带，春季和冬季背风、较温暖，适宜放牧。又因为西藏的气候高寒，其冬春季节时间远远长于夏秋季节，故其冬春牧场利用时间长于夏秋牧场利用时间，进而导致冷季牧场资源紧张（面积少、使用期长、载畜力低），而暖季牧场资源有余（面积大、试用期短、载畜力高）。这样就形成了西藏家畜生产呈现出"夏活—秋肥—冬瘦—春死"的季节性不平衡的畜牧业特点。

2. 草场制度

（1）草场产权制度

"草场是畜牧业生产的基础，是牧业经济的基本生产资料，因而草场的所有制形式是牧区生产关系的决定性因素"[①]。西藏和平解放以前，藏北羌塘草原、昌都、阿里等纯牧区都实行封建部落制。其产权制度层级分明，中央政府拥有最终处置权，有权调整和分配草场实际控制权的归属。西藏三大领主——地方政府（官

---

① 范远江. 西藏草场产权制度变迁研究 [M]. 成都：四川大学出版社，2009.

家）、贵族、寺院，拥有草场的实际控制权，垄断全部草场的所有权，并占有大部分牲畜等生产资料。部落是牧区进行生产劳作的基层经济单位和行政单位，所有部落都归三大领主管辖，部落头人拥有草场的使用权和管理权。不同的部落都有自己特定的草场使用范围，部落之间早已形成以山脉、河流、山谷、沙漠等为标志的自然界线。一般情况下，各部落牧民都不会随意跨越部落之间的界线，只有在草料不够的时候，他们才会以部落的名义，向其他部落临时租赁或借用草场。在部落内部，一方面，部落所辖草场的使用权和管理权由该部落全体牧民享有，牧民们并没有草场私有的概念，针对一块上等草场，遵循谁先来谁先用或者几户人家共同使用、部落内部的牧民都可使用的原则。另一方面，部落头人利用其任职期间的职务便利，会有霸占草场并宣布为己所有，其他任何牧民不得进入放牧的现象。一般来说，头人霸占的草场往往固定在较好的冬季草场，相对范围较小、数量较少，以避免头人饲养的牲畜在漫长的冬季饿死。部落内的任何牧民没有头人的允许都不得入内放牧，否则会被强行剪掉牛尾或者缴纳罚款；如果头人同意牧民进入放牧，牧民必须向头人支差或缴纳"草钱"。待到头人离职后，其霸占的草场又重新归还部落集体所有。

地方政府享有对贵族和寺院草场的封赐、没收、转让、裁决等权力。地方政府有权向贵族、寺院所属部落，以及直辖部落征收草地税，也有权向所有部落摊派各种差税。总体而言，西藏牧区草场的所有制形式主要有以下几种类型：第一类是西藏地方政府直接占有的草场，交由其所辖部落集体使用。第二类是封地草场，即西藏政府封赐给贵族、寺院、官员、头人等的草场。这一类型的草场形制稍微复杂。其中，贵族受封的草场需要其所属牧民向地方政府按照每年摊派的数量支差纳税，即可永久所有，一旦触犯法律可被政府没收。个别贵族的草场也可以通过买卖获得。其中，寺院占有的草场包括政府直接封赐和贵族或部落布施两种情况。各级官员占有的草场是临时性的，草场被作为一种俸禄形式，一旦官员离职或卸任就会被政府直接收回。部落头人直接占有的草场往往是政府封赐的，但一般仅封赐给世袭头人。第三类是各部落占有的草场，受地方政府控制，而且需要按时向政府支差纳税。

牲畜是牧民的基本生产资料，但是牲畜所有制与草场所有制是完全不一样的。在传统社会中，牧民没有草场所有权，仅有草场使用权，但拥有牲畜所有权。一般而言，在某一部落内部，其所属牧民私人拥有该部落 85% 左右的牲畜，牧民享有对私有牲畜的全部处置权利，包括宰杀、买卖、馈赠、租让等。封建统治阶层主要依靠控制牧民生产生活的基础生产资料——草场，以牧民们向统治阶层支差纳税的方式剥削牧民。基于这样的草场所有制形式，牧民们必须依赖投靠某个部落或领主来获得草场的使用权，以满足自身的生产生活。比如，藏北地区曾经有一个安多多玛部落在短短的 8 年时间内，其牧户数量从 500 户增长到 1 000 户。其中重要的原因之一就是，该部落占有的草场面积宽广，牧草丰美，而又人口稀少，很多邻近缺乏草场的部落牧民也纷纷前来投靠。①

（2）行政组织结构

1942 年，噶厦政府为了统一行政机构而建立总管级行政机构，以便加强统治。绛基是西藏噶厦政府派驻藏北牧区的最高行政机构，设置正副总管各一名，主要职责就是收缴差税。正总管为四品僧官，称为"堪穷"；副总管为四品俗官，称为"任姆希"。正副总管各选一名涅日哇（管理家务）、仲译（担任文书）；设立若干办事机构，包括莎哥脱（管财务）、业巴（管粮食）、哲本（管牲畜）、哲巴（管杂物）；另选一人担任定本（管武装警卫）。

绛基的下属行政机构为宗谿，宗政府最高长官称为"宗本"或者"宗堆"，一般为一僧一俗形式，多由噶厦政府或者寺院指派外地人担任，任期 3～5 年。宗政府享有行政权和司法权。行政权表现为：对所属部落世袭或民选的头人享有最终审批权；向所属部落布置差税任务、督促征税、组织清点牲畜等；协调关系、召集会议、组织全宗活动、传达地方政府指令等事务。司法权责表现为处理和裁决宗内较大刑事、民事案件。②

宗谿下设以自然、地缘为基础的社会组织——部落，称为"如"；"如"再下设小部落，称为"如瓦"或"学卡"；个体牧民则以家庭户为生产生活单位隶属于各自的"如瓦"。每个部落民选正副头人各一名，任期一般 3 年，可连选连任，可世袭，也可重选重任，负责部落全部事务。部落头人的俸禄形式主要是减少差税。当时各部落的差税主要是按牲畜数量计算，有时也有其他实物形式的税种，比如牛粪、支差等。政府规定每 3 年清点一次牧民牲畜数量，对部落头人私人拥

---

① 范远江. 西藏草场产权制度变迁研究 [M]. 成都：四川大学出版社，2009.
② 范远江. 西藏草场产权制度变迁研究 [M]. 成都：四川大学出版社，2009.

有的牲畜仅粗略数一下，象征性地缴纳一点差税。所以，有些头人在其任职期间利用职务之便占有少量优等草场供其自己家庭放牧。

部落内部的牧民在长距离游牧过程中，往往三五户、七八户或者十几户聚居在一起，形成了很多个聚居点，藏语称为"果协"。"果协"主要是按照牧民游牧习惯而自主形成的基层社会组织。这些聚居点的大小、分散程度、间距调整等并不是一成不变的，多与草场草情的变化有着密切联系。当然，聚居在同一个聚居点的牧民户也不是随意组合的，一般为血缘关系组合、熟人关系组合、经济关系组合（一富户＋几户穷户）三种类型，以便于游牧过程中的互助合作。

（3）放牧制度

藏民选择迁徙转场的放牧形式。迁徙转场放牧，就是人们所称的"游牧"。藏北牧民的游牧并不是毫无界限的，也不是像人们想象的那样，哪里水草好就可以随意迁徙往哪里，而是依据整个牧区季节的早晚，草场牧草的生长情况和生长特点而定，依据各部落的大小和牲畜的数量，有组织、有规律地在不同的放牧点之间来回移动。一般而言，藏民的游牧方式主要包括三种基本模式，即"逐水草而居"的大范围游牧、半定居的小范围游牧、季节性游牧。[①] 牧民们具体选择何种方式、每年的搬迁次数和范围，主要取决于村落面积的大小和草场管理方式的相互配合；更重要的是取决于牧民们能够认识到高原不同季节的水草资源的生长特点和规律，而作出以生物气候的垂直差异为依据的季节牧场的划分和利用。无论牧民们采取何种放牧方式，其共同点都在于，利用草场的自然生长规律和自然条件差异，通过草场轮歇、按季转场的方式，既能充分利用草场资源为牧民所用，又能保障草场的可持续更新能力。

居住在唐古拉山麓的部落多采用第一种大范围游牧模式，藏语称为"多玛"式，游牧面积达15万平方公里以上，没有固定的定居点。这些草场非常辽阔，但是草场的返青期晚、冰冻期长、风沙大，牧草不太丰美。所以，生活在这一地带的牧民只能依赖一年四季大范围、频繁地移动放牧来满足牲畜有足够的草料食用，有的牧户移动的次数多达三四十次／年。一般在每年藏历二、三月，由部落头人发布游牧的出发时间，然后，分散游牧的部落牧民开始从唐古拉山以北的冬季牧场出发，逐渐向唐古拉山以南的草场迁徙，但具体路线各不相同。有的单家

[①] 范远江. 西藏草场产权制度变迁研究 [M]. 成都：四川大学出版社，2009.

单户搬迁，有的是几户或者十几户一起搬迁，一路走走停停，到达唐古拉山以南的夏季牧场需要2~3个月。部落规定，不管路上走多久，必须在藏历五月越过规定的草场，否则会受到相应惩罚。这里的夏季牧场水草丰美，每年藏历五、六、七月基本上都在夏季牧场放牧，基本不再搬迁。部落负责人在这期间会清点牧民人数两次，牧户在各自的草场范围放牧，还需要向政府缴税，从事宗教佛事活动，进行农牧交换，或者各种娱乐休闲活动。大约在藏历八月至十月，牧民们陆续向唐古拉山以北的冬季牧场迁徙。夏季牧场在冬季基本上无人放牧，整个冬季任由牧草重新生长，等待来年夏季牧人们的到来。各牧户或牧户组合整年游牧的具体路线是不一样的，这样几乎不会发生因草场利用而产生的纠纷。

黑河、当雄等地部落多采用半定居小范围游牧，藏语称为"阿巴"式。这种模式一般在春夏季节，有固定的居住点，牧场离居住点约3~5公里，很少搬迁，直到牧场的牧草基本吃光，新牧草还未长出，就会有1/3的牧户开始迁徙至冬季牧场。搬迁出发的时间没有统一规定，各部落视自己牧场的草情决定搬迁的时间。这类搬迁户多为大户人家，带上与其有生产关系的小户一起。大户牧民不会举家搬迁，春夏牧场的固定居住点家中会留一两个人守家；随行的小户人家，由于家庭成员人数较少，多选择举家随大户一起搬迁。冬季较为漫长，冬季牧场附近也会设置固定的居住点。一般选择在山沟或平坝低洼临水处建立居住点，因为这种地方的牧草多茂盛，适宜放牧，待到来年春季，就又搬回春夏季牧场的定居点。

还有一种游牧方式就是依据固定的季节变化，从一个牧场迁移到另一个牧场。也就是说，一年迁移两次（冷、热季节），或者一年迁移四次（春、夏、秋、冬季节）。只有冬季牧场的定居点是固定的，不管一年迁移几次，最后都会回到这个固定牧场，其他季节牧场的定居点随草场牧草长势而定。因此，每次迁移出发的时间都没有统一规定，基本上是根据草场草情选定。所以，总体而言，"季节性迁移的规模和范围依据草场的大小及牛羊的多少而定。迁移时间的主要依据是物候，即植物的发芽、开花、结果，候鸟的迁徙、某些动物的冬眠等周期性自然现象与气候的变化而定"[①]。当然，无论哪一次迁移，都是各部落统一行动，有组织、有计划地从一个牧场迁移到另一个牧场。

① 格勒，刘一民，张建世，等.藏北牧民：西藏那曲地区社会历史调查 [M].北京：中国藏学出版社，1993.

综上，游牧生产经营的"游"其根本原因在于解决牧草与牲畜的供需不平衡的矛盾。特别是在藏北高原，那里海拔极高、气候极寒，牧草生长季节仅 4～5 个月。冬季漫长，而牧草供给不足，难以满足一般牧户的需求，牲畜生产逐渐形成了"夏活—秋肥—冬瘦—春死"的季节性不平衡特征。直到现在，人类技术都没有解决在青藏高原人工种植牧草的难题。所以，迁徙转场的放牧形式正是用来解决漫长冷季饲草匮乏这一生态脆弱环节的难题的。这里的牧民还与稍低海拔农垦区的藏民结成互帮互助的关系，也是他们的文化对策中必不可少的社会性适应组成部分。

3. 经验性自主治理制度解读

虽然这一时期的草场实行的是草场私有制，草场的所有权属于三大领主，但是，他们将草场的所有权和使用权分离，草场的所有权形成了一套制度，而草场的使用权又形成了另一套相对独立的制度。牧户享有对牲畜的所有权，草场资源对牲畜有着密切而无法分割的联系，故草场使用权制度与牲畜生物属性相配合。草场的这套使用权制度将各个放牧点以及尊重放牧草场使用权利的责任都界定得非常明确。

当地牧民对整个牧区的草场在一年四季的草情掌握得清清楚楚，正如藏北谚语所云："三月草发芽，四月黄绿杂，五月山川青，六月草丰盛，七月草开花，八月草尖黄，九月遍地黄。"藏区没有人工种草和贮草的传统，全靠牧草的自然生长。区域不同，草场牧草的生长季不同，不同草场的载畜量也不尽相同。据前人研究，藏北各牧场的载畜量存在一定的差异，平均每平方公里草场的载畜量约为 5.4～22.8 头（只）。[1] 各部落之间在划分草场范围、制定游牧路线、确定游牧牲畜数量等之前都会参照和整合这些草场整体信息，一方面尽量保证公平地使用草场资源，另一方面通过超大范围、远距离的游牧确保草场被消耗后能自行恢复以保障草场资源的可持续利用。这样逐渐形成了一套经验性的、自主治理公共资源的规则。

第一，各部落划分的草场界限明确，各放牧点之间也有相当的距离将其隔开。虽没有围栏，但各部落的牧民们在部落头人的带领和组织下，都不会随意跨入外部落的草场范围。一般而言，只有当牧草不够时才会去外部落的草场放牧，但是，

---

① 格勒，刘一民，张建世，等.藏北牧民：西藏那曲地区社会历史调查 [M]. 北京：中国藏学出版社，1993.

通过超长距离的放牧已经解决了草料不够的难题，因此各部落牧民实际上也就没有必要去外部落的草场。若牧民做出极个别破坏规则的行为，必然会受到相应的处罚。每个部落都有平等利用草场的机会，都有水草丰美、牧草枯竭的草场，平等地利用牧草资源，平等地承担资源不均或自然环境带来的风险，这种传统的游牧方式自动地起着重要的调节作用，几乎不会出现因争夺草场而产生纠纷的情况。

第二，游牧迁徙是由部落头人有组织、有系统地安排和管理，并不是各牧户自由散漫地游牧。比如，有关出发的时间、具体的迁徙路线、中途人数清点、缴纳差税的统一放牧点、迁徙过程中的各项活动，以及在牧闲季节穿插其间的狩猎采集、驮盐、贸易等方面，各部落内部都有一套自己的制度。对于这样具有高度适应性、经验性的管理制度，任何来自外部的机构或个人都是无法制定出来的，甚至包括国家权力机构。每一位受益者都是制度管理的参与者，不仅可以极大地调动各牧户的积极性，很好地规避"搭便车"的行为，而且节约了很大一笔管理费用，使得管理监督工作成了自主治理制度的副产品。比如，埃莉诺·奥斯特罗姆（Elinor Ostrom）教授提到的土耳其阿兰亚近海渔场的渔民们自有一套捕捞规则，内容涉及如何成为持证的生产合作社成员、捕捞点的划分与安排、捕捞点迁移路线等。"这一制度成功地把渔民在渔场上加以分隔，使他们各自都有足够大的活动空间，从而起到了优化每个点的捕鱼能力的作用。同时，所有渔船都有在最佳点捕捞的平等机会，资源不会因渔船找不到捕鱼点或为争夺某一场点引发械斗而导致浪费，也没有发生过度投资的现象"。[①] 任何外部机构或组织都不可能对这里的近海渔场特点有如此深入、详细的了解，因此也就不可能制定出这样完美的制度。显然，阿兰亚渔场为人们提供了一个"自主治理"公共资源方案的成功案例。

第三，自然风险抵御对策往往与放牧制度紧密结合。西藏牧区最常见的自然灾害就是雪灾，据史书记载，那曲地区几乎每隔十年都要发生一次特大雪灾。牧民们在长期的生产实践中不断积累了很多预测和减轻雪灾危害的经验，比如通过观察天气预兆和动物行为预兆来预测雪灾来临的时间和雪灾的大小，随即采取相

---

① 埃莉诺·奥斯特罗姆. 公共事物的治理之道 [M]. 余逊达，陈旭东，译. 上海：上海译文出版社，2012.

应措施以躲避雪灾危害，或在灾后采取相应措施以减轻雪灾带来的危害。除此以外，针对常见的旱灾、霜灾、风灾、兽灾、虫害等自然灾害，藏民们通过世代积累传承下来很多应对措施，而这些措施都会伴随着放牧路线和放牧方式被灵活调整。显然，这些措施与制度规划是任何外来者所无法完成的。

综上，很多民族传统治理公共资源制度的实质是将"公共资源单位的可分性"和"资源系统的共享性"加以区别，充分整合和适应自然、文化和制度背景，最终达到同时兼顾对有限的公共资源保护和可持续利用的目标。

（二）定居以后的草场制度

在西藏民主改革之前，草场的所有权划归三大领主所有。进入民主改革时期（1959—1965 年）以后，西藏推翻了传统农奴制度，草场所有权才得以从封建领主手中让渡到广大牧民手中。此后，西藏的"封建部落制"被改为"牧民个体所有制"，而且同时发展"牧业生产互助组"。这一时期的"牧民个体所有制"实质上仅是社会主义公有制改造前的一种过渡形式。但是，其最大的成就是废除了封建领主的特权，其霸占的草场全被收归公有，牧民集体享有草场所有权，牧民个体享有对牲畜的所有权，不用再向封建领主缴纳各种草场税，但禁止草场自由买卖。

经过社会主义改造和建设（1965 年—1978 年），草场归集体所有，由集体统一经营，并实施"牲畜牧户，私有私养，自主经营，长期不变"的政策。到 1975 年底，西藏全区已经全部实现人民公社化。人民公社化运动要求"一大二公"，即规模大和生产资料公有化程度高；公社内部实行贫富拉平、平均分配；公社统管全社的生产安排、劳力调配、物资调拨、产品分配和经济核算。这样的制度一方面操之过急、急于求成；另一方面，生产制度是以农耕区为标准制定的，这与草场游牧生产的特点不相兼容，必然导致生产关系与生产力发展阶段的不相适应。所以，名义上实行的是牧区公社化，实际上他们还是习惯互助生产，"牧区公社化对牧业发展本身影响不大，而是错划富牧阶级和一些地区草牧矛盾的日益突出，致使这一时期畜牧业生产发展缓慢而不稳定"[①]，草畜矛盾日益突出，牧民生产积极性严重受损，畜牧业的基础地位开始动摇。在这种公有制中，草场的所有权、

---

① 范远江. 西藏草场产权制度变迁研究 [M]. 成都：四川大学出版社，2009.

经营权、收益权和处置权都归独立核算、自负盈亏的基本经济单位生产队所有，对于个体牧民而言，生产资料、财产收益、财产亏损等都具有很强的外部性和排他性，而且会造成劳动监督成本的增加，最终导致牧民的生产积极性不高。不仅如此，公社内部实行绝对的平均分配，没有劳动激励制度，牧民只会把关注点放在分配是否公平上，更不会激发其劳动生产的积极性。牧区公社制度已经开始打破传统的草场制度，正如"公地悲剧"模型所推演的结局，藏区的草场其实在这一时期已经出现不同程度的生态退化。

我国广大农村地区在改革开放后开始实施"家庭联产承包责任制"，但是，西藏牧区直到 1994 年才实施"家庭草场承包经营制"，草场产权归集体所有。国家将草场对牧户包产到户，把围栏作为草场经营权属界限以解决草场边界的争议纠纷。直到 1998 年，围栏建设完成的草场面积达 414.83 万亩。与此同时，由于草场固定范围的限定，牧民不得不由游牧转为定居。全区先后实施"牧区草场建设"与"游牧民定居工程建设""退牧还草工程"等重大牧业基础项目，牧民的生产生活条件在一定程度上得以改善。到 2006 年，在西藏建设的人畜饮水工程有 1 000 多处，草场围栏建设面积已达 2 000 余亩[1]。家庭草场承包经营制在一定时段内，确实被证明是一种高效率的草场使用制度。"一个家庭责任制下的劳动者劳动激励最高，这不仅是因为他获得了他努力的边际报酬率的全部份额，而且还因为他节约了监督费用"。[2]但是，任何制度的边际效用在一定时期内递增后就会出现逐渐下降的趋势，其制度的缺陷和弊端会逐渐暴露出来。

家庭联产承包责任制的前提是以农耕区土地资源的性质为依据为农村地区量身打造的，所以家庭草场承包经营制度的最大弊端就在于将耕地和草场两种不同的土地资源无区别对待，进而制定了无差异的土地使用制度。这两种制度都将土地的所有权和使用权分离开来，以便更合理地治理公共资源。土地的所有权容易分割，只要与政治制度保持一致，就可以统一地无差别地分割。农村和牧区的土地所有权都归集体所有，这样既保证了农民和牧民不再遭受剥削而获得基本生产资料，又可方便国家宏观调控与管理。土地的使用权不容易分割，因为土地的使用一定要与相对的生产活动相适应；而生态系统不同，不同民族利用土地从事的

① 范远江.西藏草场产权制度变迁研究 [M].成都：四川大学出版社，2009.

② 范远江.西藏草场产权制度变迁研究 [M].成都：四川大学出版社，2009.

生产活动也不相同。首先，农作物的生长活动范围相对固定，很难发生位移，仅需在种植初期预留一定的行株距；而牲畜较于农作物，其活动范围要宽广得多，甚至可以跨越更大的区域。严格限制耕地的使用范围，在有限的空间内，并不会影响植物的生长；对于土壤为农作物生长所提供的水、气、养料，农民都积累了一套套保持土壤肥力的本土技术，也不需要发生空间的移动。因此，将耕地分割成条块，承包给农户使用，是不会影响生产的，只要确保地力不减，也不会影响农作物的产量。农民的定居生活方式与这种生产方式也是相适应的。种地的人的土地搬不动，地里的农作物也不会跑，种地的人就将自己与土地融为一体，因此"以农为生的人，世代定居是常态，迁移是变态"①。

但是，世代游牧的民族则完全不同。对于牧民来说，牲畜不仅是重要的生产资料，也是重要的财富动产，牧民们都是把牲畜视为家庭成员来看待的，对每一个牲畜的生物属性、生活习性都了如指掌。这些牲畜都具备特殊的动物性，"其动物性与其生长环境密切配合，因此牧人必须掌握自然环境及牧畜动物性知识，以发展适当的游牧技术与节奏"②。由于西藏具有特殊的气候条件，土壤贫瘠，因此一般牧草长得较为低矮、稀疏，全区草场产草量普遍较低，很多的草场产鲜草平均仅 40 公斤/亩。牧区牲畜的活动范围很广，一头牦牛所需要的放牧范围要广达一两百亩，一只羊需要 70 亩草场才能养活，导致一家牧民可供使用的草场面积动辄几十、上百平方公里。而人类限于自身的体力，游牧的范围非常有限。但是，自从人类完成了对马的驯化后，长程移动的游牧成为可能。很多草场牧草呈现出较为明显的季节性特征，而西藏牧区冬季又较为漫长，要满足牲畜的供草量，牧民只能选择超长距离的游牧。之所以能够实现超长距离的游牧，除了上述一些条件外，并不是牧民们漫无目的地游牧，而是基于牧民们对西藏全区草场资源的深入了解才得以实现的。所以，游牧生计建立在对草场资源整体利用的基础之上，而家庭草场承包经营制度是将草场资源碎片化利用，以户为单位对草场进行分割，必然带来很多与游牧生计不相适应的问题。

第一，建设围栏作为草场使用权界限，无法保证所有牧户拥有平等地使用草场的权利。本身草场资源分布不均，加上季节性特征明显，使得草场使用权的分

①费孝通.乡土中国 [M].韩格理，王政，译.北京：外语教学与研究出版社，2012.
②王明珂.游牧者的抉择：面对汉帝国的北亚游牧部族 [M].桂林：广西师范大学出版社，2008.

割很难被操作，即便勉强实现分割，时间一长，牧户之间因草场资源分配不均而引发的冲突、矛盾和纠纷必然纷至沓来。耕地则不同，一旦耕地承包到户，基本上就是将耕地的经营收益权转移到农户手里。但对于草地而言，只要在放牧的情况下，没有围栏草场的经营收益权不仅无法得到保证，而且会成为"具有排他性低和竞争性强的共享性资源"①。

第二，对草场使用范围的限制，同时也限制了牧畜的活动范围，相当于将传统的放养形式转变为圈养形式，还改变了牧畜的牧道。牧民们饲养牲畜会根据当地生态环境和牧户日常需求，调整相应的牲畜结构和数量。过去由于草场范围广泛，牧民们都是按照设定的结构比例，将不同的牲畜组合来进行游牧。而家庭草场承包经营制度在很大程度上与牧畜的生物属性和生活习性都是相违背的。

第三，对草场使用范围的限制，使得特定范围内的牧草被消耗的量太大，又没有足够的时间来恢复生长，必然导致牲畜与牧草供应矛盾尖锐。不仅导致对草场生态的破坏，也在很大程度上限制了饲养牧畜的数量。在青藏高原牧区，畜牧业几乎是牧民唯一的生计方式，一旦牧畜数量受限，必然直接影响牧民的经济收入。在现代社会，当草原生态系统出现严重的盐碱化、沙化等生态退化问题，人们往往把其原因归咎于牧民过度放牧。只要查阅相关文献古籍，就不难发现，传统社会牧民们饲养的平均牲畜量比现在的牧户饲养的牲畜量多得多，但草场退化现象在历史上很少发生。作者调研的那曲市班戈县青龙乡加苏村的村民达瓦顿珠说，记得小时候和爷爷一起去游牧，家里养了一千多头牛羊；实施草场承包制前他们家里也有好几百头牛羊。而现在他们家四口人，分到草场4 500亩，牲畜数量仅40多头，村里牧户牲畜数量最多的也就100多头。一般一户牧民要想维持正常的生活，需要300～500只羊。所以，牧民过度放牧仅是表象，可供放牧的草场范围缩小了，可供牲畜食用的草料十分有限，加之草场被固定，牧草消耗频率过高，反复被利用，使得原本载畜量就十分有限的高原草场更加受到限制。即便再减少牲畜数量，也恢复不到载畜量极限之内。因此，草原生态退化的根本原因并不是过度放牧，而是草场利用制度的不合理。

第四，大大降低了游牧民族抵御自然风险的能力。家庭草场承包经营制度划

---

① 埃莉诺·奥斯特罗姆. 公共事物的治理之道 [M]. 余逊达，陈旭东，译. 上海：上海译文出版社，2012.

分了牧户的草场使用权范围，将牲畜限制在有限的范围内活动，使得牧人也不得不由游牧方式转为定居方式。对于游牧民族来说，游动和迁徙不仅仅只是让牲畜在一年四季都能获得足够的牧草资源，更包含了藏区牧民规避和抵御各种自然风险的手段。在青藏高原的特殊气候环境下，不断迁徙使得他们能充分利用分布不均，且变幻无常的水、草等生态资源，及时躲避各种自然灾害。

第五，切断了牧民信息交流的渠道。对于游牧生计方式来说，草场生态系统的相关信息至关重要。"每个牧民必须随时掌握有关周围环境的最近情况，了解的空间越大越好，信息越新越好。天气变化、草场牧草情况，各牧户转场的位置，以及周围狼等野兽的最近活动范围，病害情形，人员往来情况等，必须了解清楚，这样才能准确选定下次转场的位置……牧民有个习惯，见面时不管认识与否，都得相互问安，然后互换鼻烟壶或烟袋，现代人多为交换烟卷。这样很快就相互通报各自所看到或听到的各种情景和信息"①。这样的日常问候看似平常，实则包含着丰富的信息，内容涉及草原牧民生产生活的全部，是一种最为重要的、最为普通的信息交换形式。草场承包到户后，牧民们过上了定居的生活，原来在游牧过程中进行信息交流的必要性逐渐减弱，除了邻户之间有简单的交流，其他牧户之间的交流必然减少，甚至完全消失。但是，要想在高原草原生息繁衍，草原上的各种信息至关重要，这样的制度很有可能增大草原牧民生存的各种风险。

第六，增加了牧民的生活成本。首先是建造和维护围栏的成本很高。我国牧区的围栏建设早在20世纪60年代就已经开始，西藏牧区的围栏建设始于20世纪70年代。最初的围栏材料非常简陋，一般就地取材，采用一些土墙、粪墙、草皮墙等，但这些材质的围栏对草场破坏较为严重，从20世纪80年代开始使用进口国外网或者使用铁丝网。虽然大部分的围栏网由国家提供补贴，但是很多时候牧民也需要自行购买。因为不是所有牧民都接受围栏，当承包范围内的草料不够时，附近村寨的牧户有时会悄悄地强行拆除牧户的围栏进入别家承包的草场放牧。这不仅增加了牧户的维修成本，还需要牧户提供更多的人力、物力和财力对自家草场加强看守，增加了监督成本，同时也增加了牧户之间的矛盾。此外，承包到户后，牧民由游牧改为了定居，但是生活用水等得靠汽车拖运，运输成本极

---

① 王明珂.游牧者的抉择：面对汉帝国的北亚游牧部族[M].桂林：广西师范大学出版社，2008.

高，加之必须减少牲畜喂养数量，实际上的经济效益还不如承包到户前好。虽然国家有生态补贴，每年生态补贴的费用高达几十万元，甚至很多牧户家庭获得的年生态补贴费用比畜牧收入还高，这反而降低了他们放牧的积极性。

到目前为止，全区建设围栏草场面积已达 4.6 亿亩。在很多村寨进行实际草场分配的时候，虽然《土地承包证》上明确记录着每家每户承包草场面积的数量、草场四至等相关信息，但是在很多地区并没有真正改变草场利用的传统形式。很多牧民在放牧时，仍然依据自家的牲畜数量与相邻家庭自由组合起来联合放牧，以尽可能多地增加草场面积，为牲畜提供更为广阔的活动空间和丰富的牧草，形成了一种隐性的内部互助模式。很多藏民都表示：虽然草场分到了每家每户，但是大家还是习惯和喜欢一起放牧，一起使用草场。有时候政府建设围栏后，会定期下来检查工作，牧民们自有一套应对策略。政府工作人员来检查的时候他们就把围栏安装上，工作人员一走，他们就立即把围栏拆除。各村范围内的山地有适合全村放牧的草场，但是当地由游牧方式转为定居方式后，牧民们逐渐地因为不方便而很少甚至几乎不去这些村寨内的公共草场去放牧了，这在一定程度上也造成了原本紧缺的草场资源的浪费。

虽然草场是一种可再生资源，但是草场的再生受到时间、空间等条件的严格限制。"逐水草而迁徙"的传统游牧方式早已适应草原生态系统的自然规律，而且能够合理、巧妙地化解人与牲畜、牲畜与牧草、牧草与草场之间的矛盾。千百年来草原畜牧业的和谐可持续发展，足以向人们证明游牧方式作为一种草场利用制度和治理草场资源的有效性。游牧方式是为适应青藏高原特殊的自然生态环境，以及藏民经过长期历史实践选择的结果，为草场的再生和可持续利用提供了充分的保障。当然，游牧方式也有其缺陷，但是，历史告诉人们，综合各种因素和评价标准，或许游牧才是青藏高原畜牧业和公共资源治理的最佳方案。

（三）草地生态系统的退化

草场退化，是指以草为主要植被类型的生态系统出现逆向演替的变化过程，其中包含"草"的演替和"地"的演替。"演替的原因是大气候或人为干扰超过了草场生态系统自我调节能力的阈值，自身难以恢复而向相反方向发展的现象，这种现象在草场生态系统中被理解为退化。草场退化产生的负效应很多，如草场产草量下降、优质牧草减少、草丛变得稀疏低矮、土地沙化等"①。在西藏牧区，草场退化最普遍的现象就是草原沙化和草原盐渍化。

沙化，属于一种荒漠化类型，"是指原来的非沙漠地区由于人为活动的加剧，在风力作用下导致沙质地表出现以风沙活动为主要标志的类似沙漠景观的一种土地退化过程"②。土地沙化的产生，实际上是由于人类的不恰当行为在有意或无意间导致沙质土壤表层的植被及覆盖物被破坏，而形成流沙及沙土裸露的过程。水土流失现象不断加剧，土壤中的水分和养分难以满足植物的生长。土地是否会发生沙化，决定因素在于土壤中是否含有充足的、可供植物吸收利用的水分。任何破坏、减少土壤水分的行为都最终会导致土壤沙化。一旦土地沙化出现大面积蔓延，则可被视为土地荒漠化，此乃全球最为严重的环境问题之一。

土壤盐渍化，是指土壤底层或地下水的盐分随毛管上升到地表，水分蒸发后，使盐分积累在表层土壤中的过程。这其实是一种易溶性盐分在土壤表层积累的现象或过程，也称"盐碱化"。导致土壤盐渍化的原因较为复杂，最主要的原因有二：一是气候干旱和地下水位高；二是地势低洼，没有排水出路。一般地下水都含有盐分，如果地下水水面接近地表，加之气候较为干旱，地表水很快就被蒸发，最后留下盐分。日积月累，土壤中的含盐量就会不断增加，进而形成盐碱土。如果处于洼地，且没有排水出路，洼地水分一旦蒸发完留下盐分，也会形成盐碱地。比如，美国和澳大利亚的牧民采用机械手段将已盐碱化的土壤铲出、翻转、深埋，这样又能重新长出牧草。这种方法在短期内可以解决盐渍化问题，但是如果长期使用，会导致低洼处更加低洼，来年土地盐渍化现象会更加严重。

西藏自治区全区面积约为 122.84 万平方公里，其中适宜放牧的草场约为64.476 万平方公里，是各类土地资源中分布最广、占比最大的，约占西藏土地总面积的 53.63 %。西藏自治区地广人稀，全区人口密度仅为 2.01 人 / 平方千米。在西藏自治区，受到特殊的高原自然环境的限制，其草场的产草量并不高。一般而言，养活一只羊平均至少需要 30 多亩草地。千百年来，藏族牧民却以他们的生态智慧很好地化解了生态资源稀缺和生产生活资料的矛盾，不仅没有造成草原生态系统的退化，反而保持了草场的可持续发展，使得草原畜牧业一直活态传承至今。

---

① 范远江 . 西藏草场产权制度变迁研究 [M]. 成都：四川大学出版社，2009.

② 范远江 . 西藏草场产权制度变迁研究 [M]. 成都：四川大学出版社，2009.

首先，传统的藏族游牧生计是进行超长距离放牧，这样做一方面是依据草场牧草的自然生长规律，顺应自然环境采取的适应对策。这样就可以确保一年四季都有足够的草料供牲畜食用，在不同的季节可以找到较好的水草。另一方面是通过错开方式利用草场，充分给草场提供恢复生长的时间和空间，以保证牧草资源的可持续利用。因此，长距离转场放牧最大的好处则在于草料的基本供应和草料的可持续利用。

其次，青藏高原海拔在 3 000 米以上区段的地表 0.8 米以下存在永久冻土层，植物根系向下生长就会受到严重影响。在高海拔的荒漠草原地表，牧草根部是横向生长在地衣层上的。[1]在中、低海拔草原地表，植物残株、动物粪便、沙尘等混合物通过降解而形成了一层腐殖质层，称为"风化壳"，牧草根部也是横向生长在风化壳层的。所以，地衣层和风化壳层对于草原牧草生长而言至关重要。牧民一般在草场放牧时，都是慢赶慢放，只要牲畜啃食完地上部分的牧草，就会把牲畜赶到其他地方啃食，目的就是避免牲畜们掀翻地表这层珍贵的地衣层或风化壳层。此外，牲畜适当践踏地表植物残株，可促进其在高寒地区腐烂、降解，以帮助地表层积累起腐殖质层。然而，草场承包到户后，可利用的草场范围大大减小，而为了保障一定的经济效益，牧民们只能增加牲畜数量；但是牲畜数量增加，牧草的供应量就相对减少，导致牲畜数量超过限定草场可能承受的极限。牲畜在有限的草场来回、反复觅食，很容易把地表珍贵的地衣层和风化壳层破坏，最终导致草场产生不可逆的退化。

再次，由于青藏高原自然环境表现出"极旱""极寒""极高"的特点，牧草生长较为稀疏，而动物活动的介入反而在一定程度上可以帮助牧草散播种子，是高原生态系统生物链中的重要环节。草场承包到户后，由于一些草场的过度利用导致了草场的严重退化。为了推进草场恢复，国家实施"禁牧封育"，并建造封禁围栏，禁止放牧。这样牲畜都无法进入，长出地表的牧草没有被牲畜啃食和踩踏，植物残株难以在高寒环境下腐烂降解，不能及时形成风化壳，生态恢复就不会太明显。更为严重的是，很多牧草需要动物来播种，比如马粪。而现在牲畜进不去了，虽然牧草不再经受过度消费，但是同时也失去了种子散播的机会。政府

---

① 皇甫睿. 藏北高原的"清道夫"——生态人类学视角下的西藏牛粪文化 [J]. 广西民族研究，2021（3）：87-94.

花费了巨额成本封禁草场，但是这些投资不仅没有转化为生产力，也没有达到恢复草场生态的目的。

最后，其实牲畜的放牧半径非常广，马的放牧半径约为 80 公里，牛约为 50～60 公里，羊超过 20 公里，牧民也必须随着牲畜一起长途跋涉，否则就无法控制畜群。草场承包到户后，马和牛这类放牧半径太大的牲畜在承包区域内很难被养活，只能大大减少其数量，特别是减少马的数量。高原草原上暴风雪天气多而漫长，冬季放牧必须马先开路，用马蹄掀翻表层的雪，以供牛羊食用；而随着马匹数量的减少，冬季放牧难度加大，一旦遭遇暴风雪天气，牲畜就会大片面积受灾。

西藏草原生态系统退化，引发很多生态问题，其实是近代才开始出现的。特别是进入 21 世纪以后，西藏全区草场退化面积已经扩大到七个市（区），藏北地区草场的退化是最为严重的。其中，那曲地区草场的退化面积最大。2017 年，那曲地区草原退化面积（包含沙化和盐渍化）达 6.05 亿亩，约占全区退化草场总面积的 40 %，如表 3-3-1、表 3-3-2、表 3-3-3 所示。虽然已经采取了很多治理手段，也推出了很多治理措施，但是藏区草场沙化、盐渍化的现象一直没有得到有效控制，仍在不断蔓延。

表 3-3-1　2017 年草原面积、产草量及载畜量统计表 [1]

（单位：万亩、千克 / 亩、万千克、万羊）

统计项目	行政区划	
	那曲市	班戈县
草原面积	132302.29	3630.93
草原可利用面积	115748.82	3434.97
鲜草单产	67.31	59.32
鲜草总产	7790686.26	203751.12
干草单产	24.47	21.65
干草总产	2832508.89	74369.16
暖季载畜量	3580.44	94.50
冷季载畜量	2974.16	78.63
全年载畜量	3213.72	83.30

---

[1] 西藏自治区农牧厅 . 西藏自治区草原资源与生态统计资料 [M]. 北京：中国农业出版社，2017.

表 3-3-2　2017 年草原退化（含沙化、盐渍化）情况统计总表[①]

（单位：万亩、%）

统计项目			行政区划	
			那曲市	班戈县
草原退化	退化草原	面积	35333.12	2103.68
		占草原面积	26.71	57.94
	轻度退化	面积	22245.26	886.09
		占草原面积	16.81	24.40
	中度退化	面积	10159.36	1023.24
		占草原面积	7.68	28.18
	重度退化	面积	2928.50	194.36
		占草原面积	2.21	5.35

表 3-3-3　2017 年草原退化、沙化、盐渍化情况统计表[②]

（单位：万亩、%）

统计项目			行政区划	
			那曲市	班戈县
退化草原	轻度退化	面积	19551.40	750.31
		占草原面积	14.78	20.66
	中度退化	面积	8223.36	923.80
		占草原面积	6.22	25.44
	重度退化	面积	1638.83	89.06
		占草原面积	1.24	2.45
	小计	面积	29413.59	1763.17
		占草原面积	22.23	48.56

---

① 西藏自治区农牧厅 . 西藏自治区草原资源与生态统计资料 [M]. 北京：中国农业出版社，2017.

② 西藏自治区农牧厅 . 西藏自治区草原资源与生态统计资料 [M]. 北京：中国农业出版社，2017.

统计项目			行政区划	
			那曲市	班戈县
沙化草原	轻度沙化	面积	1631.77	82.61
		占草原面积	1.23	2.28
	中度沙化	面积	828.27	54.92
		占草原面积	0.63	1.51
	重度沙化	面积	511.74	26.65
		占草原面积	0.39	0.73
	小计	面积	2971.77	164.18
		占草原面积	2.25	4.52
盐渍化草原	轻度盐渍化	面积	1062.10	53.17
		占草原面积	0.80	1.46
	中度盐渍化	面积	1107.73	44.52
		占草原面积	0.84	1.23
	重度盐渍化	面积	777.93	78.64
		占草原面积	0.59	2.17
	小计	面积	2947.76	176.34
		占草原面积	2.23	4.86

　　不可否认的是，进入现代社会后，牧民的不当放牧行为、过度的资源开采、外来文化的冲击等因素都从不同角度、不同程度导致了草原生态系统被破坏。但是，这些行为之所以产生，草原生态系统之所以开始退化，其根源在于现代社会制度与观念打破了青藏高原牧民传统的生产生活方式，使得各种文化因子处于无序状态。草场承包经营制度是一种将草场细碎化分割利用的方式。但是，综合国内外畜牧业的历史与经验，要想提高草场经济效益，实现牲畜增产，解决草场规模化、整体化的利用问题是无法回避的。因此，草场使用权的集中利用与整合，是畜牧业可持续发展的基本前提。当下，人们应该尽力推动草场使用权由分散经营到集中经营制度的转型，才能保障草场生态资源的可持续利用，也才能确保现代畜牧业的可持续发展。

二、侗族林地制度的变革

生息于清水江流域的侗族人民，千百年来以"人工营林"为其主业。他们在人工营林间种粮食作物的行为，被称为"林粮间作"的生计方式。家庭联产承包责任制实施以前，这些侗族村寨的林地所有权属村寨家族共有，林地的使用权较为灵活，村寨家族的小家庭成员都可利用这些林地。"近五个世纪以来，侗族人工营林业有了规模性的发展，并孕育出一批具有商业资本性质的巨富"。[①] 清水江流域经营人工营林的侗族人民曾经富甲一方，商贾云集，经济十分繁华，于清朝乾隆年间达到顶峰。清水江三门塘的碑刻记载："诸峰来朝，势若星拱，清河环下，碧浪排空，昼则舟楫上下，夜则渔火辉煌，天地之灵秀，无处不钟矣！"之所以出现如此繁荣的局面，从某种意义上说得益于当地的林地制度与人工营林业特征相适应。人工营林业的基本特征表现在以下几个方面。

首先，人工营林业生产周期长。"十年树木，百年树人"，充分说明一般林木比农作物的生长周期长，短则十年，长则可达半个世纪。杉树的自然生长周期为15~20年，一般经营杉树林的农户多砍伐已满20年的杉树以出售。清水江流域的侗族人民世代经营人工杉树林，他们充分利用当地的生态环境积累总结出丰富的杉树种植速成技术，大大缩减了杉树的生长周期，但是最短也需要8年左右。这比一年一熟、一年两熟的稻田农作物的生长周期仍然长很多。针对生长周期过长的产业，就需要分批分片连续、错开进行，这样才能保证有连续收获，而且对于这一类产业的长期可持续发展至关重要。侗族传统的村寨家族享有林地的所有权，共有的林地不允许个人或家庭独自出售、租赁，产权的变更需要经过全村寨家族的同意。因此，这在一定程度上保证了林地所有权的稳定，也使得人工营林业长期稳定地运行。家庭联产承包责任制实施后，将原有整体成片的林地细碎化分块到户，林地范围受限，农户一次种植，再快也只能待到8年以后才能获得经济效益。

其次，人工营林业生产规模大。与稻田农作业不同，一亩三分地即可收获颇丰，夫妻二人共同劳作分工即可完成生产。人工营林业由于林木的生长周期过长，为了保证生产的连续性、劳动的均衡性和产出的不间断性，就需要按照不同的生长阶段进行分片、分块管理。但是，每个阶段劳动力投入是不均衡的，如果林地

---

① 贵州省编辑组 . 侗族社会历史调查 [M]. 贵阳：贵州民族出版社，1988.

面积太少、林木规模太小，加之林木的年积量十分有限，就会导致经济效益低下，林农可能连基本生计都无法维持。显然，村寨家族林地所有权公有制保证了侗民拥有充足的林地面积、杉木的生产规模，以及系统性的劳动力投入。而林地承包到户，使得每一户林农分到的林地面积减少，增加了林农种植的成本，削减了林农的生产效益。

再次，人工营林业是多项目的综合产业。杉树林的培育有不同的生长阶段，侗族林农会巧妙地利用不同阶段的林间空地种植粮食作物。这种模式的人工营林不仅可供侗民收获主产品——批量的原木，而且侗民在其间兼营狩猎采集、农作物种植等经济活动以收获粮食和其他林副产品。村寨家族林地公有制对侗族人工营林多项目的综合性产业的发展起到了积极作用，使得林间其他产业与林业高度适应与兼容。即便是对当下深化人工营林的集约化、现代化发展，也仍然具有现实价值和制度保障。然而，一旦林地使用权分配到户，所谓现代人工营林产品向工业化转型的构想，将难以实现。

最后，人工营林业需要全封闭作业。林区面积广泛，而且除了林木产品，还有很多丰富的林副产品，包括药材、粮食、野生动植物等资源。如果林区不采取封闭作业管理，这些资源的盗采盗伐就无法避免。不仅损害林农的经济收益，而且可能造成对林区生态环境的破坏，还有误入林区的人实施的不当行为也很容易引发林区火灾。据不完全统计，到目前为止，很多侗族林区发生的火灾绝大部分是人为性灾害。这些现象在 20 世纪 80 年代表现得极为突出。由于林区产权承包到户，林区与稻田混杂，特别是在改革开放的经济大潮中，各地的投机商贩潜入林区盗购林木、牟取暴利，这才是破坏林区的万恶之源。

清水江流域侗族人工营林业的传统林地制度与上述特征是高度适应的。

其一，整套林木生产过程，主要依靠各村寨的习惯法来组织和维系。生产过程不仅井然有序，而且可以大大降低管理和监督的成本。虽说现在国家限制砍伐林木的数量，但是毕竟是村户自家的林地，完全依靠国家来监督管理，很难达到理想的效果。而通过村寨内部的习惯法来组织、监督和管理则完全不同。村寨内部的习惯法极为严厉，包括盗伐盗采、无意造成的山火蔓延、林木养护期间捡拾枯死干柴等行为都会受到惩罚。无论是谁触犯，都会在寨老或族长的主持、组织下对一切违反习惯法的行为实施严格裁处，不容许任何宽宥。

其二，以家族村寨为基本生产单位，而非以核心家庭为生产单位。前文已提及人工营林的特征，其生产过程具有规模性、组织性，如果以单个家庭为基本生产单位，就很难取得较高的经济效益。从另一个视角来看，这种基层生产组织单位可在一定程度上避免个体家庭或者个人出现盗采盗伐行为。生产的产品并不是由某一个家庭或个人独有，所以林木的生产过程实际上也是一种相互监督管理的过程，大大节约了通过外部力量来进行监督管理的成本费用，而且十分有效。

其三，林地使用权具有连续性。人工营林产业的生产周期很长，所以林地使用权的稳定对本项产业的经营至关重要。与稻田农业有着本质性的区别，农作物一般一年一熟或一年两熟、一年三熟，生产周期很短，家庭联产承包责任制的有限承包年限与这类生产活动是相互适应的，以家庭为基本生产单位，一夫一妻是可以完成农耕生产的。而人工营林的生产仅靠一夫一妻的小家庭成员是难以完成大规模的林业生产的，劳动力严重不足。这里的林地所有权和使用权均归家族村寨共有，而且使用权在家族村寨共有的基础上，各小家庭都可以灵活使用林地，在很大程度上保障了清水江流域的人工营林产业能够成为千百年来的世代家族产业。

其四，具有综合性的技术系统。侗族的人工营林在育林期间执行的是"林粮间作"技术系统。这种操作有利于在不同阶段对树林进行管护，包括清除林间杂树、纯化林区树种、幼树提早封林、防治病虫害等；有利于提高粮食产量，补充粮食供给；有利于保持和提高土壤的肥力，间种旱地作物的同时保持土壤疏松、透气透水，家养牲畜以及野生动物在林间活动，产生的粪便又可给土壤提供养分。此外，在林区不同的培育阶段，都会有相应的操作，在某种程度上也起到了对林区的监督和管理，节省了安排专人监督管理的人力成本。

其五，有深厚的文化支撑背景。任何来自生产单位外部力量的生产、监督与管理，都是一种被动型的治理。而侗族的人工营林业是多民族协调经营的族际互补结构，结构内的成员既是生产者、监督者，也是管理者，具有一种自组织性的经营模式，因此拥有共同的文化认同。苗族人居住在人工营林区的上方，位于高山区原始林和草坡地带。苗族的斯威顿耕作技术（游耕）被引用到侗族林区，形成了独具特色的"林粮间作"模式；苗族人饲养的牛，为侗族林区役用耕畜提供了补给。侗族的相关林木种植技术和资金等资源也为苗族提供了有力帮助。外来的汉族则成为侗族林区林木产品、林副产品的销售者和运输者，同时侗族的林木业也孕育出一批汉族林业资本家。在很长的历史时期内，清水江流域基本完成了营林、采伐、集运、外销的一条龙联合式经营产业链，并保障了该产业链的长期稳定性。各村寨很多家族的林地产业在土地承包到户之前，都持续稳定地经营了上百年，甚至几百年。

　　家庭联产承包责任制与农耕作业是相互适应的，自从实施该制度后，中国广大农区农户的生产积极性大大提高，生活水平大大改善。但是，由于人工营林业与农耕两种业态有着本质性的差别，同样实施承包到户制度，其效果却截然不同。作者曾在贵州天柱县东南部的坌处镇四康村抱塘寨小住了一段时间。抱塘寨位于湘黔苗侗四十八寨腹地，距镇政府 5 公里，距县城 45 公里，西出 6 公里即到清水江畔三门塘码头，一条古驿道从村子东面一直延伸到湖南靖州县大堡子镇。这里属于中亚热带湿润气候，处于地山丘陵地带，群山环抱。农田和山地都已包产到户，这样每家分到的土地面积十分有限。田里种植的水稻属一季稻，八月抽穗，市场卖价才 2 元多 / 斤，村里种有水稻的农户一般都是留着自家吃。大部分留在村里的农户还是以经营人工营林为主要生计方式，但是国家规定的每年砍伐指标有限，仅靠售卖杉树的收入根本不足以养活全家。国家规定，要采伐木材出售必须要办理林木采伐许可证，就是砍伐自家山林的林木也需要办理林木采伐许可证，否则涉嫌滥伐林木罪。国家这样做的目的就是控制林区的林木采伐量，以保护森林资源。办理采伐证需要缴纳相应费用，一般有两种收费方式：育林费，是木材价格的 15 %；设计费，各地不一样，但费用很少，最关键的是有无采伐指标。一般杉树收购商手上都持有采伐许可证，他们来到林区以低价收购，高价卖出。有的人因为没有砍伐指标而办不到砍伐证，有时就会选在夜间偷伐，然后拖走出售。杉木出售价在 600～1 000 元 / 方，一般一山约七八亩的杉树林地可卖五六万元。

　　抱塘村村民吴二东，家里两兄弟，均已成家育子。他大哥一家在外打工，吴二东与年迈父母住在村里，一家五口的基本收入：卖杉树约 2 万元 / 年，老父亲做零工 5 000 元 / 年，其他林副产品收入约 1 万元 / 年。由于收入太低，他两口子在广东打工几年，孩子留给爷爷奶奶带。在外面打工收入稍高一些，但是消费很高，一年也存不到什么钱，还照顾不到家里。后面吴二东在广西学会了养蜂技术，回到村里养蜂。生意好的时候，卖蜂蜜可卖到约 5～6 万元 / 年，但收入不稳定，没有自己的销售渠道和资源。有一天晚上，作者和师妹一起被邀请去他家吃晚餐，同时他们还宴请了几位玩得好的年轻小伙子。第二天，作者去他家买蜂蜜，发现吴二东垂头丧气的，作者向他妻子问明缘由。原来，那几位年轻小伙子是吴二东专门请来帮忙的。就在吃饭那天，吴二东和那几位小伙子深夜上自家杉树林一起砍伐杉木，准备拖出去售卖，以补贴一些家用。结果，在出村的路口被林业局管理人员拦住，不仅没收了所有砍伐的杉木，而且被罚款 5 000 元。

曾经富甲一方的抱塘寨，还有整个清水江流域的村寨，现在几乎都成为贫困地区。清中期时，抱塘寨特别繁华，主要经营木材生意。抱塘寨正好位于天柱县至湖南靖县中间的位置，交通全靠马驮，中途都会在抱塘寨歇一晚。抱塘寨既做木材生意又做客栈生意，当时人口也多，达到 360 户，可谓商贾云集、人财两旺。当时都放排至三门溪（水路约 7 公里），再至湖南。一般分两层，底排串 5 根木头，上排串 3～4 根木头，一次扎 9 根，运到三门溪后由收购商再扎成大排继续运往其他地方。清水江流域村寨至今遗存的窨子屋（图 3-3-1、图 3-3-2、图 3-3-3）、祠堂（图 3-3-5、图 3-3-6）的建筑风格都展现了一种多文化的聚合，也印证了当年的繁华景象。站在三门溪码头，作者脑海里出现的是当年络绎不绝运输木材的船只。当年寨上开设木行（图 3-3-4）、肉摊布店、饭馆旅店、米铺百货，人来人往，至今窨子屋和百年民房里留有的木商"斧印"仍然清晰可辨。当年清水江流域的繁荣兴盛似乎历历在目，民谣所传的"三门塘的金子银子，抱塘的窨子，中寨的谷子，偏坡寨的木夫子，蔡溪的棍子"正是这段辉煌历史的见证。

图 3-3-1　抱塘寨潘家窨子屋图

3-3-2 抱塘寨粟家窨子屋　　　　　　图 3-3-3 三门塘刘家窨子屋

图 3-3-4 三门塘木商驿站

图 3-3-5　抱塘寨吴氏宗祠

图 3-3-6　远口镇吴氏宗祠

　　土地的家庭承包制度，把需要大规模连片经营的林地人为地分割为小块，并承包到各户，使得人工营林业具备的行业生产基础——规模化、综合性、长周期性、封闭性等被全部摧毁。规模化和综合性达不到要求，不仅会大大减少林户的经济收入，还会导致对生态环境的破坏，以及增加监督管理的成本和难度。长周期性和封闭性的要求不能得到满足，会导致人工营林业生产的不稳定性，也会影响人工营林业的经济效益。下面是作者在抱塘寨村民吴远亮家见到的一份承包造林合同：

承包土地造林合同书

　　垒处镇大山村有一块土地在抱塘村境内，地名：谬冲照耙田，四抵分明：上抵岭，下抵田竹林至龙塘山，左抵岭抱塘山，右抵岭抱塘才成等户山。根据互利共赢的原则，经大山村第三组、第四组（12户山）、六组代表与抱塘村承包方代表协商，同意将此山承包给吴远亮、吴述能等户造林，分配方案2：8分成，山主20%，造林方80%，承包期限三十年。另外，山主原有承包合同和其他协议手续，承包方一概不论可，一切纠纷由山主负责。从签订合同之日起生效，合同书二份，各执一份为据。

　　注：谬冲照耙田大山村（又名界木塝），在林树成林后，出售时，要经山主及造林方共同协商同意出售。

　　　　　　　　　　　　　　　　　　　　2009 年 12 月 30 日立

大山村代表签字：　　　　　　　　　　造林方：吴远亮、吴远能
舒培忠、舒培兴、舒培灿、舒培修、
舒培强、舒培吉、舒培荣

　　根据这份合同不难看出，林地的使用权是相对不稳定的，这很不利于人工营林业的经营。合同的承包期限为30年，对于农耕而言，这个期限是不会影响农作物生产的，因为农作物的生产周期短；而对于生产周期长的人工营林业来说，这个30年的期限也就包含一两个周期而已，产生的经济效益如何才能得到保障呢？而且这个承包期限没有硬性标准，只要在国家法律允许的范围内，林户之间是可以相互约定的，可长可短。不仅如此，承包转让是自愿的，也是自由的，一旦约定的承包期限到期，当事人根本无法确保承包合同的续期。其实，这对于整体的人工营林业的可持续发展也是不利的，与之相关的生产、运输、销售等产业链条都会不稳定，也难以形成成熟的产业体系。

三、小结

奥斯特罗姆认为，对于公共资源的治理，最主要的是解决供给、承诺和监督三个问题。如何能够确保公共资源可以持续不断地得到供给，其间最大的障碍就是如何杜绝"搭便车"现象。"任何时候，一个人只要不被排斥在分享由他人努力所带来的利益之外，就没有动力为共同的利益做贡献，而只会选择做一个搭便车者。如果所有的参与人都选择搭便车，就不会产生集体利益。然而，如果搭便车的诱惑支配了决策的进程，最终的结局将是任何人都不希望的"。①搭便车实质上是一种动机问题，一旦产生搭便车的动机，就会逐渐削弱集体的利益。因此，针对动机问题所采取的应对手段也应该是观念认同。罗伯特·贝茨（Robert Bates）提出，人们对制度问题的关心，"并不是反对理性选择的观念，而是努力去理解个人的理性如何与社会的理性相一致"②。显然，在贝茨看来，杜绝搭便车动机产生的最佳手段，是建立一套可信任的社群观念。一群参与人要想组织起来在获取公共资源的过程中保证集体利益的长期性，就需要解决承诺问题。参与人会建立一套严格的制度规定，参与其间的每一个人能够在何时、何地、以何种方式占有多少公共资源，必须贡献多少劳动、物资、技术等。如果每一位参与人都能够遵循这些规则，就会减少冲突的发生，资源系统才会存续下去。这是一种绝对的理想状态，每一位参与人都能够自发、自觉地遵守这些规则。然而，一旦制度本身存在监督漏洞，或者受到外部极强的利益诱惑，仅靠制度本身来监管每一位参与者也是达不到理想效果的。因为总有人为了利益的诱惑，而选择投机、冒险的搭便车手段。这样的话，要想解决好承诺问题就得依靠外部的强制力量干预，而干预的方式就是实行严格的监督管理。因为制度的监管总是被动型的，有越严厉的监管，效果才会越好。因此，解决承诺问题的前提是先解决好监督问题。所有参与人共同建立的制度，实际上是一套工作规则的组合，规定了所有参与人应该允许、禁止或被限制的具体内容和信息。这套制度应该被视为，在人们采取何种行动时而选择实际使用的、需要监督和强制实施的规则。供给、承诺和监督三

①埃莉诺·奥斯特罗姆. 公共事物的治理之道 [M]. 余逊达，陈旭东，译. 上海：上海译文出版社，2012.

②Bates，R.H.Contra Contractarianism：Some Reflections on the New Institutionalism[J]. Politics and Society，1988（16）：387-401.

个问题彼此之间是相互联系的，又是相互限制的。只有同时解决好这三方面的问题，才能治理好公共资源，才能确保兼顾公共资源的可持续维护和利用。

针对当下的"公地悲剧"，相关学者建议由国家对绝大多数公共生态资源实行管控，即国家治理。由于国家具有使用武力的垄断权，"便能采用强制机制作为组织各种生产集体利益的人类活动的基本机制；统治者以严厉的制裁相威胁，从资源所有者那里获取税收、劳动或其他资源"[①]，这一过程中所产生的剩余归国家所有。从某种程度上来说，国家治理很好地解决了承诺和监督的问题，但也存在一定社会风险。倘若相应的国家统治阶层开明，必然将收获的剩余以不同的方式来提高国民的整体生活水平；若统治阶层所施用的政策具有较强的压制性，就很容易出现动乱和反叛。国家治理模式具有一定的被动性，国家治理的逻辑起点是制止违反规则行为的发生，以及惩罚违反规则的行为，并不是主动地使公共生态资源产生内部动力，可持续地提供源源不断的资源。也有学者建议对公共生态资源实行私有化管控，即企业化治理。在这种治理模式中，企业家会与各种参与者进行协商以达成某种合作模式，而每一位愿意参与的参与者仅是企业家的代理人，会在企业家的各种激励机制下有效地组织活动。但是，活动中产生的大量剩余归企业家所有，当然其间产生的任何风险也是由企业家来承担，这样企业家组织活动的积极性是最高的。这种模式最大的风险在于，企业家代表的是追逐个体的绝对利益，企业的行为在本质上具有短期性、利益最大化、投入最小化的特点。这就意味着企业会尽最大的努力去利用特定公共生态资源带来的经济利益，一旦利用完毕，就会将目标转向其他资源。企业的生产项目是具有生命周期的，任何项目都会经历产生、发展、成熟、衰退、消亡的阶段，而这与人们进行公共生态资源治理的初衷是相违背的。此外，国家治理和企业化治理存在共同的弊端，即"都是由一个局外人对合作活动所必需的制度规则的供给承担首要责任"[②]，最终产生的后果与风险就只能由这个局外人来承担责任。所以，他们必然采取严厉的惩罚制度来惩戒违反规则的个体，同时个体受到惩罚的代价也是国家和企业的利益所在。使用这类模式，一方面会导致组织者与参与个体之间的社会关系较为紧张；

---

① 埃莉诺·奥斯特罗姆. 公共事物的治理之道 [M]. 余逊达，陈旭东，译. 上海：上海译文出版社，2012.

② 埃莉诺·奥斯特罗姆. 公共事物的治理之道 [M]. 余逊达，陈旭东，译. 上海：上海译文出版社，2012.

另一方面，对于个体参与者而言，收益与风险的承担者都不是自己，而他们作为一线的直接参与者绝对不会最大限度地去发挥自身的主观能动性。当行为者、受益者、监管者、承担责任者都没有达到高度的统一时，国家治理和企业化治理只是被动治理，是很难治理好公共资源的。

国内外的实践表明，无论是国家治理还是企业化治理，在个人以长期的、建设性的方式使用公共生态资源方面，均未取得成功；而许多社群借助自身团体的自组织治理模式，却成功实现了对公共生态资源的适度治理。不可忽视的是，公共资源单位具有可分性和可操作性，将草场资源所有权和使用权分离的做法是客观、有效的。但是，人类无法改变公共生态资源系统的共享性特征，所以人们要充分尊重自然规律，也要充分考虑对其进行的整体性利用。而参与其间的各民族团体成员对其所处自然生态系统中的公共生态资源的特性是最为熟悉和了解的，他们明白公共生态资源对于他们生存繁衍的重要性。基于此，在长期的社会交往和与生态的互动中，他们逐渐形成了对文化生态认知的共同基础，在某种程度上也形成了共同的价值观和世界观。有了这套可信任的共同观念，必然在很大程度上、在主观意愿上减少甚至杜绝"搭便车"动机的产生。团体中的全体成员都是制度的制定者，相互之间也同时是监督者。各个传统民族团体内部的乡规民约、自组织制度等对每一位成员都有着强有力的制约性。有了这类制度保障，各个成员将供给、承诺和监督都纳入了同一框架体系，达到空前的高度统一，这才是各民族团体自组织治理模式的最大优越性所在。上文提及的藏族的传统草地制度和侗族的传统林地制度，正是自组织治理模式的典型代表。

第四章 生态资源维护的现代建构

人类社会如果一味追求采取同样的资源利用方式，必然导致与一些自然生态系统类型的不相兼容，一旦触碰自然生态系统的生态脆弱环节，就很容易引发生态问题。本章为生态资源维护的现代建构，主要介绍三部分内容，分别是立足本土模型、建构跨学科对话平台和传统资源利用方式的转型升级。

第一节 立足本土模型

鉴于传统文化所具有的生态维护价值，充分挖掘其间隐含的生态脆弱环节、抗御风险适应、维护生物物种间的制衡等方面的内容，从而对当地生态系统有一个全面、有效的认识，借以建构现代化背景下的生态维护措施和生态治理手段。在世界经济一体化的今天，人类社会试图将社会群体之间天然的差异变得越来越小，控制和利用生态资源的种类和方式也越来越趋同。这样的发展思路是危险的，可能会导致原本生态资源分布不均和生态资源总量有限的地球生命体系突破其所能承载的极限。在这样的社会背景下，人们对基于传统文化而形成的本土模型的失之偏颇的认知亟待澄清。

一、本土模型的高度适应性

区域资源环境差异与民族文化差异，不仅使各民族的经济活动内容不同，而且使其民族经济活动的方式、道路选择也各不相同。因此，社会经济的发展是一种物质资源的变动关系，当然会受到不同民族特定文化价值标准的制约。这就意味着，如果要改变特定民族利用资源的方式，并不仅仅是改变生计方式，而是要改变具有厚重历史积淀的相关文化配套系统，包括经济、文化、观念、技术、人际关系、组织制度等各个方面。

以辽阔高原地区为主体的北方草原生态系统，平均海拔 1 000 米，山脉较少，以平坦草原为中心，夹杂有低山丘陵、戈壁、沙漠等地貌类型。植被以草本植物为主，内外河流均有，湖泊众多，易于迁徙和放牧。游牧民族对生态资源的选择，是基于农业生态资源匮乏的结果。因而，在这样的草原生态环境下，蒙古族居民逐渐形成了独具地方特色的游牧生计。游牧民族利用食草动物的生物属性，将广阔草原生态系统中人类无法直接利用的植物资源转化为人类可直接利用的肉类、皮毛类、乳制品类等生活必需品。人类在其过程中的劳动投入则表现为对劳动生产对象的看管与照顾。这样的生计方式和经济活动必然具有粗放性、流动性和交换性的特点。生产的粗放性则要求以更为广阔的草场储备作为必要条件。一方面，游牧民族必然选择以家庭为基本生产单位的小规模生产群体，即以分散避免经济风险；另一方面，他们又不得不组合成以血缘为纽带的氏族部落以应对生态资源的多变性与不稳定性。看似分散的小家庭生产单位，在实际生产过程中由于氏族部落内部长期的合作互助而产生极强的依赖性和社会凝聚力，进而形成了无可替代的文化背景支撑，具有极强的社会动员效力。由于气候变幻无常，水草资源分散且分布不均等不稳定、不确定的自然因素限制，游牧民族不得不通过移动方式来确保牲畜在各个季节都有充足的草料，生产过程必然表现为流动性。游牧民族为了保障牲畜能够在广阔的草原，在各个季节找到适宜的生存环境，必须要求牧民对草原整体的生态环境、气候环境和资源环境了如指掌，他们才可以随意突破"各种空间的、社会的和意识形态的边界，而常常穿梭和游离在多种边界交错和并存地带"[1]。所以，这样的资源利用方式乃至整个游牧民族社会的存在都具有高度的生态适应性。游牧民族所构建的基于生物模式且具有频繁流动性的经济模式，最大的缺陷就是无法在其内部实现自给自足，具体表现为生活资料的不足，包括粮食、衣料等生活必需物资品。因此，通过交换以获得辅助性物资则成为游牧民族最合适的选择。比如，很多西藏牧区的牧民将游牧过程中收获的盐、牛粪等物资与外部团体进行交换以获取日常所需。显然，游牧民族在利用生态资源过程中所形成的上述三个特点，完全是高度适应草原生态系统的产物。

华北平原地势平坦辽阔，平均海拔不及百米。由黄河、淮河、海河、滦河等河流汇集大量泥沙沉淀，进而形成冲积平原地貌，属暖温带季风气候。这一地区

———————
① 陈庆德，潘春梅，等．经济人类学 [M]．北京：人民出版社，2012.

平均气温较高，水源充沛，土壤深厚且肥沃，适宜喜温抗旱作物的生长。农耕民族居住的环境不仅有丰富的土地资源，也有丰富的物种资源。故而，这些地区的汉族居民逐渐形成传统的固定农耕生计方式。农耕民族生产生活的核心工作需要聚焦于持续地保持土壤肥力，这样的生计方式和经济活动类型表现出复合性、精细性、稳定性的系统特征。农耕生计方式最突出的特点就是复合性，"特定农作物的丰收成为经济活动的中心，围绕着这一中心，从丛林、泉源、火烧地到村庄，从人们的行为、观念到生产劳作，到社会生活，以至到祭祀仪式、节庆等等，所有事情都围绕这一中心来构组，所有行为或是依凭于系列的有用性，或是借助于符号意义的不同方式，相互联结为一个整体性的行为系统"①。一方面，农作物耕作具有的固定性，使得农民必然选择定居的生活方式，只要有相应的劳动投入，一年获得收成的可能性就很大。另一方面，农耕当然也会受到自然环境等因素的限制，农民需要承担来自自然界的风险和家庭经济脆弱的经济风险，农民还会在农业生产的间隙，根据所处生态系统所能提供的可利用的生态资源，以家庭为基本单位从事各种家畜养殖业或者其他副业，在一定范围内进行市场交易，以规避自然风险和经济风险。因此，在特定的地域范围内可以基本实现生产生活的自给自足，足以表现出这类经济样式的复合多元性。农耕民族的精耕细作性是相对于游牧民族生产的粗放性特点而言的。农作物的耕种不需要过于宽广的土地资源，也不需要大规模的团体作业，农耕民族仅需选择以家庭为基本生产单位，即可实现生产目标。农民是直接生产者和劳动者，所以要想在特定时节有所收获，必然要求其在限定的土地范围内，对劳作对象精耕细作、精心呵护，甚至如同对待家人一般。任何细小的失误或者耽误了农时，都会影响一年的劳动成果。精细的耕作方式、农历节气、祭祀仪式等都是围绕农业生产而形成的文化体系。农民完成对特定一种或几种植物的驯化，难度比对动物的驯化要小。土地是固定的，生长的植物也不会随意移动，所以植物的生长环境相对固定，没有动物的活动范围广。由此而形成的定居生活使得农民与村寨团体内部、集市手工业者、商人等之间形成了一种相对稳定的关系格局；其家庭生活的自给性指向也使其日常劳作固定为"耕织结合"的劳动形式。

南方少数民族生息于亚热带山地丛林生态环境之中，平均海拔较高，山多地

---

① 陈庆德，潘春梅. 经济人类学 [M]. 北京：人民出版社，2012.

少，沟壑纵横，植被茂密，降水量充沛，且气候湿热，生物多样性极为丰富。这里的百越民族逐渐形成了传统的斯威顿生计方式（又称游耕生计方式）。民族学家们将传统斯威顿生计类型细分为高寒山区旱地耕作样式、中山旱地耕作样式和低山坝区的稻田耕作样式。

上述内容可归为本土模型对其所处自然生态环境的常态适应。人类为了自身团体的生存与繁衍，必然会对所处自然生态环境进行对己有利的改性，而克服不利的方面。当然，这样的改性也不可能随心所欲，始终会受到自然生态系统的限制，这是一种文化与生态在互动过程中产生的矛盾。矛盾的长期互动一旦定型，就构成了特定民族团体适应所处自然生态环境的常态适应。这些构成常态适应的内容往往从一系列资源利用、资源控制和适度改性中得到充分体现，最为核心的目标就是尽量绕开或者规避所处自然生态系统中的生态脆弱环节。任何外来者进入这些地区，即便是长时段地居住此地，也很难观察到这些自然存在的生态脆弱环节。当地的民族团体成员经过世代努力和积累才得以将生态脆弱环节保护得很好，一般情况下，生态脆弱环节是隐而不显的。但是，如果按照外来者提供的方案或者手段来获取当地的生态资源，很有可能在有意或无意间破坏其生态脆弱环节，使生态系统打破原有的平衡，埋下生态隐患甚至直接导致生态退化或者生态灾变。

此外，本土模型的高度适应性还表现为具有极强的、抵御自然风险的能力。大自然中的很多自然因素都是不可控制、无法预料的，比如降水的波动、温度的变化、病虫害的爆发、气候的浮动等。任何民族团体都不可避免地要面对这些自然事实的发生，同样，经过超长历史时段的经验教训积累，各个民族团体都会作出相应的"抗风险适应"。内蒙古草原的降雪在年际间或者区域间都极不均衡。对于干旱荒漠草原而言，降雪有利于草原水资源的储备。但是，倘若冬季降雪量过大，牧草被全部覆盖，牲畜则无法觅食，蒙古族牧民将这样的自然灾害称为"白灾"。内蒙古牧民们主要通过"五畜放牧"的方式来应对"白灾"风险。"草原五畜"往往由马、骆驼、山羊、绵羊和牛五种固定牲畜组成。不仅如此，"草原五畜"组合有特定的比例，羊群中还要保留一定数量的成年老公羊，五畜的出行也有先后顺序。这样的搭配逐渐被固定下来，在平时并没有什么特别之处，甚至被人们轻易地忽视。然而，一旦遭遇"白灾"天气，畜群开路的是马，马可用马蹄轻易地扒开积雪，翻出枯草食用。不等马食用完，牧民继续驱赶马开路。后面牛羊跟上，食用马翻出的枯草，如果草料不够，马粪也可用作牛羊的饲料。羊群中保留一定数量的老公羊，并不是出于对经济价值的考虑，而是老公羊可以率领羊群跟上马的步伐。再比如，传统苗族的"无盖藏"文化中就蕴含着抵御自然风险的适应手段。传统苗族的游耕生计方式实际上是通过一定范围内的不断移动，于不同的季节、不同的时段在其所处的自然生态系统中获取各种生态资源，而并不会将劳动成果全部聚焦于特定的一种或者几种食物上。所以，传统苗族没有形成像汉族那样的"仓储"习俗，他们根据物候变换，使旱地耕作、狩猎采集相互配合，充分利用各种生态资源。大自然就是他们的硕大粮仓，即种即收，即收即用。定居方式是依据季节变化，在山上、山下灵活选择和切换。遇到灾荒之年，他们并不会因为没有仓储而犯愁，他们只需上山待上大半年。山上有大片精心维护的葛藤，挖不完的葛根完全可以帮助他们度荒，也可狩猎采集收获辅助性食物。

任何本土模型的形成都是与其所处自然生态环境在超长历史时段中高度适应的产物。它们的成效只有在生态脆弱环节被破坏、自然风险来临之时才会体现出来，具有很强的隐蔽性，确实给现代社会人们选择何种生态资源利用方式造成一定困难。所以，当务之急是要针对不同地区各民族对生态资源利用方式的本土模型进行及时挖掘、解读，以避免在新的社会背景下将各民族宝贵的经验摒弃。

二、本土模型的整体性

人们所说的本土模型，实际上是一个个区别于不同民族团体的、独立运行的"文化生态共同体"，是一个复合系统。该共同体中，两个主体是自然生态系统和民族成员，民族文化就是将这两个主体连接在一起的桥梁。民族成员为了本民族的生存与繁衍，需要凭借本民族文化对其所处的自然生态系统进行利己的改造、加工，从中获取所需的资源、能量与信息。那么，对于特定的民族团体而言，其对所处生态系统的依赖性极强。他们不仅要确保其利用方式能够获得所需资源，而且要确保其子孙后代有取之不尽、用之不竭的资源，其采用的资源利用手段必然蕴含利用与维护的内容。民族团体中的每一位成员都自觉地担任着生产者、受益者、监管者等角色，自发地建构共同体内部的组织制度，并使得整个文化生态共同体有序地、稳态地运行。所以，各民族成员既是资源利用的主体，又是生态维护的天然主体。现代社会在对这些地区的生态资源进行利用、开发的过程中，往往打破了这种文化生态共同体的整体性。引入第三方主体参与其间，并通过外来技术对特定区域的生态资源进行开发利用，不仅造成了对特定区域生态资源的过度消耗，而且导致了很多生态问题。出现问题后，又试图通过来自共同体外部的强制力进行监管和裁决。依靠强制力的监管，只是一种被动的管理。因为这种方式只能做到尽量减少对生态资源的消耗和利用，是对生态资源存量的保护，却不能保障生态资源的可持续性存在，不能保障生态资源的增量。比如，当下正在执行的退耕还林、封山育林等政策，就是让原来在森林中担任生产者、受益者和监管者身份的群体退出森林，给森林以喘息和恢复生机的空间和时间。这对于原始森林的恢复来说，至少目前是唯一有效的措施，因为原始森林本来就没有人类的干预，是属于纯粹的自然生态系统。可是，对于传统的人工营林复合系统来说，其本身就是人为干预的产物，属于次生生态系统，特定的民族群体在其间经过世代积累和磨合，与其所处的自然生态系统之间形成了一种稳定的、相互适应的耦合状态。他们在从这个共同体中获得相应生态资源的时候，既有对生态资源的利用，也有对生态资源的维护，因为他们知道，只有源源不断的生态资源供给才能保障本民族群体的生存与繁衍。现在要将这个群体从其中撤离出来，这样当生产者、受益者、监管者的主体身份被分离后，其内生驱动力就会消失，原本有机运行的文化生态共同体必然受阻，要想推动这个文化生态共同体继续向前运行，也必然要付出巨大的代价。所以，不能把作为共同体主体之一的民族成员，排挤到共同体边缘，甚至排拒在共同体之外。要去"理解弱势的民族群体在多大程度上真正接受或拒绝现存的世界秩序，以及如何从被排拒的边缘转变为参与的边缘。民族经济的可能性既生成于边缘参与主流的过程中，也强调了不同的民族共同体只有在参与中才能获得自我保护与生存的基本条件，也就是规定了边缘参与主流的必然性和必要性"[①]。所以，只有确保他们的主体地位，让他们以主体身份平等地参与到共同体运行中来，才能确保自然生态系统的稳态运行和生态资源的可持续利用，也才能保障民族成员的价值诉求和根本利益。

任何文化要素都不是孤立地存在于文化生态共同体之中的，各种文化要素错综复杂地构成了特定的结构关系。因此，其间的任何文化要素离开文化生态共同

---

① 陈庆德，潘春梅. 经济人类学 [M]. 北京：人民出版社，2012.

体都不能独立存活，更不可随意独立地套用于其他文化生态共同体。这些文化要素本身就带有深刻的文化烙印，如果要将相应技术或文化要素引入其他文化生态共同体，是不能生搬硬套具体的知识点或者技能形式的，而应该连同与之相关的文化要素，才能掌握其智慧精髓，才能保障生态资源的可持续利用。比如，厕所革命是在全国范围内引进冲水马桶，其使用便利，一冲即走。但是，我们忽视了使用冲水马桶的配套要素。首先是自然条件的限制，需要满足适宜温度、充足水资源，否则在极寒地区安装冲便器容易导致水管和储水器冰冻，而干旱地区不能保障水资源供给。其次是人口分布的密疏会影响粪污的集运，不能只考虑安装便器，而要考虑厕改系统的整体性与持续性。再次就是文化背景的支撑问题，要考虑到使用便器的群体所专属的文化团体，是否与他们的共同认知和观念相互违背，否则无法获得积极的响应和动员。特别是冲水马桶是西方文化的产物，其引进到我国多民族地区，必然存在文化适应的问题。

三、传统与现代的非二元对立性

西方发展经济学"现代化理论"主张发展中国家和第三世界国家应该接受西方发达国家的先进技术、文化价值观等，完成"传统"向"现代"的转变，衍生出"传统—现代""边缘—主流"的二元对立理论思想，并冠以"发展"的名号来实现这一转变。按照西方话语体系的标准，西方世界在第二次世界大战后，"发现"了亚洲、非洲和拉丁美洲的大规模贫困现象。"全球贫困问题化"带来了制定符合西方体系理念与标准的新战略，并认为消除贫困最好的方法就是经济增长，现代化则成为唯一能够摧毁传统的力量，现代与传统必然走到了二元对立的局面。他们笃信"现代"就是先进、富有，"传统"就是落后、贫穷。这一理论思想对亚洲、非洲和拉丁美洲也产生了深远的影响，为了消除贫困，亚洲等走上了西方模式的"发展主义"道路，拿起"现代"武器朝"传统"挥舞攻击。

现代社会人们的生存方式对传统的本土模型诟病最多的就是其产量低，并给其贴上了"低效"与"贫穷"的标签。其实，人类一切行为的基础都是为了获取其生存所需的资源、能量与信息。在自然生态系统基底特征的制约下，追求最高产量或者追求最低成本，成为人类的两种选择。现代社会则选择了追求最高产量，而传统社会选择的是追求最低成本。但实质上，现代社会的生产方式能够获得高产量的秘密武器是"增加更多的劳动"。"低产量的刀耕火种农业需要每家每年1000小时的劳动，而高产量的集约农业使这一劳动量提高到了5000小时"。[1] 但由于人类所能提供的劳动量有限，就不得不付出更多努力去突破技术的局限，以开发更为复杂的技术，才能保障连续不断的、高强度的劳动量投入。所以，技术进步其实隐含着人类生存基础的脆弱性，越是"先进"的生产技术，其资金门槛越高。所谓"原始农业体系的能源产出比是1:20；世界上能源使用最有效的中国和东南亚的水稻农业是1:50"[2]。在1952年后的20年间，西方世界将能源投入增加70%，却仅仅带来30%粮食增长的现代农业，被视为"高效"与"富裕"的象征，却为传统农业刻画出"低效"与"贫穷"的形象。显然，现代社会对现代生产方式的"先进性""高效率""高产量"的评价标准是片面的。传统的生产方式关注点集中在"低成本"循环利用的基点上，除了直接生产生活所需，其过程产生的废弃物又被重新循环利用，还有同时对生态环境的维护也付出了劳动量，但这些成本投入都没有被现代社会的生产方式纳入计算。真正的效率不是取决于总生产，而是应该取决于净生产。比如，在处于经济体系最高峰时期，美国使用40%的世界资源来供应不到6%的世界人口。资源消耗如此之多，而这些被消耗的资源却没有被纳入计算其生产总产量的成本投入。发达国家通过暴力、掠夺等手段对世界能源进行消耗，最终的能源成本却由全体纳税人和资源被掠夺地区的人们来承担。

目前，因受到发展主义思想的驱动，很多发展中国家在寻求自身经济发展模式的过程中，也必然选择了西方的发展模式，即现代化发展模式。但是，当这样的发展思路和指导思想应用到一些民族区域后，引发了始料未及的生态问题和社会问题。现在的西双版纳，沿途山上都是清一色的橡胶林，一到冬天，叶子落光，漫山遍野显得光秃秃的。通过查阅相关文献资料可知，西双版纳过去都是茂密的森林，其天然森林覆盖率在70%～80%。[3]20世纪50年代末，中国的橡胶极为短缺，植物学家煞费苦心打破了国际上"超过北纬17°就不能植胶"的论断，进

---

① 唐纳德·L·哈迪斯蒂.生态人类学 [M].郭凡，译.北京：文物出版社，2002.

② 克莱夫·庞廷.绿色世界史：环境与伟大文明的衰落 [M].王毅，张学广，译.上海：上海人民出版社，2002.

③ 周宗，胡绍云，谭应中.西双版纳大面积橡胶种植与生态环境影响 [J].云南环境科学，2006，25（z1）：67-69.

而成功解决了这一危机。橡胶引种成功后，西双版纳开始大片开辟橡胶园，截至2004年末，"全州橡胶种植面积已达到17.31万公顷，干胶产量达16.75万吨，是我国第二大橡胶生产基地"[①]。通过努力，当地的傣族、壮族、哈尼族、布朗族等都学会种植橡胶树，也掌握了烤胶技术，获得了一定的收入。因此，这些民族传统的、巧妙利用各种野生动植物的知识和技术技能体系的生计方式被搁置起来，以橡胶为中心的生计方式被抬到了显赫的地位，同时也解决了当时中国橡胶短的燃眉之急。但是，随着橡胶园的大面积开辟和种植，人们砍伐大量的原始森林以置换成橡胶林，使得西双版纳的天然森林覆盖率已下降到34%。后来国家为了维护南方地区的生态安全，也曾出台相关保护政策，控制橡胶林的种植规模，目前西双版纳境内国家保护的天然森林面积为24.23万公顷，约占全州土地面积的12.68%。

橡胶树本是热带雨林植物，在其生长过程中需要大量的水灌溉。西双版纳虽然降雨量很高，但也难以满足如此之多的橡胶树的种植需求。橡胶树一旦成林，就会使树下寸草不生，严重威胁到生物的多样性。加之烤胶片时还需消耗大量木材燃料，就得依靠砍伐森林来维持橡胶的生产。随着橡胶产业的不断扩大，西双版纳也开始出现井泉干枯、水源枯竭的现象，甚至有的山区连饮用水供给都成问题。除此之外，橡胶树容易染上橡胶蚧壳虫害。"自2002年2月首次在勐捧镇发现以来，到2004年9月21日，全州国营、民营橡胶树遭受蚧壳虫危害面积达40690公顷，占种植面积的25.3%。蚧壳虫在橡胶树上大面积危害，目前国内外未见报道，也没有相关技术储备，更无特效的防治方法，对橡胶种植业造成了较大的减产"[②]。加之橡胶的出售价格非常低廉，当地乡民这些年并不能维持较好的经济收益。此外，随着橡胶种植业发展壮大，带动了橡胶加工业的发展。"橡胶加工的同时带来了环境污染问题，主要污染物是制胶废水中的化学需氧量、氨氮、悬浮物、总磷等，2001至2004年全州制胶废水排放量占工业废水排放量的10%左右。制胶废水对澜沧江、补远江、南腊河、南阿河、南览河等多数河流水质有

---

① 周宗，胡绍云，谭应中.西双版纳大面积橡胶种植与生态环境影响[J].云南环境科学，2006，25（z1）：67-69.

② 周宗，胡绍云，谭应中.西双版纳大面积橡胶种植与生态环境影响[J].云南环境科学，2006，25（z1）：67-69.

一定的影响，使许多生活、生产用水受到不同程度的污染"。①

传统生计方式的目的在于保证基本生存和稳态延续，更多的是关注不同产品是否有产出，产出的多样化才能保证生存的稳定和防范风险，对产品的产量少有关注。例如，苗族的游耕生计的确是苗族民众在长期的生产、生活实践中摸索出来的一套适应当地的山地生态环境的生存手段。游耕生计是为了保证生存，不是为了实现经济利益最大化的追求。移动性和多业态性是游耕民族应对环境变化的重要适应手段。生态系统中季节的变化、物种生物属性的差异等都决定了他们必须不断移动，才能规避风险、趋利避害。而在迁徙的过程中，他们必须保持轻装简行，因为多余的财物会影响移动的速度和效率。汉族引入固定农耕后，也有人追求内地汉族的定居生活，而因定居带来的财富积累妨害了游耕的移动性。当遭遇生存风险时，他们又必须退回到对自己有利的环境中去。在积累财富和维持生存之间出现矛盾时，任何民族都会作出自己的理性选择和改进。黄金村苗民选取了一种"双轨"式的生计方式，在一定程度上实现固定农耕，可以积累财富，也在很大程度上保留了游耕生计的众多要素，以利生存、防范风险。随着时代的发展，传统游耕体制、"双轨"式生计方式也必须向现代经济全球化体制迈进，它的核心价值也要从过去偏重保障游耕民族的基本生存向恢复和保护当地生态环境、保障苗族社会生活富裕转化。所谓的"现代"神话，以割裂传统和现代的关系为基础，注定走入发展的瓶颈；但若仅注重简单地回归传统，又可能限制各民族的发展。现代与传统之间虽然有冲突的方面，但它们之间绝对不是决然对立的矛盾体。黄金村苗民的百年生计变迁史，还有世界上许多民族的发展历程都已经证明传统和现代是一脉相承的。澳大利亚被称为"骑在羊背上的国家"，其牧民仍沿袭传统的游牧方式，只是在放牧时使用直升机；以发达畜牧业闻名的阿根廷，其牧民也是承袭传统的游牧手段进行放牧；北欧萨米人在北极圈内放养驯鹿，仍以游牧生计方式为主，但驯鹿转场则动用了现代船舶，鹿拉雪橇已换为机动雪橇。马歇尔·萨林斯（Marshall Sahlins）曾说过："爱斯基摩人还在那里，并且还是爱斯基摩人"。这些生活在北极圈内的爱斯基摩人，因其过着传统的渔猎生活，曾被视为没有前途的民族。而现在的因纽特人虽然仍旧保留着他们的传统文化和生

---

① 周宗，胡绍云，谭应中.西双版纳大面积橡胶种植与生态环境影响 [J].云南环境科学，2006，25（z1）：67-69.

活方式，但是通过利用现代化技术实现了旧石器时代的目的，逐渐进入经济全球化体系，走在了全球经济和政治力量的队伍之中。可见，现代社会中的众多元素完全可以与任何传统民族文化体系相契合，可以相互融合，也可以相互适应，这样才能实现现代与传统的共同进步，而不是给他们的传统文化贴上"落后""贫穷"的标签，在打击他们文化自信的同时，还要驱赶他们实现我们设定的目标。其最终结果必然导致他们既失去实现现代化的文化依靠和基础，又失去传统与现代的对接通道，使他们在夹缝中承受来自生态环境和社会环境的双重压力。因而，传统与现代之间不是对立、替代关系，而是传承、延续的关系。人类的历程应该是"传统构建—传统延续—走向现代"，现代又将成为传统，再继续延续，继续走向新的现代的过程。

第二节　建构跨学科对话平台

　　"今日在已被高度专业化割裂的社会科学中，不同的专业学科已把人或社会的种种活动分裂成自己所特有的研究对象和专有领地。这固然使人类行为的分析得以深化，但随之而来的，是对人类存在整体性关怀的同样程度的淡化。当社会科学把人类的整体性存在肢解成分离的碎片，按专业划分给同样受限制的各门具体学科，而向人们展示出诸如政治行为、经济行为、文化行为、性行为、社会行为等等的研究成果时，专业分化的要求以及由于这种分化而产生的、局限于精确性的要求等，使各种具体学科沉溺于对人类行为的现象进行精确的研究，而放弃了对这些行为产生的原因，及其终极目的的思考。使社会科学的各个具体学科越来越没有能力去把握人类存在的总体过程……简而言之，社会科学的一个共同主题，是对人的关怀。社会科学对人类行为的专门化研究，并非是一种专业技能或知识的炫耀，而是为了实现对人的理解。正是社会科学这一共同的基本职能，为其不同学科之间的对话铺设了坚实的基础"。[①] 正是由于人类社会渐渐忽视了人类存在的整体性需求，忽视了任何人类社会的行为或所引发的相关问题是综合性的、联动性的、非孤立存在的，人们已经越来越习惯于将人类社会的某一行为或者某

　　[①] 陈庆德. 资源配置与制度变迁：人类学视野中的多民族经济共生形态 [M]. 昆明：云南大学出版社，2001.

一领域的问题归结为特定的学科专属，试图用某单一学科来解决相应问题。这样的研究视角有了对特定问题研究的深度，却丢失了研究问题的高度。

马克思学说的精髓在于，其致力于人类社会的全面发展与完善。就人类社会的本质而言，人类是具有合类性的，具有统一的、上升的和提高的趋势，这也是所有人类社会的共同发展方向。人类社会组成不同的基层团体，并将劳动投入于生产过程，以实现这一人类的共同发展目标。然而，在具体的社会实践和劳动生产过程中，自发地产生分化、集中与多元化的发展模式，比如有以原始的血缘关系为纽带的氏族部落团体，有以地缘关系为纽带的地域民族共同体，有以更集中、更广泛的民族—地区性政权为纽带的国家共同体。而且，在不同的生产单位团体的基础上，各团体成员形成的文化，更加表现出他们对各自所处生态系统中生态资源的利用方式各不相同。也就是说，从人类社会产生开始，人类社会的合类性本质与实现方式的多样化之间就产生了深刻的、内在的矛盾性。如果将这种统一性发展的本质要求与现实分离性的发展方式放在二元对立的位置，那么这种矛盾只会更加尖锐，最终导致人类之间的恶性竞争，即以牺牲一部分人的利益为标志性特点的弱肉强食的"丛林法则"。如果把这种统一性发展的本质要求与现实分离性的发展方式放在并存的位置，这样的矛盾就会成为一种社会发展的驱动力，既相互合作又相互制衡，最终以多样化发展方式实现人类社会的合类性的终极目标。

当代生态危机的产生，实质上是推崇文化单一化的结果。现代社会，人们为了实现合类性的本质性需求，试图通过无限制地利用、掠夺特定生态资源以获得自身社会团体的发展，企图彻底改变相关民族团体的传统利用生态资源的方式，结果导致生态退化，生态问题不断凸显。这一过程隐含的内容则是，追求生态资源利用种类和利用方式的同一性。那么，在此基础上展开的经济活动，以及围绕特定经济活动展开的研究探讨也就必然站在实施者的立场，也必然限于经济学、生态学等单一学科领域。生态资源的利用问题，不仅是解决"自然物储备量"的问题，同时也是受文化制约的社会问题、受技术发展程度制约的技术问题，更是受制度制约的资源配置问题。

所谓受文化制约的社会问题，首先，生态资源是人为定义的，不同的民族对生态资源的认定是不一样的。比如，西方发达国家发明冲水马桶，说明在他们的文化体系中排泄物毫无用处，被视为垃圾，但是很多亚洲农业国家一直以来将人畜排泄物视为重要的生产生活资源。西方国家将石油、天然气作为重要的热能资源，亚洲很多民族却把排泄物视为重要的热能资源。美国的农场将麦田的秸秆当作垃圾丢弃，中国汉族地区却把秸秆当作重要的燃料和制作有机肥的原料。其次，在不同的历史阶段，生态资源的价值也有所不同。智利的硝石矿产曾经在世界上占据重要的地位，因为硝石被广泛应用于军工产业；但随着近代硝酸合成工业的出现与发展，智利的硝石矿藏业地位也一落千丈。葛藤树、构树等植物曾经是湖南、贵州少数民族地区最重要的纺织原料，但随着现代人工合成布料、化工纤维的出现，这些传统的布料原料和织布工艺已经退出了历史舞台。可见，生态资源并不是一成不变的，是可以由人类的文化去选择和定义的。

所谓受技术发展程度制约的技术问题，人类技术发展程度影响生态资源的利用。技术的创新与发展不能一味追求提高生产力，还要兼顾与生态环境的适应。技术是一个系统，并非单一元素，技术的创新、技术的引进都应该以技术系统的整体性为基础。早期的人类社会只知道从河沙中淘洗黄金，后来才慢慢发展到从山石中提炼黄金，从此，黄金成为人类社会的重要物品。20 世纪 50 年代，中国引种大藻作为优质的猪饲料，大藻确实在很大程度上缓解了当时物质匮乏的难题。但是，由于大藻的繁殖能力极强，给我国本土植物的生长造成了巨大的威胁，已于 2012 年被中国科学院研究所列入"恶性入侵植物"。可是，大藻在贵州的侗族地区却能够融入当地文化，成为其生态系统的重要组成部分。拖拉机、收割机等都是现代农用工具的优秀成果，在平原地区可充分发挥其效用，大大节约了劳动力，提高了生产效率。但是，将这些农用工具引入山多地少、崇山峻岭的贵州少数民族地区，则毫无用武之地。

所谓受制度制约的资源配置问题在于，人类的社会和经济活动存在"交换"与"权力"两个基本要素。早期的人类为了自身的生存，展开人与自然界之间的物质交换。随着人类社会的不断演化，衍生出更为复杂的社会交换，交织着人与自然、人与人之间的物质和精神的交换活动。在交换过程中，不同的民族群体总要遵循一定的秩序或规则，由此而产生的"公正""合理"等道德要素，通过制度化过程发展成为权力要素，并形成赋予特定权利和义务的社会交换的基本框架。这就是不同人类团体各自形成的社会制度。在不同的制度体系下，资源配置也有不同。公有制以对资源的共同占有和共同使用为基础，私有制则以对资源的个体占有为前提。那么，其各自产生的资源利用方式也必然不同。比如：汉族将牛用来耕地，侗族把牛视为神灵；回民只吃牛肉，不吃猪肉；等等。

显然，仅用某单一学科的理论与方法来研究分析生态资源的利用问题是远远不够的。但是，要想说服受现代科学体系教育的人群，要想使传统的资源利用方式在我国生态文明建设中发挥积极的作用，其关键在于要证明其科学性和合理性。在当代学科林立的背景下，不同学科背景的人群总会不可避免地去强化本学科的优势。然而，传统文化本具有综合性，在其背景下孕育出来的资源利用方式也就具有综合性，现行的学科体系很难给民族文化所蕴含的科学性和合理性的验证提供机会。民族文化中对生态维护的价值得不到验证，其在生态建设中的效用就会成为空中楼阁。因此，对现代生态问题的治理主要依靠传统文化对生态资源的利用方式，而对传统文化资源利用方式的解读需要人们从不同的学科视角去审视，更需要搭建跨学科对话的平台，更客观、更全面地将传统文化的精髓挖掘出来，这样才能让主要依靠经验和教训总结建构起来的传统生态知识体系得以科学的验证，才能更好地服务于当下的生态文明建设。

第三节　传统资源利用方式的转型升级

人们极力推崇传统文化，并不是主张让人们回归到传统社会的生活状态和生活方式，毕竟人类社会是向前推进的，人类追求统一的、上升的发展方式是人类社会合类性的本质需求和发展趋势。在经济全球化背景下，传统文化中必然存在与当代社会背景不相兼容的内容，传统文化中的精髓应该坚持和继承，经得起历史的考验。可以利用现代人类的先进科技成果实现对传统文化中与现代化背景不相兼容的内容进行现代化转型升级。

一、挖掘生态脆弱环节

人们提倡转型升级，并非全盘否定采取传统的资源利用方式。可以说，人为生态灾变的产生是由于人类错误地使用不适应所处自然生态系统的行为，而导致经过长期积累以后所显现出来的生态退化或者生态灾变。不管采取何种方式，对生态资源的利用与管理都必须以相应的自然生态系统的本地特征为前提和基础。任何资源利用方式只要能够规避所处自然生态系统的生态脆弱环节，都可以被视为合适的利用方式。而要做到这一点，又必须依靠本土模型所提供的传统资源利用方式，进而才能获取、挖掘生态脆弱环节。这也是人们对资源转型升级进行的首要工作。

挖掘生态脆弱环节的工作难度很大，因为很多资料表面上看去都是零散无序的，相应的民族团体成员只知道祖祖辈辈的传统操作，却无法用现代的科学语言表达。不仅如此，各民族文化在其特殊的历史进程中，由于各种因素的影响，文化会发生持续不断的变迁。与此同时，一些文化要素在文化系统的整合中可能出现虚化、象征化的情况，使得民族学工作者在共时态的田野调查中关注具有象征意义的文化事项，进而给生态脆弱环节的甄别工作造成一定程度的影响。所以，这项工作需要民族学学者的参与，针对一个一个的文化生态共同体进行调研，从表面无序散乱的资料中探寻出有序的逻辑关系，并用科学的语言表述出来，才能为当下传统资源利用方式的转型升级提供基础和借鉴。前文提及保靖黄金村古茶园复合系统在发展现代茶园前，植被的覆盖率极高，而且植被层次较为丰富，在历史上很少出现泥石流、山体滑坡等地质灾害。但是，随着现代茶园产业的不断发展，该地区的生态系统被再次人为改变，在山上开辟茶园，并清除了除茶树外的一切植物，包括杂草。在这样的操作下，几乎每年该地区在雨季都会发生不同程度的泥石流或者山体滑坡灾害，水土流失成为常态。其实，人类的社会活动具有很强的针对性，其目的都是指向利己的方面，而且具有不断积累的趋势。如果一个民族的生态价值定位讨厌某种物质的存在，其采取的所有行为方式中必然表现出有意识将其铲除的内容，而且其社会制度中也必然含有实现这一目标的机制。黄金村传统苗族在利用、获取生态资源的过程中，最为关键的生态行为就是能够做到对地表植物的维护，以及尽量减少对地表土壤的翻动。从这样的视角去观察则不难发现，当地的山体多由石灰岩构成，石多土少，山高坡陡，如果没有地表植物覆盖，其固土、保水能力就会减弱，一旦遭遇暴风雨天气，因重力和流水侵蚀就会导致严重的水土流失和地质灾害，这正是该地区的生态脆弱环节。苗族人民正是通过世代努力，尽量规避触碰生态脆弱环节，才做到了当地生态系统的生态隐患在超长历史时段内都隐而不显。所以，挖掘生态脆弱环节的关键点在于采用传统资源利用方式中与生态系统关联度高和最具针对性的内容，这样就不会不加区别地、盲目地在当地收集和整理分析材料了。

当然，在具体的调研工作过程中，人们面对的情况和生态系统各不相同，也可以集中收集他们历史上曾遭遇的巨大生态灾变，以及灾变成因，这样即可为挖掘生态脆弱环节找到突破口。

二、坚持最小改动原则

美国人类学家亚历山大·戈登威泽（Alexander Goldenweiser）曾提出"有限变异"原则，即有一文化的需要，满足这需要的方法的变异是有限的，于是由这需要而引起的文化结构是被决定于极少可能变异的程度之中。[①] 这一原则足以解释，在全世界范围内，很多不同的民族选择相似的生计方式，比如蒙古族、闪米特人、雅利安人被称为世界三大古游牧民族，还有来自亚洲国家的很多稻作民族。其产生的根源则在于受到特定自然生态系统的基底特征的限制。随着社会的变迁，全球经济一体化的进程加快，原来文化生态共同体中的一些文化要素可能已经不能再适应新的社会制度和社会背景，人们对这些文化要素的改造必须以规避各地生态脆弱环节为前提。为了做到这一点，需要在"有限变异"原则的基础上，提出"最小改动原则"。如果不可避免地要作出一些调整和改动，有时要对文化要素进行重构，有时引进外来知识或技术需要进行再适应，都尽可能做到人为改动越小越好，改动的幅度越小越好。"无论是生态系统，还是相关的民族文化，都是具有自组织能力的复杂体系。任何一项细微的改动都会诱发牵连性变迁，都可能导致新的生态问题和社会问题，有时还会引发文化的重构"[②]。只有坚持这一原则，才能保证文化要素的改动过程可以降低运行成本和减少改动代价，才能缓解由此而引发的派生问题，以确保文化要素改动的顺利进行。

藏族和蒙古族游牧生计、侗族人工营林生计方式产生变革，其变动的幅度很大，从制度上彻底改变了传统生计方式的格局，也彻底改变了这些民族传统的生态资源利用方式，进而引发的生态问题和社会问题正在逐步显现出来。在采取行动的过程中，应当充分利用公共生态资源单位的可分性特征，这也是所有公共资

---

① 马凌诺斯基.文化论 [M].费孝通，译.北京：华夏出版社，2002.

② 杨庭硕，田红.本土生态知识引论 [M].北京：民族出版社，2010.

源的共性。所以，人们可以任意灵活地以各种形式的标准去划分和分配公共资源的所有权。但是，大幅度改动的过程让人们忽视了不同的公共生态资源系统所具有的生态特征的专属性决定了其被利用的特殊性。人们无法对自然生态系统彻底改变，也无法改变不同物种的生物属性，稻耕民族对土地的利用可以采取分块式、碎片式的方式，畜牧民族和人工营林民族对土地的利用却只能采取整体式的方式。各民族已经向人们提供了最好的、最适宜的资源利用方式，将土地的使用权和所有权分离，所有权可以根据不同的社会背景和国家政治体制进行统一规划与管理，而使用权因为直接生产者和受益者都是各民族成员，则需要以他们的传统利用方式为基础不动摇，其他方面可以结合共享现代化成果来进行升级改造。

三、文化要素嫁接法

文化生态共同体的运行并非静止的，一旦其内部运行相对稳定下来，随时都可能受到来自外部因素的干扰，进而与共同体内部的各文化要素进行再适应。因此，人类的历史进程实际上是文化要素不断重组、整合的建构过程，其最终达到的效果就是最大限度地提高文化生态共同体内部各部分和各要素之间的统一性和系统性。文化要素嫁接法就是将外部的干扰因素，或者来自异民族文化的文化要素引入该共同体，使其通过适应、磨合而成为该共同体的新内容，并经过消化吸收，为该种民族文化的生态维护提供新的服务。不可否认，文化要素的借入和消化吸收在历史上并不罕见，其实这是一种常见的族际互动。各民族相互之间作用持续的时间几乎是与各民族之间的关系演化相伴始终的，因而对这些民族文化所产生的影响也必然是一个持续的历史过程。族际之间的演化过程会产生同化、涵化、分裂等结果，其演化特征则表现为族际文化因子的整合互动、同位借入、牵连借入和消化吸收等。族际文化因子在互动的过程中，如果能够互补、并存而产生综合效用，或者双方处于排抗状态，而双方力量悬殊，就会产生文化的同化或者涵化现象；如果相互之间处于排抗状态，而双方都没有足够力量改变对方，就会产生文化的分裂现象。人们则可以借助族际演化过程中的这些规律，作出相应的选择，在维持生态系统基底特征的基础上对生态资源的维护，就是一种为了维护生态系统稳态运行所作出的文化要素嫁接，是一种对文化生态共同体运行的有意识的引导。

比如，传统苗族游耕生计中的免耕法。明朝以后，中央朝廷为了加强对西南各少数民族地区的统治，曾大规模修建防御工事，直接派遣军户定居西南，并设置卫所、圈地屯田。屯军们并不适应西南地区的生态环境，也不习惯当地苗族的粮食作物，因而中央王朝允许其在屯军范围内开辟水田、种植水稻，为屯军提供一定的粮食补给。"改土归流"后，因受中央王朝的统一行政和税赋管理，西南地区屯军开辟水田的规模越来越大，进而也影响到了一些少数民族。一些民族也开始学会种植水稻，汉族的整套农耕技术也正是在这一时期全面、系统地传入少数民族。水稻的引进必然会伴随相关耕种技术的引进，汉族牛耕镰收的技术逐渐为乡民们所知晓，但在技术的把握上与汉族地区的技术有很大区别。西南各少数民族对汉族水稻种植的具体技术操作会结合本地生态系统特征和本土传统种植技术而进行本土化改造。西南苗族依据当地山多地少、土层薄的生态特点，他们在耕种过程中会尽量避免整体性挖翻土地，不会实施汉族农耕那样的深翻、深挖，仅仅采用"耕不挽犁，以钱镈发土，耰而不耘"[①] 的方式，也没有像汉族那样将牛作为耕地的主要劳动力，公水牛用作祭祀物品，耕牛"不任耕种，供口腹、资贸易而已"[②]，其耕种技术就是采用的这种"免耕法"。后来，又经过长期的技术改进和各种文化要素的重新整合，成功驯化出适宜在西南地区种植的高秆糯稻，现在已经成功申报重要农业文化遗产，相关详情在黄岗村生态厕所章节已有阐述，这里不再赘述。

四、现代科技与本土知识接轨

由本土知识建构起来的本土模型是各民族世代积累的成果，只要各民族所处的自然生态系统没有发生彻底改变，传统的本土知识在当下获取生态资源的过程中就仍然会发挥效用。发掘利用各民族传统的本土生态知识与技能，以此为基础，为其筛选或匹配适用的现代科学技术，以推动和引导各民族文化进行现代化重构，而并非用现代科技去取代本土知识与技能。从这样的角度出发，推动现代科技服务于本土知识与技能的创新和文化再适应，既可保障对生态系统的维护，又可满足对生态资源的可持续利用。

---

① 田汝成. 炎徼纪闻 [M]. 南宁：广西人民出版社，2007.
② 严如熤. 苗防备览·风俗考 [M]. 贵阳：贵州人民出版社，2011.

　　传统的农业生产方式与生态系统关系最为紧密，本土模型的生产方式和资源利用方式不能被现代科技取代。这不仅关系到生态系统的维护问题，也关系到从事农业生产的民族如何以平等主体的身份参与到主流的市场发展中来。现代经济产业有着完整的产业链，包括生产、加工、运输、销售等产业环节。各民族的传统农业生产方式应该作为产业链中生产环节的主体，各民族成员才拥有参与主流市场的资本，那么现代科技的引进与运用更应该融入其他环节。对于各种农业初次产品的加工、储存等方面完全可以运用现代科技，既满足当下人群的个性化消费需求，又足以保证食品的安全和健康。此外，现代的信息技术和电商平台完全可以应用于农产品的运输、销售环节，帮其突破局限的目标市场和提升品牌知名度，还可提供公信度的保证。

　　桐油和生漆是我国境内普遍种植的涂料作物，是有机涂料，既不会污染环境，其形成的保护膜又具有较高的稳定性和弹性，这是所有现代化工涂料都难以企及的特性。中国的桐油产业曾经非常繁荣，闻名于世。桐油的规模性销售是从南京条约签订以后开始的，主产区涉及贵州、广西、湖南等地。广西桐油运往广州出口，贵州、湖南桐油运往武汉出口。西班牙、英国、荷兰、日本等都曾在中国大量收购桐油用于军事，主要用作海上舰船防腐、防锈的日常维护。一艘主力舰大约需要30～50吨桐油，两年刷涂一次。当时最有名的、质量最好的、工艺最上乘的桐油产自贵州安顺市镇宁布依族苗族自治县六马镇。依据华司脱实验测量数据，成模速度达到100华司脱指数的可视为一级桐油，当时的六马镇所产桐油华司脱指数高达1 800，无须再经过添加和提纯。日本的部分企业当时急需收购六马桐油，甚至企图买断六马桐油，中国并没有同意。后来，在贸易中，桐油商把广西、湖南产的桐油掺杂其中，日本拒绝购买，最后将桐油引种阿根廷，从此与日本中断了桐油贸易。此外，一方面，当时的西方各国对中国贸易进行封锁；另一方面，战争不断，特别是在抗战时期，中国的海口几乎全被封锁，最终导致桐油贸易停滞，桐油产区的农民不得不砍掉桐油树改种其他树。然而，到了现代社会，桐油产业在现代社会依然具有现实价值。桐油产业的产量、质量都有保障，借助现代信息、物流技术，现代很多高精尖产业比如电脑、手机的芯片绝缘板等都需要桐油涂层，市场也有保障，只要人们将传统的桐油产业与现代信息和技术充分结合，现代桐油产业的复兴指日可待。

参考文献

专著类：

[1] Paul Hawken，Amory Lovins，L.Hunter Lovins.自然资本论 关于下一次工业革命 [M].王乃粒，诸大建，龚义台，译.上海：上海科学普及出版社，2000.

[2] 埃莉诺·奥斯特罗姆.公共事物的治理之道 [M].余逊达，陈旭东，译.上海：上海译文出版社，2012.

[3] 包智明，任国英.内蒙古生态移民研究 [M].北京：中央民族大学出版社，2011.

[4] 陈庆德，潘春梅.经济人类学 [M].北京：人民出版社，2012.

[5] 陈庆德.资源配置与制度变迁：人类学视野中的多民族经济共生形态 [M].昆明：云南大学出版社，2007.

[6] 次顿，倪邦贵.西部大开发中的西藏生态环境建设战略研究 [M].拉萨：西藏人民出版社，2003.

[7] 樊江文.草地生态系统及其管理 [M].北京：中国农业科学技术出版社，2002.

[8] 范远江.西藏草场产权制度变迁研究 [M].成都：四川大学出版社，2009.

[9] 费孝通.乡土中国 [M].韩格理，王政，译.北京：外语教学与研究出版社，2012.

[10] 富兰克林·H.金.四千年农夫：中国、朝鲜和日本的永续农业 [M].程存旺，石嫣，译.北京：东方出版社，2016.

[11] 格勒，刘一民，张建世，等.藏北牧民：西藏那曲地区社会历史调查 [M].北京：中国藏学出版社，1993.

[12] 亨利·伯恩斯坦.农政变迁的阶级动力 [M].汪淳玉，译.北京：社会科学文献出版社，2011.

[13] 黔东南苗族侗族自治州林业局 . 黔东南苗族侗族自治州林业志 [M]. 北京：
中国林业出版社，1990.

[14] 克莱夫·庞廷 . 绿色世界史：环境与伟大文明的衰落 [M]. 王毅，张学广，
译 . 上海：上海人民出版社，2002.

[15] 蕾切尔·卡尔森 . 寂静的春天 [M]. 辛红娟，译 . 南京：译林出版社，2018.

[16] 闵庆文，孟凡乔，韩永伟，等 . 稻田生态农业：环境效应研究 [M]. 北京：中
国环境出版社，2015.

[17] 杨俊平 . 林业科学技术在生态建设中的作用：内蒙古林业科学研究院建院
五十年研究文集 [M]. 呼和浩特：内蒙古大学出版社，2004.

[18] 李汉林 . 百苗图校释 [M]. 贵阳：贵州民族出版社，2001.

[19] 骆世明 . 普通生态学 [M]. 北京：中国农业出版社，2011.

[20] 拉德克利夫 – 布朗 . 社会人类学方法 [M]. 夏建中，译 . 济南：山东人民出版
社，1988.

[21] 马凌诺斯基 . 文化论 [M]. 费孝通，译 . 北京：华夏出版社，2002.

[22] 梁钊韬 . 民族人类学研究文集 [M]. 北京：民族出版社，1994.

[23] 全京秀 . 环境人类学 [M]. 崔海洋，译 . 北京：科学出版社，2015.

[24] 任乃强 . 羌族源流探索 [M]. 重庆：重庆出版社，1984.

[25] 陕锦风 . 青藏高原的草原生态与游牧文化：个藏族牧业乡的个案研究 [M].
北京：中国社会科学出版社，2014.

[26] 史徒华 . 文化变迁的理论 [M]. 张恭启，译 . 台北：新桥译业·吴氏基金会，
1989.

[27] 宋蜀华，白振声 . 民族学理论与方法 [M]. 北京：中央民族大学出版社，
1998.

[28] 唐纳德·沃斯特 . 自然的经济体系：生态思想史 [M]. 侯文蕙，译 . 北京：商
务印书馆，1999.

[29] 王明珂 . 游牧者的抉择：面对汉帝国的北亚游牧部族 [M]. 桂林：广西师范
大学出版社，2008。

[30] 温铁军，唐正花，刘亚慧 . 从农业 1.0 到农业 4.0：生态转型与农业可持续
[M]. 北京：东方出版社，2021.

[31] 乌峰，包庆德.蒙古族生态智慧论：内蒙古草原生态恢复与重建研究 [M].沈阳：辽宁民族出版社，2009.

[32] 西藏自治区农牧厅.西藏自治区草原资源与生态统计资料 [M].北京：中国农业出版社，2017.

[33] 夏建中.文化人类学理论学派：文化研究的历史 [M].北京：中国人民大学出版社，1997.

[34] 徐珂.清稗类钞·阿里克牧务 [M].北京：中华书局，1984.

[35] 杨圣敏.中国民族志 [M].北京：中央民族大学出版社，2003.

[36] 杨庭硕.生态人类学导论 [M].北京：民族出版社，2007.

[37] 杨庭硕，田红.本土生态知识引论 [M].北京：民族出版社，2010.

[38] 杨庭硕.生态扶贫导论 [M].长沙：湖南人民出版社，2017.

[39] 杨庭硕.民族、文化与生境 [M].贵阳：贵州人民出版社，1992.

[40] 尹绍亭，（日）秋道智弥.人类学生态环境史研究 [M].北京：中国社会科学出版社，2006.

[41] 郑度.中国的青藏高原 [M].北京：科学出版社，1985.

[42] 张云，石硕.西藏通史（早期卷）[M].北京：中国藏学出版社，2016.

[43] 朱先明.湖南茶叶大观 [M].长沙：湖南科学技术出版社，2000.

[44] 孟和乌力吉.沙地环境与游牧生态知识：人文视域中的内蒙古沙地环境问题 [M].北京：知识产权出版社，2013.

[45] 王明珂.游牧者的抉择：面对汉帝国的北亚游牧部族 [M].上海：上海人民出版社，2018.

[46] 贵州省编辑组.侗族社会历史调查 [M].贵阳：贵州民族出版社，1988.

期刊论文类：

[1] 白俊瑞.洁净与污秽：游牧民有关家畜排泄物的本土知识及其应用 [J].西北民族研究，2012（4）：148–154.

[2] 陈茜，罗康隆.农业文化遗产复兴的当代生态价值研究——以湖南花垣子腊贡米复合种养系统为例 [J].贵州社会科学，2021，381（9）：63–68.

[3] 陈朱蕾．国内外城市粪便处理系统模式比较的研究 [J]．武汉城市建设学院学报，2000（1）：48-51．

[4] 崔海洋．试论侗族传统文化对森林生态的维护作用——以贵州黎平县黄岗村个案为例 [J]．西北民族大学学报（哲学社会科学版），2009（2）：83-87．

[5] 丁纯．盎格鲁－萨克逊模式与莱茵模式的比较——20 世纪 80 年代以来德、法和英、美经济表现和成因分析 [J]．世界经济与政治论坛，2007（4）：41-48．

[6] 董佳．内蒙古乌兰察布市推进农村"厕所革命"的实践与思考 [J]．当代农村财经，2023（4）：40-41．

[7] 方华春，戚康标，陈栋．用遮阳网覆盖茶园对提高夏茶品质的研究简报 [J]．广东茶业，1995（3）：3-5．

[8] 高晓钟．莫让"天赐之水"白白流走 [J]．生态经济，2006（3）：14-19．

[9] 甘萍．浅析我国水资源污染状况及处理技术 [J]．江西化工，2006（4）：82-83．

[10] 韩昭庆．雍正王朝在贵州的开发对贵州石漠化的影响 [J]．复旦学报（社会科学版），2006（2）：120-127；140．

[11] 韩文炎，蔡雪雄，童正坤．遮阳网覆盖防治茶树春季冻害的效果 [J]．中国茶叶，2006（6）：15-16．

[12] 何奕忻，孙庚，罗鹏，等．牲畜粪便对草地生态系统影响的研究进展 [J]．生态学杂志，2009，28（2）：322-328．

[13] 何一民，李捷．20 世纪中叶以来西藏城市"厕所革命"述论 [J]．西藏大学学报（社会科学版），2019，34（3）：168-174；199．

[14] 黄斌．新型无公害蔬菜覆盖栽培材料——遮阳网、防虫网 [J]．江苏科技信息，1998（3）：18-19．

[15] 黄季焜，刘莹．农村环境污染情况及影响因素分析——来自全国百村的实证分析 [J]．管理学报，2010，7（11）：1725-1729．

[16] 皇甫睿．贵州各族传统林粮间作技术体系的文化生态解读——以清水江林业契约文书为依据 [J]．中央民族大学学报（哲学社会科学版），2017，44（1）：55-69．

[17] 皇甫睿．藏北高原的"清道夫"——生态人类学视角下的西藏牛粪文化 [J]．广西民族研究，2021（3）：87-94．

[18] 姜世成，周道玮.草原牛粪对牲畜取食影响的研究 [J].中国草地，2002（1）：42-46；55.

[19] 姜世成，周道玮.牛粪堆积对草地影响的研究 [J].草业学报，2006（4）：30-35.

[20] 吉永贵，郑尚宁.黔南州农村厕所及粪便处理背景调查报告 [J].黔南民族医专学报，1994（Z2）：74-75.

[21] 吉秀亮，杨君胜，王瑾，等.2015-2018 年青海省农村环境卫生状况分析 [J].现代预防医学，2019，46（22）：4056-4059；4069.

[22] 李亦园.环境、族群与文化——依山依水族群文化与社会发展研讨会主题讲演 [J].广西民族学院学报（哲学社会科学版），2003（2）：2-6.

[23] 李金发.彝族传统农业生活中的垃圾分类及处理 [J].农业考古，2014（3）：227-230.

[24] 李猛，马旭洲，王武.大漂对水体氮磷去除效果的初步研究 [J].长江流域资源与环境，2012，21（9）：1137-1142.

[25] 李新艳，李恒鹏，杨桂山，等.江浙沪地区农村生活污水污染调查 [J].生态与农村环境学报，2016，32（6）：923-932.

[26] 李婧，王雪，李丽，等.2018—2020 年内蒙古自治区农村环境卫生调查结果分析 [J].现代预防医学，2021，48（23）：4249-4251；4264.

[27] 黎勇，钟格梅，黄江平.我国粪便处理现状及问题研究 [J].应用预防医学，2020，26（5）：450-452；449.

[28] 刘七军，刘树梁，李钰婷，等.农户改厕与其使用行为悖离现象探究——基于宁夏微观调研数据 [J].中国农机化学报，2023，44（4）：230-238.

[29] 龙迅.侗族社会林业经济层面分析 [J].贵州民族研究，1992（2）：79-83.

[30] 吕永锋.侗族传统林业经营方式的文化逻辑探寻 [J].吉首大学学报（社会科学版），2003（1）：76-79.

[31] 罗康隆.论民族生计方式与生存环境的关系 [J].中央民族大学学报，2004（5）：44-51.

[32] 冒盾.缅甸的浮岛 [J].世界知识，1980（10）：27.

[33] 勉卫忠.青藏高原草原文化系统概论 [J].内蒙古社会科学（汉文版），2011，
    32（6）：151–155.

[34] 沈峥，刘洪波，张亚雷.中国"厕所革命"的现状、问题及其对策思考 [J].
    中国环境管理，2018，10（2）：45–48.

[35] 史建云.近代华北平原自耕农初探 [J].中国经济史研究，1994（1）：92–104.

[36] 斯钦朝克图.蒙古语五畜名称与草原文化 [C]// 内蒙古党委宣传部，内蒙古
    社会科学院，内蒙古社会科学界联合会，内蒙古文联，内蒙古广电局.论草
    原文化（第六辑）.中国社会科学院，2009：30.

[37] 宋蜀华.人类学研究与中国民族生态环境和传统文化的关系 [J].中央民族大
    学学报，1996（4）：62–67.

[38] 陶汉之.茶树合理密植与光能利用 [J].中国茶叶，1979（1）：33–36.

[39] 唐纳德·沃斯特.一匹"老马"的历史：生态系统概念的科学与文化根源 [J].
    华中师范大学学报（人文社会科学版），2020，59（2）：122–129.

[40] 徐洪斌，吕锡武，李先宁，等.太湖流域农村生活污水污染现状调查研究 [J].
    农业环境科学学报，2007（S2）：375–378.

[41] 徐特秀，卞志浩.禽畜粪便处理与资源化利用技术研究进展 [J].污染防治技
    术，2013，26（3）：5–8.

[42] 徐增让，高利伟，王灵恩，等.畜粪能源利用对草地生态系统碳汇的影响 [J].
    资源科学，2012，34（6）：1062–1069.

[43] 徐增让，成升魁，高利伟，等.藏北牧区畜粪燃烧与养分流失的生态效应研
    究 [J].资源科学，2015，37（1）：94–101.

[44] 吴妍.茶树遮阳网覆盖技术与应用效果 [J].福建茶叶，2006（3）：26–27.

[45] 王洁，舒灿伟，刘少群，等.浅谈湖南主要茶树病虫害发生现状与防控对策
    [J].农业灾害研究，2022，12（6）：1–4.

[46] 王俊能，赵学涛，蔡楠，等.我国农村生活污水污染排放及环境治理效率 [J].
    环境科学研究，2020，33（12）：2665–2674.

[47] 宗秀虹，张华雨，王鑫，等.赤水桫椤国家级自然保护区桫椤群落特征及物
    种多样性研究 [J].西北植物学报，2016，36（6）：1225–1232.

[48] 乌力更.试论西部民族地区生态移民跨省安置与生态无人区的划定问题 [J].
贵州民族研究，2007（2）：47-53.

[49] 姚天.人造耕地说葑田 [J].农业考古，1986（1）：233-235.

[50] 杨庭硕.地方性知识的扭曲、缺失和复原——以中国西南地区的三个少数民
族为例 [J].吉首大学学报（社会科学版），2005（2）：62-66；84.

[51] 杨庭硕，杨曾辉.清水江流域杉木育林技术探微 [J].原生态民族文化学刊，
2013，5（4）：2-10.

[52] 杨庭硕，杨曾辉.彝族文化对高寒山区生态系统的适应——四川省盐源县羊
圈村彝族生计方式的个案分析 [J].云南师范大学学报（哲学社会科学版），
2011，43（1）：27-33.

[53] 杨曾辉.川西南彝族厩肥处理与生态维护 [J].广西民族大学学报（哲学社会
科学版），2013，35（4）：26-32.

[54] 杨雨婷，王舒，王俊龙，等.2014—2018 年辽宁省农村环境卫生状况分析 [J].
环境卫生学杂志，2021，11（3）：244-249.

[55] 殷坤山.20 世纪我国的茶树病虫害防治 [J].中国茶叶，2000（6）：12-14.

[56] 张颖，孔少飞，郑煌，等.牛粪燃烧实时排放挥发性有机物特征研究 [J].中
国环境科学，2020，40（5）：1932-1939.

[57] 赵敏.宇宙系统论与农业科学的本质 [J].求索，2003（2）：155-157.

[58] 张宗显.西藏的牛粪火俗 [J].中国西藏（中文版），2004（2）：63-65.

[59] 张斐男.技术治理与意义重建：社会学视角下的"厕所革命" [J].福建论坛
（人文社会科学版），2022（12）：190-200.

[60] 周敬宣，李冠峰，李艳萍.我国粪便处置现状与治理对策的研究 [J].2003，4
（3）：9-11.

[61] 周星，周超."厕所革命"在中国的缘起、现状与言说 [J].中原文化研究，
2018，6（1）：22-31.

[62] 周宗，胡绍云，谭应中.西双版纳大面积橡胶种植与生态环境影响 [J].云南
环境科学，2006（S1）：67-69.

[63] 皇甫睿.从传统到现代：生态扶贫语境下的生计变迁研究——以湘西保靖县
黄金苗寨为例 [D].张家界：吉首大学，2018.

[64] 刘继杰．藏族文化对西藏草地可持续利用的作用研究—基于斯布村和甲多村的个案分析 [D]. 兰州：兰州大学，2014.

[65] 王亚楠．内蒙古典型草原优势植物凋落物和主要家畜粪便分解过程研究 [D]. 呼和浩特：内蒙古大学，2020.

[66] 鱼小军．牦牛粪维系青藏高原高寒草地健康的作用机制 [D]. 兰州：甘肃农业大学，2010.

[67] 张军驰．西部地区生态环境治理政策研究 [D]. 咸阳：西北农林科技大学，2012.

[68] 陈朱蕾，唐赢中．中国城市粪便的可持续利用研究 [J]. 城市环境与城市生态，1999，12（2）：42-44.

地方志、历史文献类：

[1] 徐光启．农政全书校注·卷五 [M]. 石声汉校注．上海：上海古籍出版社，1979.

[2] 复旦大学图书馆．复旦大学图书馆藏稀见方志丛刊 [M]. 北京：国家图书馆出版社，2010.

[3] 严如熤．苗防备览·风俗考 [M]. 贵阳：贵州人民出版社，2011.

[4] 吴曾．能改斋漫录 [M]. 上海：上海古籍出版社，1979.

[5] 胡仔．苕溪渔隐丛话（前集）[M]. 北京：人民文学出版社，1962.

[6] 陈旉．四库全书·农书 [M]. 上海：上海古籍出版社，1987.

[7] 王祯．四库全书·农书 [M]. 上海：上海古籍出版社，1987.

英文文献：

[1] Alfred North Whitehead. Science and the Modern World[M]. New York: The Macmillan Company, 1925.

[2] Adam F, Jay F, Kirk H, et al. Natural Capital in Ecology and Economics: An Overview[J]. Environmental Monitoring and Assessment, 2003, 86(1–2): 3–17.

[3] A .G. Tansley. The Use and Abuse of Vegetational Concepts and Terms[J]. Ecology, 1935, 16(3): 284–307.

[4]Bates, R. H. Contra Contractarianism: Some Reflections on the New Institutionalism[J]. Politics and Society, 1988, 16(2–3): 387–401.

[5] Costanza R, d'Arge R, Rudolf G, et al. The Value of the world's ecosystem services and natural capital[J]. Nature, 1997, 387(6630): 253.

[6] Daily G C, Aniyar S, et al. The Value of Nature and the Nature of Value[J].Science, 2000, 289(5478): 395–396.

[7] C. H. Dickinson, V. S. H. Underhay, V. Ross. Effect of Season, Soil Fauna and Water Content on the Decomposition of Cattle Dung Pats[J]. New Phytologist, 1981, 88(1): 129–141.

[8] Fred Floyd. A History of the Dust Bowl[D]. Oklahoma:The University of Oklahoma, 1950.

[9] H. Scott Gordon, The Economic Theory of a Common–Property Resource: The Fishery[J]. Bulletin of Mathematical Bidogy, 1954, 62(1–2): 124.

[10] Hardin, Garrett. The Tragedy of the Commons[J]. Annals of Internal Medicine, 1970, 72(3): 374.

[11] Lin X., Wang S., Ma X., et al. Fluxes of CO2, CH4, and N2O in an alpine meadow affected by yak excreta on the Qinghai–Tibetan plateau during summer grazing periods[J]. Soil Biology and Biochemistry, 2009, 41(4): 718–725.

[12] Nash, Thomas H.Lichen Biology[M].Cambridge: Cambridge University Press, 2008.

[13] Andrew Sluyter. Intensive Wetland Agriculture in Mesoamerica: Space, Time, and Form[J]. Annals of the Association of American Geographers, 1994, 84(4): 557–584.

[14] The Works of Henry Thoreau. Walden edition 20 vols[M]. Boston: Houghton Mifflin Harcourt, 1906.

[15]Vogt William. Road to Survival[M]. New York: William Sloan, 1948.

其他类：

[1] 保靖县人民政府 . 保靖消防"人工降雨"让千亩保靖黄金茶树畅饮甘露 [EB/OL].（2022–8–26）[2023–10–10]. http://www.bjzf.gov.cn/zwgk/xzfxxgkml/gzdt/202208/t20220826_1925349.html.

[2] 国家统计局 . 第一次全国污染源普查公报 [EB/OL].（2010–2–11)[2023–10–10]. http://www.stats.gov.cn/sj/tjgb/qttjgb/qgqttjgb/202302/t20230218_1913282.html.

[3] 中国政府网 .2022 年全国农村生活污水治理率较 2020 年提升约 5.5 个百分点——水美乡村景色新 [EB/OL].（2023–6–12）[2023–10–10]. https://www.gov.cn/yaowen/liebiao/202306/content_6885862.htm.

[4] 金凤 . 会"呼吸"的遮阳网变不利光为"光肥" [EB/OL].（2020–9–28）[2023–10–10]. http://www.stdaily.com/index/kejixinwen/2020–09/28/content_1023729.shtml.

其他本：

[1] 孙雪真人民网. 做好新时代"人才工作"[EB/OL]. 北京 市新闻局 综合融媒体出版[EB/OL]（2022-x-26）[2022-10-10]. http://www.bjxl.gov.cn/zwgk/xz62/gkml/gsdt/202081020830820_1025349.html.

[2] 国家统计局. 第二次全国经济普查公告[EB/OL]（2010-3-11）[2022-10-10]. http://www.stats.gov.cn/tjgb/dtjgb/qggndp/202302/t20230218_1913282.html.

[3] 中国政府网. 2022 年冬-国务院《关于加快我国建设水 2020 若干意见》5 个方面——大力发展科技是色发展[EB/OL]（2022-6-17）[2022-10-10]. https://www.gov.cn/yaowen/liebiao/202306/content_6885262.htm.

[4] 张平. 会议——新技术 如何引领经济未来以为"未来"门户[EB/OL]（2020-9-28）[2022-10-10]. http://www.wsrch.com/index/kejixinwen/2020-0928/content_103729.shtml